河南省文物建筑保护研究院

豫西古村落

YUXI GUCUNLUO

杨东昱 主编

中州古籍出版社

·郑州·

"河南古村落·古民居"编辑委员会

主　　任：杨振威
副 主 任：高　云　吕军辉　赵　刚

主　　编：杨东昱
副 主 编：杨华南　李丹丹
参编人员：程　曦　付　力　于　莉　许小丽

序 一 | XUYI

　　河南历史悠久，文化灿烂，是华夏文明发源之地。遗留下非常丰富的可移动和不可移动的历史文化遗产。近年来进行的第三次全国文物普查，河南省被国家认定的不可移动的文物65519处，其中包括古民居的古代建筑类文物多达23921处，这其中宅第民居类建筑为14526处，占古建类文物的61%。特别是发现一批传统村落，其民居建筑的格局基本保存完整。最典型的有郑州市上街区的方顶民居群，现村落内保存有清代和民国时期的窑洞房舍等100多处，并有较完整的传统街巷，其面积约2万平方米；巩义市的海上桥民居群，系三面环土岭的寨堡式村落，现存院落20处，窑洞75孔，楼房42幢80余间，其面积达22400多平方米；巩义市小相民居群，规模宏大，高墙深院，砖墙或砖柱土坯墙，配以青瓦屋顶，非常壮观，村内旧有四座桥以及胡同小巷。除此之外，还有新登录的古村落古民居等，被称为第三次全国文物普查的重要新发现。所以河南中西部现存古村落及传统民居建筑不但数量多，而且地形地貌、街巷布局、民居建筑等保存基本完好。在全省，乃至全国古村落古民居保护和研究工作中占有重要地位。

　　河南省文物建筑保护研究院是河南省文物建筑保护研究的专业机构。近年来，在文物建筑保护和研究领域取得丰硕成果。将古村落古民居调查研究列入专项课题，组织专业研究人员深入全省各地开展大规模专项勘察测绘，获得丰富的第一手资料，并分区域进行综合研究，拟编辑出版"河南古村落·古民居"系列丛书。近日该院杨东昱副研究员送我该丛书第一本《豫西古村落》书稿，让我阅稿并嘱作序。我虽对古村落古民居研究较少，知之不多，但鉴于我对河南省文物建筑保护研究院的深厚感情，鉴于河南古村落古民居数量大，且多位于较偏远的乡村，基础设施和居住条件较差，外出打工的年轻人较多，形成老人村、空巢户，造成古村落中的部分古民居自然坍塌或被拆毁，成为非常痛心的不可挽回的损失。故我虽不善作序，也欣然应诺，并借此呼吁全社会共同努力，抢救保护好现存古村落古民居。

　　我通读《豫西古村落》书稿，深感作者调查研究覆盖面之广，掌握第一手资料之全，反映了作者团队非常执着的专业研究精神。所以才能编写出这本有分量有温度的好书，归纳起来，值得称道之处主要有以下几点：

一，调查保护古村落古民居，并为其著书宣传，是一项记住乡愁、保护传承乡土建筑文化遗产的抢救性工程。将部分正在消失和即将消失的古村落古民居用专业著作记录下来，传承后世，保存历史信息，不使其泯灭正其当时。该书的出版，将为此项抢救工程起到重要的参考作用。

二，该书之《形态篇》《研究篇》既较详细记述古村落的历史、现状等，又分析研究古村落的遗址、历史环境、街巷肌理、建筑类别、时代特征等文化内涵；既使用专业语言，又尽量使文字通俗易懂，且使用丰富的实测图纸和照片等，图文并茂。是集资料性、学术性、知识性、可读性于一体的雅俗共赏之书。

三，作者在其著作中运用了考古发掘的古代聚落遗址材料，方志文献记载，物质和非物质文化遗产的传承，原民居生产、生活的发展演变等材料，是浓缩的活生生的豫西乡村发展史。

四，该书既有大量的一般古村落的调查记述，又突出典型古村落的重点解析。特别是对极具特色的豫西生土建筑——窑洞，更是从诸多方面进行研究，使得此专注点、面结合，层次分明，重点突出。

五，书中大量第一手勘察资料，是豫西古村落的现状实录。正如著名古建筑专家罗哲文老师所说的，这种当代现状实录，是前代人和后代人都无法做到的，故对于文化遗产科学记录档案是非常重要、不可或缺的，同时也是保护和研究古村落古民居的科学依据之一。

六，"乡村振兴"是我国改革发展战略的重要组成部分，是消除城乡差别，实现两个一百年奋斗目标的重要举措。而保护古村落、研究古村落，助推活态古村落经济社会发展，将为"乡村振兴"发挥一定的作用。这也是该书编辑出版的初衷之一。

当今盛世，编著此书，实乃前瞻之举，盼早日出版，以飨读者，是为序。

2019年6月8日

序 二 | XUER

　　河南处中原腹地，拥有丰富的资源和广袤而肥沃的土地，自古以来就是人类活动最密集的地区之一，在长期的农耕文明传承过程中因为地缘和血缘关系逐步形成了不同形态的农业聚落。早在距今9000多年前，以裴李岗文化半地穴为代表的聚落遗址开始出现，到仰韶文化时期聚落规模开始扩大，分布更为密集，出现了灵宝西坡数百米的大型房屋、郑州西山夯土构筑的带城墙的聚落、面积上百万平方米的带三层环壕的巩义双槐树大型遗址和郑州大河村、淅川下王岗、邓州八里岗成组的排房结构的村庄。龙山文化时期城址星罗棋布，夏商周时期城市与郊野功能区分明显，形成了以里为基本单位的农村结构。内黄三杨庄发现的村庄代表了在庄园经济背景下的村庄结构。现代河南古村落的结构类型正是在历史的演进中不断发展而形成的，带有强烈的地理环境的印记和历史发展的烙印，反映了丰富多彩的地方文化、民族习性、生活习惯以及时代特点。同时，这些古村落又是重要的文化景观，在很大程度上反映了中原地区经济发展水平和风土人情，作为农耕生活的源头，承载着民族的生存智慧。河南古村落的民居建筑、公共建筑、防护性设施等乡土建筑的类型丰富并显现出了不同的地域特色，是地方建造技术、自然资源特点和审美观念等传统文化要素的综合体现，是一种重要的文化遗产类型，具有较高的价值。据第三次全国文物普查资料，我省发现的古建筑有23000余处，其中宅地民居达14526处之多，现已有270余处被列入各级文物保护单位，并仍有众多颇具价值的宅第民居类建筑散布各处需要我们关注和保护。

　　河南的古村落、古民居是华夏民族智慧的结晶，集中原传统文化、建筑艺术、审美情趣等精华于一体，是物化了的中原文化的代表，是重要的文化资产，在中国建筑史上占有重要地位，加强对我省传统民居建筑的研究和保护是这个时代赋予我们的责任。2011年，古村落、古民居保护工程已列入《国家文物博物馆事业发展"十二五"规划》中23项重大工程之一。与此同时，河南省文物局将古村落、古民居的调查与研究工作也提到议事日程并进行具体工作的部署，由我省文物建筑保护研究的专业机构——河南省文物建筑保护研究院承担并开展了河南古村落、古民居的调研工作。自2011年10月至今，文建院课题组同志们的足迹踏遍了豫北、豫西和豫南的乡村，深入调查了130余处古村落，通过实地拍摄和测绘、耆老访谈等途径获取了大量的第一手资料。他们的调研实践和资料的积累，推进了我省古村落中有价值的乡土建筑进行各级文物保护单位的申报，同时也推进了一些有价值并保存完整的古村落申报中国传统村落和河南省传统村落的工作。调研过程中，他们积极地进行文物保护工作的宣传，促进了村落中有价值的乡土建筑的保护，较好地行使了文物保护工作者的职责。

豫西，处于中华文明多元一体进程中的核心，华夏文明在距今5000多年前在这里形成并碰撞融合，并一直绵延不断。以庙底沟类型和大河村类型为主的仰韶文化古聚落数量众多且规模较大，仅在灵宝盆地目前发现的仰韶到龙山时期的聚落遗址就多达200多处。中华民族的祖先从远古时代起就在黄河流域不断地发展并创造了高度的文明。处于丝绸之路东端的豫西地区，也是古代东西方物质互通、文化交流的重点区域，许多古聚落均沿此条文化走廊而密集展布。可以说，豫西从古至今的人居发展史正是这些厚重历史的积淀，折射了中华文明的发展历程。

此次河南省文物建筑保护研究院副研究员杨东昱同志主编的《豫西古村落》一书，是建立在课题组同志们数年的实地田野调查基础上编纂而成。该书从豫西古村落形态方面的介绍到古村落的选址、类型、公共空间、街巷形态、院落格局、民居建筑以及民居建筑的装饰艺术等方面进行了较为全面地论述，展示了豫西地区古村落的物质和非物质文化特色，是对豫西古村落调查和研究的成果。此书是河南古村落以地域形式分类的研究性书籍，是豫西古村落人文历史和建筑的合集，对保护地域文化的多样性与独特性有深远意义，为"河南古村落·古民居"系列丛书的陆续出版开了一个好头！

对传统民居的营造过程、建造技术的研究是完善中国传统建筑建造技艺不可缺少的一部分；同时，对河南不同地域民居建筑形式与相关环境的关系等方面有更广泛的拓展研究价值。河南省文物建筑保护研究院针对河南古村落和古民居的调研工作还在继续，希望他们的调查和研究再出硕果！

今天文物保护利用进入新的时代，文旅融合发展不断推进，传统村落在保存历史文脉、保持乡土特色、促进旅游发展中正发挥着日益重要的作用。《豫西古村落》一书的出版，一是为保护奠定了基础，二是为合理利用梳理了形态与价值，三是为民宿的区域特征和特色片区的形成提供了依据。保护各具形态的传统民居就是保护民族的根与脉，对民居的科学研究是创造性转化创新性发展的支撑和基础，在这方面本书可谓居功大焉。

2019年8月20日

目 录 | MULU

序 一 ……………………………………………………… 杨焕成 001
序 二 ……………………………………………………… 田　凯 001
导 言 ……………………………………………………………… 001

上篇　形态篇

第一章　豫西概述 …………………………………………… 003
　　一、豫西自然环境述略 ……………………………………… 003
　　二、豫西人文环境述略 ……………………………………… 008
　　三、豫西古聚落的历史发展 ………………………………… 011

第二章　陕塬上的古村 ……………………………………… 017
　　一、陕州区刘寺村 …………………………………………… 018
　　二、陕州区庙上村 …………………………………………… 024
　　三、陕州区官寨头村 ………………………………………… 028
　　四、陕州区南沟村 …………………………………………… 035

第三章　古道旁的古村 ……………………………………… 041
　　一、义马市千秋村 …………………………………………… 042
　　二、义马市石佛村 …………………………………………… 049
　　三、灵宝市朱阳村 …………………………………………… 053
　　四、登封市大金店老街村 …………………………………… 058

第四章　伊洛河畔的古村 …………………………………… 071
　　一、宜阳县苏羊村 …………………………………………… 072

二、栾川县大王庙村……………………………………………… 079
　　三、巩义市益家窝村……………………………………………… 086

第五章　邙岭上的古村 ……………………………………………… 091
　　一、孟津县卫坡村………………………………………………… 092
　　二、孟津县石碑凹村……………………………………………… 101
　　三、巩义市海上桥村……………………………………………… 107

第六章　豫西山地的石头古村 ……………………………………… 115
　　一、新安县寺坡山村……………………………………………… 116
　　二、嵩县石场村…………………………………………………… 122
　　三、渑池县赵沟村………………………………………………… 128
　　四、登封市柏石崖村……………………………………………… 135

第七章　豫西庄园和大院 …………………………………………… 141
　　一、巩义市康百万庄园…………………………………………… 142
　　二、巩义市张祜庄园……………………………………………… 153
　　三、洛宁县上戈村——乔家大院………………………………… 162
　　四、洛宁县城村——张氏旧宅…………………………………… 168
　　五、洛宁县丈庄村——程家大院………………………………… 173

下篇　研究篇

第八章　豫西古村落的选址 ………………………………………… 181
　　一、宜　居………………………………………………………… 182
　　二、易　作………………………………………………………… 187
　　三、易　筑………………………………………………………… 190

第九章　豫西古村落的类型 ………………………………………… 193
　　一、根据地形地貌特征分类……………………………………… 194
　　二、依据主要功能分类…………………………………………… 198
　　三、依据村落形态分类…………………………………………… 203

第十章　豫西古村落的公共空间 …………………………………… 205

  一、劳作和休憩空间……………………………………………206
  二、宗教祭祀空间……………………………………………207
  三、学堂教育空间……………………………………………212

第十一章　豫西古村落的街巷……………………………………217
  一、街巷尺度…………………………………………………218
  二、街巷形态…………………………………………………220

第十二章　豫西古村落的院落……………………………………225
  一、豫西地上合院……………………………………………226
  二、豫西地坑院………………………………………………231
  三、豫西靠山窑院……………………………………………232

第十三章　豫西窑洞民居建筑……………………………………237
  一、豫西窑洞的分布…………………………………………238
  二、豫西窑洞的历史…………………………………………239
  三、豫西窑洞民居建筑的类型………………………………241
  四、豫西窑洞民居建筑的营造技艺…………………………244
  五、豫西窑洞民居建筑的特点………………………………249

第十四章　豫西木构民居建筑……………………………………255
  一、豫西木构民居建筑平面…………………………………256
  二、豫西木构民居建筑的结构体系…………………………258
  三、豫西木构民居建筑的屋面………………………………260
  四、豫西木构民居建筑的墙体………………………………265

第十五章　豫西民居的装饰艺术…………………………………271
  一、院落入口处的装饰………………………………………272
  二、建筑外立面的装饰………………………………………278

主要参考文献……………………………………………………………288
附　　录…………………………………………………………………291
后　　记…………………………………………………………………333

导 言 | DAOYAN

豫西，华夏文明核心区，中国乡土文化荟萃之地。

在历史学意义上，豫西，是指河南省西部在中国历史发展进程中沟通欧亚文化的带状区域，确切讲，主要指郑州以西、三门峡以东的中国第二阶梯、黄土高原的东部区域。它以洛阳为枢纽，东接黄淮海大平原辽阔土地，西拥秦岭与陕西省紧紧相连，北与黄河相隔同山西省相望，南至南阳盆地通楚襄之地。这个狭长的地带，沟壑交错，河网如织，物产丰厚，气候宜人，是古代文化交流大动脉"丝绸之路"的东段，是东西方文明与文化的融合、交流和对话之区，是华夏文明的重要发祥地，历史上产生了辉煌灿烂的文化。

豫西居古代中国"天地之中"，自古以来就是中华民族最密集的聚集地之一。在旧石器时代，这里就是人类活跃之地。新石器时代早期，豫西山地的浅山丘陵地带就出现了裴李岗文化聚落，其后，仰韶文化、龙山文化聚落遗址如雨后春笋般出现，古文化遗址鳞次栉比，内涵丰富，孕育了中国最早的文明。以偃师二里头遗址、偃师商城遗址为代表的夏、商文化，奏响了中国大地文明的先声。西周周成王继承周武王遗志营建的成周雒邑，是"中国"一词的发源地。从夏代到北宋，这里一直是我国政治、经济、文化的中心区域，文化发展水平的高度为东方乃至世界之最。金元明清时期，各方文化碰撞于此，谱写了中华文明的瑰丽诗篇。豫西区域的历史，是中华文明发展史的一部缩影。

伟大的文明需要雄厚、坚实的社会文化为基础。由于豫西区域独特的发展条件优势，这一区域的古代民间社会、经济、文化发展异常活跃。考古学资料表明，在新石器时代，裴李岗文化遗址、仰韶文化遗址发展迅速，尤其是以渑池仰韶遗址、灵宝北阳平遗址和西坡遗址为代表的仰韶文化得到了异常的发展，其中西坡遗址位于中国最大的史前文化遗址聚落群——灵宝阳平铸鼎塬地区，在这里，发现了一块5500年前仰韶时期人工开采的铜矿石，是中国首次发现5000年前人工开采铜矿石的地方。这些聚落遗址密集之程度、文化发展水平之高，世所罕见。经过龙山文化的厚积薄发，中国最早的国家出现在豫西这块大地上，并经历了从奴隶社会到封建社会的剧烈变革。秦统一国家后实行郡县制和重农抑商政策，使得以农业生产为主体的村落迅速发展，尤其是在汉唐时期，洛阳作为"丝绸之路"和后来称之为"欧亚大陆桥"的关键节点，为凿通西域、连通东亚，促进东西方社会发展繁荣作出了巨大贡献，而宋代、明清时代商品经济的发展更为聚落的发展注入了强大的动力。以宋代王希孟《千里江山图》卷所绘的宋代乡村住宅和村落为代表的古代图画记录了许多中州大地上的古代村落景象；以坐落在崤函古道上的千秋古街为代表的一些位于交通要道、发展热点的聚落还被北魏《水经注》等古代典籍著录并一直保存发展至今；《洛阳县志》中的村落图展现了清乾隆年间洛阳城周边村落的分布情况。以上这些史实正是本书选材于豫西的重要原因。

古聚落以及古民居是中国建筑文化遗产重要的组成部分，具有鲜明的地域和民族特色，体现着独特的传统文化特质和深厚的人文内涵。豫西区域位置、地理与气候环境和经济发展条件的特殊性，使其区域内古代聚落的成因、经济类型与模式、聚落规划与建筑面貌乃至非物质文化遗产面貌都具有不同的特点，加之历史上波澜壮阔的变革洗礼，留存至今的豫西古村落的文化面貌也异彩纷呈，以各种类型的古村落为主体，伴随着众多的古城址、古驿站、古关隘、古寺庙、古道等，凝聚了豫西乡民的文化类型与渊源、对人与自然和谐发展关系的认识、建筑营造技艺、社会伦理和审美意识等传统文化要素，呈现着独特的地域文化和民俗特色，是豫西乡民生存智慧的结晶。它们就像散布在大河南岸的明珠，熠熠闪光，争相辉映。这种多样化的文化面貌造成了材料收集、分析研究的困难，但这恰恰是豫西古村落的精华所在。豫西古村落具有较高的历史、艺术、科学和社会与文化价值。

本书是豫西典型古村落的调研成果，主要内容分为上篇和下篇两部分。

上篇为《形态篇》。该部分采撷了豫西不同环境下的21个古村落、两处庄园进行重点叙述。这些古村落基本上都纳入了中国传统村落名录，并且许多村落中的民居建筑群或单体建筑被政府公布为各级文物保护单位，价值颇高。从这些村落的分布特点、主要状态和呈现的文化特质，将豫西古村落分为陕塬上的古村、古道旁的古村、伊洛河畔的古村、邙岭上的古村、豫西山地石头古村、豫西庄园和大院几个类型。通过对这些村落历史、选址和格局、传统民居以及民俗特色等的深入研究，展示了这些乡村聚落独特的物质文化遗产和非物质文化遗产内容。

下篇为《研究篇》。该部分首先从豫西的自然和人文特点以及古村落形成的历史开始探讨，重点对豫西古村落的选址、古村落的类型、古村落的公共空间、古村落的街巷形态、古村落中的院落类型、古村落的民居建筑以及民居建筑的装饰艺术等方面进行分析和研究。

选址是一个事关族群战略发展的大事，是人们长期生存活动的经验总结。村落的选址首先要考虑的是生存资源，包括自然资源和社会资源。豫西古村落的选址和营建因地制宜、因势而造，其规律可归纳为：利用气候、地形地貌优势而居，宜居；居住环境与生产活动结合而居，宜作；巧妙利用各类自然资源和环境条件，易建。目前看到的古村落格局与风貌，都是在历史岁月的演变过程中而逐渐形成的。

村落的分类是较为复杂的事情，可以依地形地貌分类，可以依主要经济形态分类，还可以依村落形态特征分类。这些分类都同村落与自然的关系以及人的活动密不可分。为了分类，我们思考了下面这些问题：自然的地形地貌对村落造成什么影响？村落的主要经济活动和主要的功能对它有什么影响？村落为什么会呈现出这样的形态特点？带着这些问题，结合豫西古村落不同的情况，我们总结出依据地形地貌特征，可以分为黄土高原聚落、山地丘陵聚落和河谷平原聚落；依主要经济形态和功能可以分为农业聚落、商业聚落、军事聚落；依据村落形态，可以分为集聚型聚落和散漫型聚落。

公共空间是维系社会秩序和情感交流的需要，对华夏文明核心区的豫西古村落来说更显得重要。豫西古村落中的公共空间主要可分为劳作和休憩空间、宗教祭祀空间、学堂教育空间等，这些空间，反映了古代豫西民间社会的组织、管理与交流模式，是封建秩序下必需的规划要素。

通过调查，我们了解了豫西古村落街巷的常见尺度以及尺度的形成同人们活动的关系，街巷的形态同地形地貌以及村落建筑布局的关系。根据不同的特征，我们将豫西古村落的街巷形态归纳为"一"字带状、鱼骨状、枝状、网状、环状等几种布局形态。

豫西为河南省山地最为集中的地区，自西向东有山地丘陵、黄土台塬、黄土沟壑、河谷盆地、冲积平原等丰富的地形地貌，不同的自然资源和地理环境所产生的民居院落的平面形制与布局各不相同，既有地面建筑相围合而形成的各类合院，又有山区随坡就势的敞院，还有独具特色的地下四合院和依靠崖体进行竖向组合的靠崖窑院，类型丰富。

豫西古村落拥有种类丰富的民居建筑遗产，对这些民居建筑的研究也是本书的重点。因建筑材料资源与环境条件的不同，豫西历史上形成了不同形态的民居建筑，可概括为窑洞式民居建筑和木构民居建筑两大类。

豫西的北部是中国黄土高原之东端，高原东部不仅是历代图霸天下的统治者们的盘桓之地，同时也是中国古代生土建筑——窑洞分布的东端。这些生土建筑低能耗、低成本，并与周边环境融为一体，被后来的研究者称为"绿色建筑"。自郑州向西，这一建筑类型经历了地上合院—窑洞与合院结合—地坑院的有趣变化，其中，三门峡市陕州区为地坑院较早的发源地和持续传承地区，为研究中国窑洞的发展演变提供了丰富的资料。三门峡市陕州区的"庙上村地坑窑院""地坑院营造技艺"分别被国务院、文化部列入全国重点文物保护单位和国家级非物质文化遗产保护名录。

木构建筑是以木构架支撑屋面，砖、石、坯等砌墙体为特征的民居建筑，可分为砖木、石木以及几种建筑材料混合构筑的民居建筑结构形式。豫西的西部和南部，小秦岭、崤山、熊耳山、外方山和嵩山分列盘踞，石材和木材等建材资源较丰富，所建造的石木民居建筑各具特色；豫西的盆地和河谷地带，是交通便利和经济相对发达的地方，在传统建筑文化和周边相关区域文化的影响下，合院建筑规制完善，大量的砖木民居建筑建造精美。豫西不同类型的民居建筑无论是从构造方式上，抑或是从建筑材料的使用方面都有独到之处，能够因地取材，因地制宜建造丰富、宜人的居住空间。

豫西民居的装饰内容反映了华夏文明核心区中国传统文化的礼制道德与趋吉避邪的喜庆文化内涵，注重建筑主要部位的艺术装饰效果，采用砖雕、石雕、木雕、彩绘等形式，使用植物花卉、飞禽走兽、吉祥器物、文字书法和人物故事等多种多样的装饰题材，以象征、比拟、喻示和谐音的表现手法，表达吉祥富贵、长寿幸福等的寓意，寄托着宅院主人对美好生活的向往和追求，具有丰富的文化内涵，实现了建筑技术与艺术的完美统一。

近年来，党和国家对古村落的保护工作日益重视，人们也越来越追求生态、宜居的生活环境。豫西这片厚重的土地上现存的古村落遗产，凝聚了豫西人的历史智慧，承载着他们的乡愁，是华夏文化核心区乡土文化的代表作。通过调查和研究，我们深感豫西古村落具有非同一般的价值。希望我们的调研成果对保护传承历史优秀文化遗产、振兴国家与民族文化事业有益。

杨东昱

2019 年 5 月 6 日

豫西概述

陕塬上的古村

古道旁的古村

伊洛河畔的古村

邙岭上的古村

豫西山地的石头古村

豫西庄园和大院

上篇 形态篇

第一章 豫西概述

一、豫西自然环境述略

(一) 豫西地理概况

豫西，大部分地区被秦岭余脉所占据，为河南省山地和丘陵最为密集的区域。豫西的整体地貌，既有与西部秦岭相连的崇山峻岭，还有形态各异的低山丘陵；既有地质运动挤压形成的褶皱山，更有流水切割而形成的剥蚀山体和黄土塬地。豫西拥有山、岭、塬、川、盆地、平原等多种类型。

豫西的北侧多为黄土丘陵，河与山之间的三、四级台地，海拔都在500～700米。这里黄土沟壑纵横，长年的雨水冲蚀，形成了一道道陡深的冲沟，造成既有河谷、沟壑，又有黄土丘陵和阶地、黄土台塬等变化复杂的地形地貌（图1-1-1、图1-1-2）。豫西的西侧和南部为秦岭山地、丘陵，这些山脉特点各异，精彩纷呈。秦岭在河南的支脉北支为小秦岭和崤山，余脉沿黄河南岸向东延伸，统称邙山；中支为熊耳山和外方山；南支为伏牛山。其中，小秦岭的老鸦岔垴海拔2413.8米，尖峭的山峰突出其上，十分独特，呈现出险峻的风姿。中岳嵩山最高峰海拔虽然只有1512米，却在平地之上拔地而起，显得高大突兀。从这些山地中发源的河流，形成了密集的水网，据《水经注》记载，古代豫西地区大小河流多达170条，较大的河流有洛河、伊河、涧河等，都为黄河的重要支流。众多的河流汇聚在一起，形成了广阔的冲积扇，称为冲积平原。这一冲积平原地域广阔，非常适宜人类生存与发展，百水汇流的洛阳盆地便属于此例（图1-1-3）。

图 1-1-1　黄土丘陵地貌

　　豫西主要地形地貌为黄土覆盖的台塬地貌、山地丘陵地貌和河谷平原地貌。其中黄土台塬是黄土高原典型的地貌特征之一，这种地貌类型在河南仅为豫西独有，较有特色。豫西位于我国黄土高原地貌的最东缘，黄土层从三门峡黄土台塬地区100多米厚到洛阳50~100米再到郑州以西的上街20~50米厚，由西至东逐步递减。从郑州市向西而望是沟沟壑壑的黄土丘陵地貌，向东则是一望无际的豫东大平原，两种地形差异较大，郑州便为分界线。

　　洛阳处于黄土高原的东南缘，周围群山汇聚，西南为秦岭的余脉伏牛山，东南为五岳之一的中岳嵩山，北部为邙山丘陵，中部为伊河、洛河盆地。境内河渠密布，分属黄河、淮河、长江三大水系。伊、洛、瀍、涧四河穿流其中，造成了洛阳山环水抱的盆地地貌。洛

图 1-1-2　黄土台塬地貌

　　阳盆地北缘邙山为黄河与洛河的分水岭，总山势为东西走向，西北高，东南低，海拔一般120～340米，相对高度50～100米，长190余公里。邙岭地势空旷而高敞，黄土土层深厚、坚固致密并黏结性好，适于营建窑洞类建筑。在这个区域的古村落中，利用沟壑的地形而建筑的靠山窑院较为普遍。

　　三门峡处于秦岭余脉小秦岭和崤山向东延伸地带，以山地、丘陵和川塬构成了地貌的主要类型。三门峡西南高、东北低，大部分地区的海拔在300～1500米之间，平原较少，其中山地约占54.8%、丘陵占36%、平原占9.2%，所以三门峡被称为"五山四陵一分川"。三门峡境内除黄河外，还有洛河、宏农河、老灌河三大河流和众多支流，以熊耳山为界，把

◯ 图 1-1-3　洛阳盆地。大小河流呈扇形均匀辐射，像撒开的水网，形成多个"河汭"地貌，土地肥沃，水源丰富，拥有良好的农耕居住环境，宜于促进农耕聚落的发展，自古为人类优选的居住地（星球研究所制作）

三门峡市辖区分为长江和黄河两大流域，黄河流域面积较大。多数河流的发源地或大部分河床都在山地丘陵间，地下水位在 8～20 米，水流湍急，落差大，地下水埋藏浅，为开发利用提供了便利条件。

（二）豫西气候条件

豫西位于内陆，山地、丘陵较多，秦岭山脉东西而卧，山势北陡南缓，是北亚热带和暖温带的分界线。受地形高低的阻隔，来自东部海洋的湿润气候很少能够到达，总体气候干燥少雨。但在远古时期，豫西是另外一种风景，上古时期，自三四千年前的夏商直至西周中叶之前，豫西地区为亚热带气候，比现在温暖湿润得多。彼时典型的风貌特征是：森林葱郁，河网密布，草原、湖泊和沼泽广袤无边，水中浮游着鳄鱼、犀牛，山林间穿行着象群、鹿群等异兽，一派典型的亚热带风光，类似长江中下游地区甚至更加偏向南方。宜人的气候条件和优越的地理环境使人类祖先较早地在此繁衍生息。豫西地区气候的变冷可能是渐进的，比较明显的转折点当在西周末年。随着人口的增长，西周后期出现大规模的毁林造地与竭泽而渔，自然环境日渐恶化。到周幽王二年（前 780）时，"西周三川皆震"，三川竭，岐山崩塌。

是否一场大地震造成了气候的巨变不得而知，但西周灭亡，王室东迁洛阳却是史实。明清时期，豫西地区因为国家行为的大迁民，伴随有大量人口拥入，西部山区得到较深入的开发。在开发的同时，生态环境也逐步恶化，主要表现在森林植被的破坏和动物多样性的减少，并由此引发了气候方面的变化。

豫西属于暖温带大陆性季风气候，四季分明，天气多变，随着纬度的升高，冬、夏气温变幅相应增大，而降水逐渐减少。气候特点是夏季高温多雨，冬季寒冷干燥，季风显著。这种气候带来的主要灾害性天气是：冬春季寒潮频发沙尘暴、霜冻、白害等，夏季强对流天气造成雷雨、大风、冰雹时有发生。因地形变化较大，豫西各地又呈现不同的小气候。例如：三门峡市陕州区地处中纬度内陆区，冬季多受蒙古冷高压控制，气候干冷，四季降水不均匀，夏季雨涝、冬季雨雪稀少，年均降水量 580~680 毫米，植被的生长受季节性影响较大；洛阳栾川地处亚热带向暖温带过渡区，夏无酷暑，冬无严寒，年均降水量达 800~900 毫米，林茂草丰，雉飞鹿鸣，四季泉水喷涌，常年飞瀑成群，翠竹碧水交织，被誉为"北国江南"（图 1-1-4）。

● 图 1-1-4　豫西的"北国江南"

二、豫西人文环境述略

(一) 豫西的文化特色

1. 河洛文化的发源地

黄河流域是中华民族文明的摇篮,而"河洛"地区位于黄河流域的腹心地带。河洛,是以洛阳为中心,西至潼关、华阴,东至荥阳、开封,南至汝颍,北跨黄河至晋南、济源一带,覆盖面积广大。河洛文化,是指存在于黄河中游洛河流域,以洛阳盆地为中心的区域性古代文化。

豫西是河洛文明的发源地。在华夏文明核心区的河洛地区,最早国家出现在这里,从这里走出的炎黄子孙携带着中华民族的基因随着人口的迁移向四方播迁,这里汇聚着中华民族善于吸收、包容、开放的民族个性,汇集了中华民族坚如磐石的凝聚力和灵魂。

百水汇流的洛阳盆地自古就因温和湿润的气候、宜居的环境成为人类生活和活动的区域。这里土地肥美,气候温和,优良的自然环境,给早期的人类提供了生存和发展的条件。远在五六十万年前的旧石器时代,就有先民在此繁衍生息。距今八九千年至四五千年的新石器时代,伊、洛、瀍、涧等河流的台地上,分布着许多原始氏族部落,在这一带发现的200多处著名聚落遗址,便是当时人们居住、生活的地方。伊河、洛河流淌的盆地孕育、滋养了灿烂辉煌的河洛文明。自夏代开始,历经商朝、西周、东周、东汉、曹魏、西晋、北魏、隋朝、唐朝、后梁、后唐、后晋,洛阳成为我国历史上著名的十三朝古都,形成了久负盛名的京都文化、王畿文化。以洛阳为核心的河洛文化是我国5000年华夏文明的源泉与主脉。

以洛阳为中心的中原地区在整个史前文明时期至北宋时期都处于中国文化的领先地位,中华文明是在这一文化基础上融合周边文化逐步发展起来的,河洛文化的根源性由此可见。

2. 多方文化的交流影响地

豫西西为关中平原,东为豫东平原,北边是晋南平原。这个地区,不管是豫、秦、晋三个文明核心区之间还是长安与洛阳两京之间,都视为交流与流通的融合之地。特殊的地理位置不但使豫西成为中原文化、关中文化和三晋文化交融、碰撞,相激相荡的文明交会之地,更是多元文化相互碰撞、相互交融并滋生新文化的活跃地。从国家政治层面的军事、经济、大规模人口迁徙活动到民间的通婚、经商等小范围的交融、交往，山西、陕西的文化艺术风格逐渐同豫西地区人们的生活习俗相融合。

自张骞通西域后欧亚丝路形成，连接两京的古道一方面为商品贸易的经济通道，另一方面便成为东西方文化传播的走廊。在这条走廊上，佛教、基督教、伊斯兰教等宗教被广泛地传播，绘画、杂技、音乐、舞蹈等上层建筑和意识形态得到交流和影响，豫西是多方文化的交流影响地。

（二）豫西的民俗和民间艺术

民俗又称风俗，泛指民间文化。在漫长的农耕时代，民俗是同生活最密切的一种文化，表现出的有日常生活的民俗、生产劳动的民俗、传统节日的民俗、社会组织民俗等。豫西古文化积淀丰厚，民情独特，民风淳朴，民风民俗既有鲜明的中原特点，又有秦、晋的烙印，随着社会的进步，人们对传统民俗既有继承也有舍弃。人生成长的各个阶段都需要民俗进行规范，具有时代特征的新民俗渗透在人们的衣食住行等生活方式及各种礼仪之中。

豫西地区的代表民俗有周公崇拜、关公信俗、商贸习俗等。关公一生所体现出来的"忠、义、仁、勇、义、礼、智、信"的文化精髓，为几千年来海内外炎黄子孙所推崇敬仰，是华夏民族道德灵魂的本质。关公信俗在豫西地区的扎根与绵延较深较广，其中以洛阳关林为主要拜祭和朝圣地的庆典活动至今不衰（图1-2-1）。豫西凭借文化交流中心和重要通道的位置，自古都是商贸活动频繁之地，形成了悠久的商贸习俗，例如，经商者中有行商、坐商、

图1-2-1 关林是进行关公信俗的主要场所

经纪人、典当等分类的行业习俗。

　　三门峡陕塬地坑院村落，至今还保留着特色婚俗。庙上村地坑院的传统婚俗延续至今已有百年以上的历史（图1-2-2）。婚姻的缔结，大致可分为议婚、见面、定亲、送好、登记、过礼、嫁娶几项程序。另外，地坑院还有特色饮食"八大碗"和"十大碗"，是当地群众操办红白喜事，招待贵客或者时令节庆准备的特别美食。其中"十大碗"包括：红烧肉一碗、长条肉一碗、小酥肉一碗、油炸豆腐大白菜一碗、炸丸子炖红萝卜一碗、黄花菜一碗、豆芽一碗、粉条一碗、芹菜一碗、莲藕一碗，有荤有素，在上菜顺序和摆放的方位有一定的讲究（图1-2-3）。"八大碗"则是从中选择六个热菜和两个凉菜组成。烹制特色美食的过山灶由一排炉灶串联而成，共有7~8个凿眼，柴火在灶的一头烧，热量穿过灶膛送到每个灶台，省时、省力、省能源。由于每个灶台距离火源不一，火力大小自然有别，正好为厨师蒸、炒、焖、炖提供不同的火候（图1-2-4）。

　　豫西古文化积淀丰厚，民间文化地域特色鲜明。人们在千百年的生产劳动中创造了古朴的民间艺术。有社火、民间舞蹈、管弦民乐等民间文艺，有剪纸、刺绣、编织、面花、皮影、

▲ 图1-2-2　地坑院婚俗（图片来源网络）

烙画、蛋雕、布制工艺品、玻璃彩绘等民间工艺，其中多项入选国家级和省级非物质文化遗产名录（图1-2-5）。

三、豫西古聚落的历史发展

至少在新石器时代，豫西原始的聚落就已出现，这些新石器时代的遗址展示了该地区聚落萌芽时期的场景。仰韶文化作为当时比较发达的定居农耕文化，深深地影响着后来的华夏文明。北阳平遗址面积约100万平方米，与此相距5公里的西坡遗址面积约50万平方米，遗址发现了多座保存相当完好的仰韶文化中期的单体建筑基址，其建筑面积均在200平方米以上。遗址范围之广和建筑面积之大都标志着新石器时代豫西地区聚落之繁盛、人丁之兴旺。

禹划九州，河洛属古豫州。在奴隶制时期，这里是中国的文化中心。《逸周书·雒邑篇》称"自治汭延于伊汭，居易无固，其有夏之居"，说明夏人的都城，就在伊、洛河流域，后经考古发掘确认洛阳偃师二里头遗址为夏都斟鄩。偃师商城遗址被认为是西亳遗址，西亳乃商朝开国君主汤即位后确定的都城。公元前11世纪，西周在邙山之下、洛水之阳的涧水入洛处，筑成了位重宗周镐

图1-2-3 地坑院"十大碗"（图片来源网络）

图1-2-4 地坑院的过山灶（图片来源网络）

图1-2-5 地坑院的剪纸艺术（图片来源网络）

京的新都——雒邑，开拓了洛阳城市历史的开端。洛阳是"中国"名称的发源地，1963年，陕西宝鸡出土了一件西周早期宗室的祭器何尊。何尊记述了周成王继承周武王遗志，营建成周雒邑之事，铭文曰："余其宅兹中国，自兹乂(yì)民。"翻译过来就是："我以此地(洛阳)作为天下的中心，统治民众。"通过考古发掘，洛阳地区除了周王城、偃师商城等重要的城市聚落，在城市的周边以"井田"为模式还分布着许多古老的乡村聚落。

秦统一国家后实行郡县制和重农抑商政策，使得以农业生产为主体的村落迅速发展。虽经汉初战乱，乡村受到较大破坏，但是经过东汉开始阶段所采取减轻赋税等恢复生产的一系列措施，社会经济方面取得了较大的进步，以农业、手工业为主的乡村也迎来了较大的发展。当时的民居以"一堂二内"为常见形式，并形成以住宅为主，带有厕所和猪圈的院落。

唐代，作为东都的洛阳，是中央集权地关中的重要粮食供应中心。这个时期，在洛阳和西安之间，建有诸多的粮仓，其中著名的有含嘉仓、河阳仓、洛口仓、太原仓等。这些粮仓主要作用是盛纳京都以东州县所交租米至皇家粮仓，以保障都城西安的供给。隋唐五代时期的民居住宅属于合院式的模式，大多采用中轴线和左右对称的平面布局，院落类型有一进四合院，有前后二院、多重院落等，较之前更为丰富。

北宋，经过唐末五代十国时期的分裂割据时期的战乱，伴随统治者一系列振兴经济的措施，重点对豫西地区河道进行疏浚，带来了漕运的恢复，对农业和手工业都有较大影响，伴随生活水平提高，人民安居乐业，村落乡居呈现欣欣向荣的面貌。以宋代王希孟《千里江山图》卷所绘的宋代乡村住宅和村落为代表的古代图画记录了许多中州大地上的古代村落景象（图1-3-1、图1-3-2）。

明朝前期政府所实施的兴修水利、推行屯田、减轻赋税并实行移民等措施都对乡村经济的发展起了较大推动作用。特别是移民政策，来自窄乡的乡民和无业者进入豫西进行屯田，荒废的土地重新被耕作，村落经过长年战乱后慢慢恢复。新安县铁门镇薛村、洛宁县上戈村、栾川县大王庙村、嵩县石场村等许多村落都是通过迁民逐渐繁衍发展起来的古村落。

明末清初洛阳北邙是战区，人烟稀少，土地荒芜，孟津卫坡村和乔庄村等村落也是通过移民逐渐建立起来。《洛阳县志·图考》中村落图展现了清乾隆年间洛阳城周边村落的分布情况（图1-3-3）。

图 1-3-1 宋代王希孟《千里江山图》卷所绘的宋代村落风貌和乡村住宅（节选）

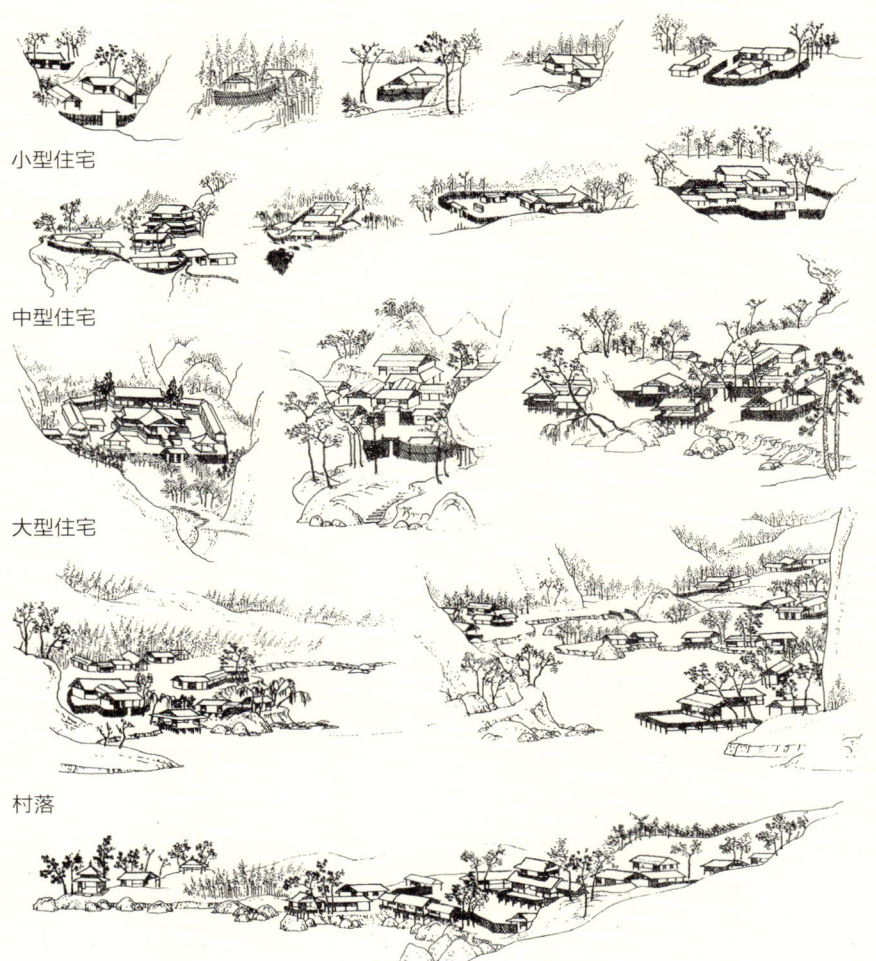

小型住宅

中型住宅

大型住宅

村落

图 1-3-2 依据宋王希孟《千里江山图》卷所绘的宋代乡村住宅和村落（原载《中国古代建筑史》，刘敦桢主编，中国建筑工业出版社，1984年第二版，第185页）

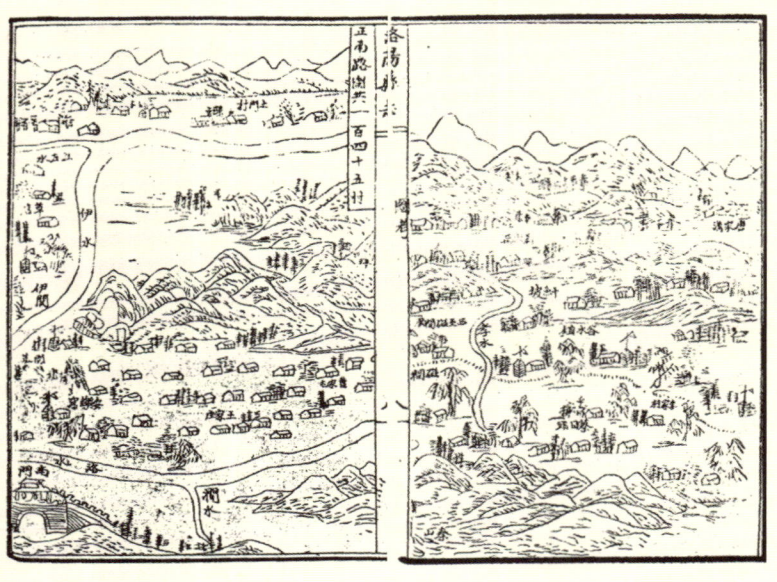
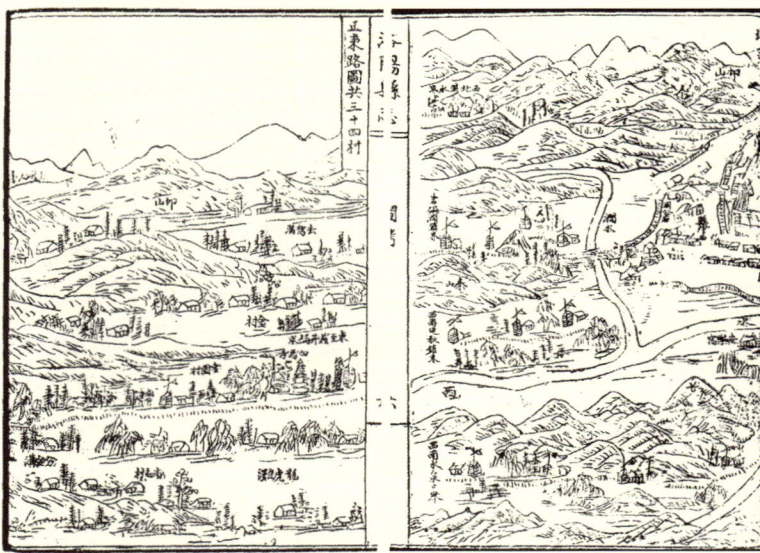
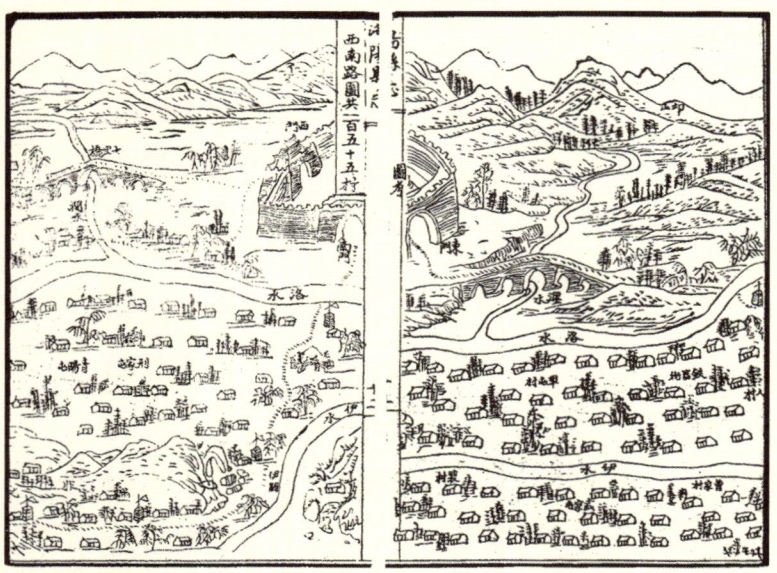
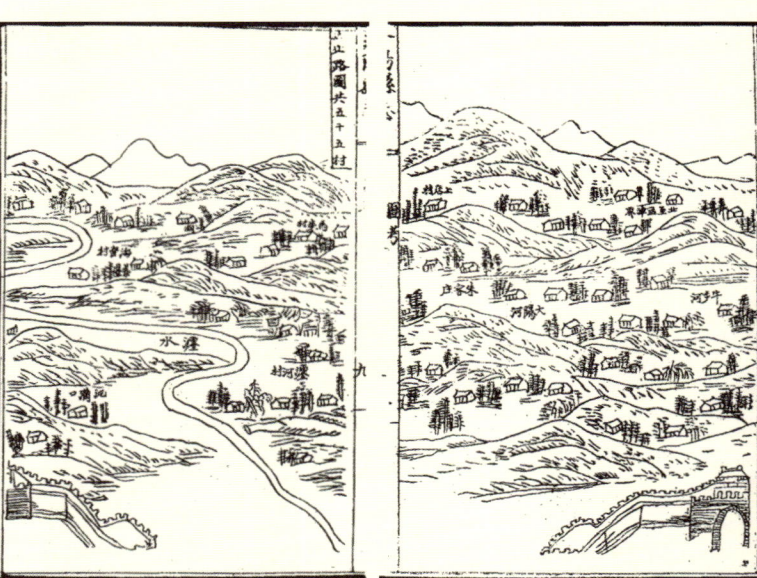

图 1-3-3 《洛阳县志·图考》清乾隆年间洛阳城周边村落分布（节选）

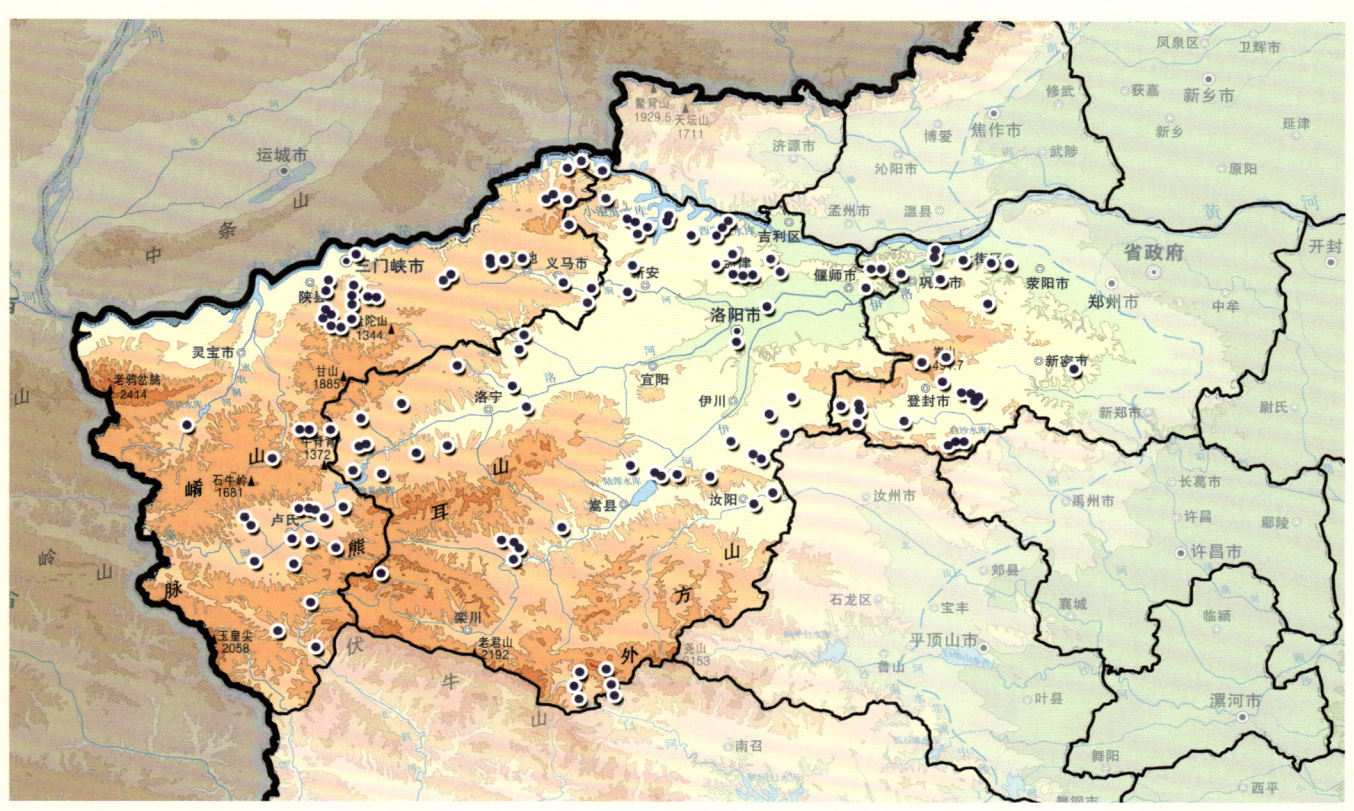

◯ 图 1-3-4　豫西古村落分布图

通过对农作物的种类和耕作方式等的革新，经济作物的商品化生产加强，棉花、药材、油料作物被推广种植，为手工业提供了丰富的原材料。清至民国随着商品经济迅速发展，城区周围选址近水、近路的村落因生活便利并利于商品交易和运输，逐渐带来人口增长和村落繁荣的发展，如孟津县横水村、巩义益家窝村等。

豫西历史文化根基深厚。作为广大平民生产生活的场所——村落，其发展是一个连续不断的过程，村落的历史演变与历史时期社会的发展状况有高度的一致性。豫西古村落经过历史上波澜壮阔的变革的洗礼，凝聚了豫西乡民的文化类型与渊源，呈现着独特的地域文化和民俗特色，是豫西乡民生存智慧的结晶。它们就像散布在大河南岸的明珠，熠熠闪光，争相辉映（图 1-3-4）。

第二章　陕塬上的古村

　　豫西山地北麓黄土台塬沿黄河南岸东西延伸，南部、东部与崤山山麓相接，北与黄河三级阶地相临，由于青龙涧、苍龙涧等黄河较大支流切割自西向东形成张汴塬、张村塬、东凡塬等塬，塬面呈阶梯状向黄河倾斜。受较大支流控制，黄土塬周边冲沟发育，地形支离破碎，形成塬、梁、峁黄土地貌形态组合。塬面地势空旷而高敞，天然并深厚的黄土层孕育了黄土窑洞式民居。三门峡陕州的黄土塬区域为全国保存最集中、质量相对较好的地坑院分布区，众多以地坑院为主要居住类型的古村落一片一片分布在此。

一、陕州区刘寺村

刘寺村位于张汴塬南部，隶属于三门峡市陕州区张汴乡，北与曲村、曹村相邻，西与西过村接壤，南为寺院村，东与张湾乡柳林村搭界，北距三门峡市区35公里。整个村落地形地貌有山地、台塬、沟壑等，总体西南高东北低，海拔在655~935米之间，为起伏较小的缓坡地形。2014年，刘寺村被列入第三批中国传统村落名录。

图 2-1-1 刘寺村鸟瞰

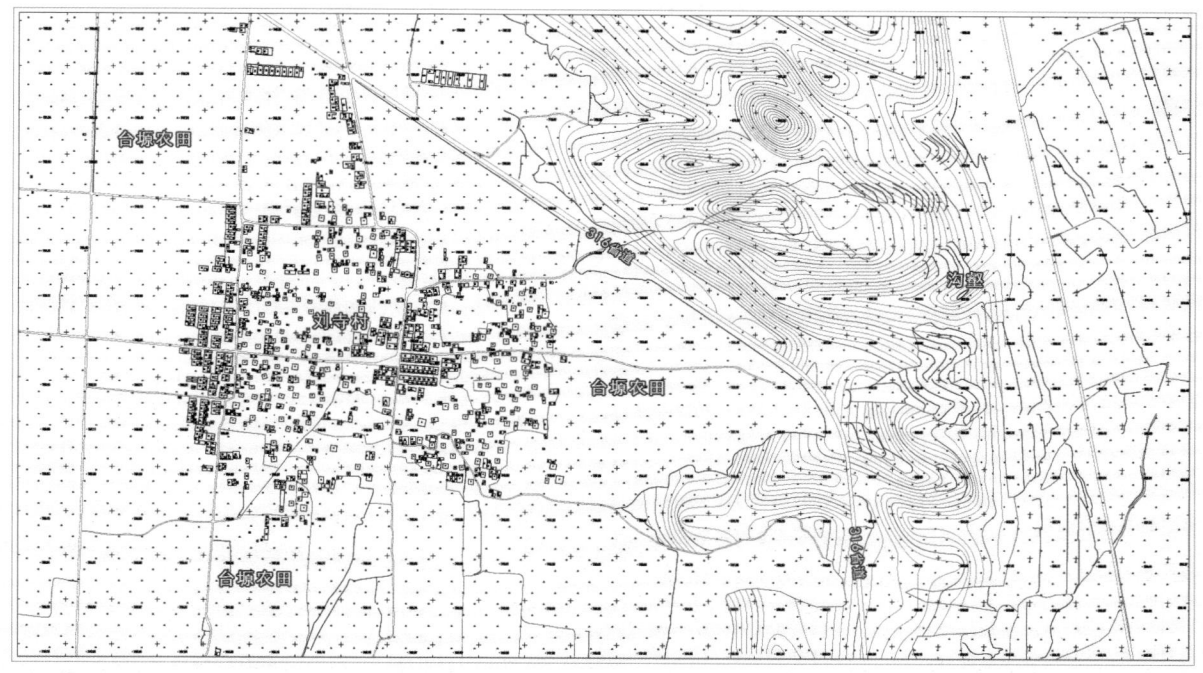

◎ 图 2-1-2　刘寺村地形图

刘寺村所处的张汴塬，就是历史上的"陕塬"，陕西省即由此得名。陕塬世传为周、召二公"分陕而治"之地。据《括地志》记载："陕塬，甘棠西南也，分陕以塬为界。自陕而东，周公主之；自陕而四，召公屯之。"据说，辅佐周成王的周公和召公曾在塬上立了"分陕石"，三门峡市文物陈列馆里现还存有一柱形界石，叫作"分陕石柱"，也叫"周召分界石"。

刘寺村始建于汉代，相传最早由刘姓定居于此，后又有他姓相继迁入。村庄最初的选址同现在的刘寺村并不在一处。当时村民在东北方的高原乡靠近水源的沟壑内安家，利用黄土塬崖壁开挖靠崖窑洞，形成沿崖的窑洞聚落。后来，靠山窑逐渐满足不了人口不断增长后的居住所需，村落逐渐由东北高原乡向小刘寺、大刘寺迁移，居住形态也由原来的塬崖壁开凿的靠山窑逐步发展到在塬面平地上开挖地坑窑。现在的刘寺村坐落在因流水冲刷而形成的黄土塬塬面上，地坑院民居选址处地势平坦，肥沃的土壤为人们提供了良好的耕作条件（图 2-1-1、图 2-1-2）。

🔸 图 2-1-3　刘寺村中心地段地坑院分布状态

　　陕塬因地处三门峡之南,当地人习惯称之为南塬。南塬黄土层堆积深厚,土质结构十分致密,其间还夹杂钙质结核层,挖凿窑洞更加坚固耐用。地坑院一座挨着一座密布于刘寺村所在台地上,宽敞平坦的塬面满足了安居之需(图2-1-3)。陕州黄土塬区降水量偏少,即使偶遇洪涝,塬区三面都是沟壑,利于雨水排放,不会殃及地坑院落,而地坑院中的渗井容量也因历史上的经验而定，从未造成积水外溢的现象。

刘寺村传统建筑主要包括地坑窑与靠崖窑两类。村内现存地坑院230余处，其中清代地坑院62处，民国时期地坑院28处，中华人民共和国成立后所建的地坑院139处。另外，还有中华人民共和国成立后挖凿的靠崖院4处。地坑院这种独特的"穴居"形式在中华人民共和国成立后仍然被传承并广泛运用，不仅是因为窑洞民居冬暖夏凉、易于建造，还同当时的社会背景关系密切。中华人民共和国成立后社会稳定，20世纪50~70年代的农村家庭子女一般都在四五个，人口的迅速增长，对居所需求量加大，但限于当时社会生产力水平，大多农民没有经济能力建设砖木结构的房屋。而挖凿地坑院除了人工，几乎不需花钱，这样，因地制宜的地坑院就被广泛采用。另外，当地农民主要种植冬小麦和夏玉米两种作物，其收、打、晾、晒需大面积的场地，地下住人、地上打场可谓是生活和生产相结合的智慧形式。

村落的历史格局是以村落中心向四周放射发展的。年代较久的地坑院多位于村庄中心，随着时间的推移，人口不断增长，越来越多的地坑院由村落中心逐渐向四周扩展。

村落的道路系统大致分为两类，一类是刘寺村同周围村庄之间联系的外部道路，另一类是刘寺村内片区间联系的内部道路。外部道路延伸较远，东西、南北穿越村庄；内部道路多相贯通，分布较为随意，走向均匀并有些曲折，起到将地坑院各个片区联系起来，将各家各户的地坑院联系起来的功能（图2-1-4至图2-1-8）。

不同的地坑院因家庭人口的组成不同，对居所的要求也不同，所以村落里每家的地坑院都不完全相同。选址营建的时候，根据每家的情况，院落的尺度、窑洞的数量和组合方式、窑洞的进深大小等都会随之变化。地坑院的入口形式有三种，从平面布置上分为直进型、曲尺型和回转型，其中，采用直进式可以缩小院落同院落之间的间距，在院落间距不宽敞的地方常被采用。两座天井窑院之间窑顶都被碾平压光，常年摆放着石磙等农具，收获季节可作打谷和晒谷场。邻居间的相互探访或聊天，有时并不需要敲门进院，站在窑顶轻声一喊，窑里的人就会应声出来答话，地上地下、院里院外的交流就可以开始进行了。

地坑院植被也有许多讲究，门洞旁栽槐，取意"千年松柏，万年古槐"，寓意家庭幸福长久，生活安康。"前梨树，后榆树，中间一棵石榴树"，寓意顺利、富贵、多子多福。

刘寺村原有魁星庙、女娲庙、关帝庙、岳王庙、马王庙、关爷庙、唐庙、火神庙以及山

○ 图 2-1-4　刘寺村的靠崖院

○ 图 2-1-5　刘寺村仍在使用的地坑院内种植花卉和植被、晾晒谷物，充满生活气息

○ 图 2-1-6　现在刘寺村村民们大多把家搬至地面以上，地坑院逐渐被废弃

神庙等庙宇，每座庙宇都较小，分别分布在街道的交叉路段和街巷的尽头。村口、道路交叉口、大树下、窑场等地方都是自发形成的公共空间，是村民避暑纳凉、歇晌、闲谈、娱乐的好地方。村落中现存有两棵古槐，一棵高五丈有余，位于村中小学南100米路西，根系发达，树身粗壮，四个人手拉手难以抱拢，树冠大枝叶稠呈伞状铺开。另一棵位于村南路西，树身粗壮，外实内空，弯腰向南遮盖路面，一主干向西北平伸3米有余，顽童们在树上嬉戏玩耍，成为他们的娱乐场地。这些古槐见证着刘寺村的历史。

"唯有树木不见村，风送炊烟缭绕飞，待看地坑如天井，嬉笑源于穴居人"，民谣形象描绘了刘寺村古槐翠绿遮阴，地坑院摆布成局，村民怡然自得的生活场景。刘寺村不失为黄土塬上顺应自然环境、以地坑院为主要居住建筑的古村落之典范。

图2-1-7 刘寺村地坑院入口

图2-1-8 刘寺村地坑院入口门洞

二、陕州区庙上村

庙上村位于张村塬南部边缘地带，隶属于三门峡市陕州区西张村镇，北距三门峡市区约20公里，南距甘山森林公园仅6公里。甘山公路、省道318线临村而过，交通便利。庙上村的地坑院一座挨着一座，为豫西地坑院保存数量最多、最为完整的村庄。村内的地坑院在建造质量和营造技艺上都是地坑院民居的优秀代表，具有较高的历史、艺术和科学价值。庙上村为陕州区地坑院营造技艺传承基地，并入选为第一批中国传统村落；2013年，庙上村地坑窑院被公布为全国重点文物保护单位。

村外部自然环境是村落发展的基础。庙上村地貌有山地、台塬、沟壑等，整体地势西高东低，起伏较小，多为缓坡，有利于地坑院的修建和雨水排放。庙上村南部紧邻宽而深的沟壑——槐花沟，沟南为甘山森林公园。甘山矗立于崤山南麓，层峦叠翠，林木葱郁，茂密的山林植被对庙上村的生态环境起到了良性作用。因处台塬，地势相对平坦，庙上村周围拥有大片的农田、果园，经济收入以种植业和畜牧养殖业为主，粮食作物有小麦、玉米、红薯等，苹果种植是本村的支柱产业（图2-2-1、图2-2-2）。

○ 图2-2-1 庙上村的地坑院遍布整个村落

庙上村是一处古老的村庄，之所以叫庙上，是因为原来村里庙宇多，以前村里只有300多口人，却有山神庙、马神庙、关帝庙、岳飞庙、文昌阁等十几座庙宇。庙上的祖先们首先利用槐花沟侧之崖壁开挖靠崖窑洞，形成沿沟而居的窑洞村落形态。沿沟居住需上坡下坡交通不便，加上人口不断增加等方面原因，人们逐渐从沟侧向塬面转移，从以靠山窑为主的居住的形式向黄土塬面以地坑窑为主的居住形式转变。

图2-2-2 庙上村鸟瞰

清乾隆年间经济较为繁荣，人口增长幅度越来越大，沿沟向阳的崖面受限不能满足挖凿更多靠山窑的需求，一部分村民从沟壑内向塬面上转移，并在黄土塬面挖凿地坑院居住（图2-2-3）。

图2-2-3 庙上村地坑院

庙上村现有180多户人家，700多人。村内有靠崖窑和地坑窑两种传统民居建筑。因年久废弃，沿槐花沟的靠崖窑多已毁坏，而塬面上的地坑院至今仍为人们居住，得到良好的日常养护，保存较好。现村落排列有序地保留着73处地坑院，最早的已有300年历史，住过六代人。保护人员逐一对现存地坑院的建造年代、建筑质量进行调查，并进行了建档。这其中31处保存较好、价值较高的地坑院被列为全国重点文物保护单位，另还有部分地坑院被列为历史建筑，这些工作对保护地坑院和传承地坑院的营造技艺起到一定科学、有效的促进作用。

庙上村的地坑院格局讲究按地势与水流去向选址，按照主窑所处方位不同分四种类型：东震宅、南离宅、西兑宅、北坎宅（详见《研究篇》十三章 豫西窑洞民居，四、豫西窑洞的营造技艺——下沉式窑洞的营造）。现存大多数是西兑宅，次为北坎宅，另有少量东震宅，无南离宅。出入口的位置都位于上主窑的左前方，与传统四合院大门位置一致，例外者很少。院内栽种石榴树寓意多子多福，梨树寓意吉利，桃寓意长寿，苹果寓意喜庆，梧桐树期许招引凤凰，所植的树木给地下的庭院增添了盎然生机（图2-2-4）。

庙上村地坑院按照形状划分为正方形和长方形院落，其中正方形院落占多数，共有48处，凿窑十孔，东西各三孔，南北各两孔，尺寸基本可划分为10米×10米、11米×11米、12米×12米几种大小；长方形地坑院共24处，凿8～12孔，其中8孔有8处，12孔有16处，8孔的尺寸基本为10米×8米、11米×7米，12孔的尺寸基本为13米×10米、12米×10米、12米×8米几种类型。

地坑院无论是孔数多少，都要拿出一孔窑作为出入口使用。传统的出入口有砖、块石、卵石等铺就，做出踏步或坡道，通道顶部一般都敞开，有些人家在入口处建小门楼，使地坑院入口更加醒目（图2-2-5）。

● 图2-2-4　庙上村地坑院种植梧桐树

● 图2-2-5　庙上村地坑院入口

村内有口古井，一直为庙上村的主要饮水井，这在黄土塬缺水的村落尤其珍贵。1944年5月，日军侵占陕州，在连遭陕州抗日队伍多次沉重打击后，恼羞成怒的日军聚集500多兵力，向张村塬上的抗日队伍发起猛攻。由于兵力兵器悬殊太大，抗日队伍300余人只好撤回庙上村南临沟的寨子里。在被围困五天后，经地洞跳沟逃生200余人，其余65人被日军抓住后，押到村北，五人绑成一串，推入此井中，其状惨不忍睹。为纪念抗日英烈，不忘国耻，塬上群众把此井称为"血泪井"。"血泪井"记录了发生在陕塬上不能忘却的血泪史。

至今，庙上村传统婚俗仍然在地坑院的人家传承并延续。婚礼当天锣鼓喧天，鞭炮齐鸣，一支浩浩荡荡的迎亲队伍从远处走来，新郎骑着高头大马，新娘坐着八抬大轿，在迎亲队伍的簇拥之下下到地坑院举行传统的拜天地仪式，民俗气息浓厚。每年正月十五，庙上村还会举办灯会，在彩灯的装点下，静谧的夜晚，庙上村的地坑院显现着迷人的色彩（图2-2-6）。

庙上村现保存有"八大碗"和"十大碗"等特色饮食，在地坑院内支起过山灶，七八个灶眼上分别烹煮着不同的食材。"八大碗"和"十大碗"是当地群众操办红白事、招待贵客或者时令节庆准备的特别美食（图2-2-7）。

庙上村地坑院窑洞的门芯窗芯，都是木制的井字形方格，背面裱糊白色的窗纸。这种方格形的木棂芯儿处适合贴上形态多样的剪纸窗花。庙上村剪纸艺术由来已久，其作品涉及当时生产、生活各个方面，体现村落的人们勤劳朴实、热爱生活和追求真善美的人生态度。

图2-2-6 庙上村正月十五的灯会

图2-2-7 庙上村地坑院的"八大碗"

三、陕州区官寨头村

官寨头村位于张村塬中部,隶属于三门峡市陕州区张湾乡,总体地势西高东低,一条发育完全的天然冲沟自北向东又向南依次环绕整个村落。村民利用复杂的地形条件建造了靠崖窑洞、下沉式窑洞和独立式窑洞三种类型的居住建筑,涵盖窑洞的所有类型。村落位于苍龙涧西侧台塬上,呈现为典型的黄土塬区窑居聚落风貌,是集中研究豫西窑洞建筑的优选之地。2016 年,官寨头村被列入第四批中国传统村落名录。

官寨头村的村名源于村落西侧一处较高的土台。土台被当地人称作"官疙瘩",传说是虢国时期某帝王的墓葬,形状酷似棺材。因当地方言中"棺材"与"官寨"同音,故取"官

图 2-3-1　官寨头村窑院分层分布

寨头"之名。村落东南部的沟底处散布的泉眼为整个村落提供了水源，同时也为沟壑景观增添了生机与活力。早在元代，官寨头的先民就在苍龙涧沟壑北侧临崖凿洞而居，历史较久远。选址于沟壑北侧崖壁符合靠崖式窑洞挖凿所需地貌条件，还便于取水、避风、纳阳。到了清光绪时期，村落的杜氏家族最繁荣强大，其次有王、程、路、曹四姓人家，主要分布在程家门、周家门、沟地和后头院几处安家置院并一直居住。20世纪60年代初，村子除农业外，多种经营共同发展，被原陕县政府命名为"红星村"。"文化大革命"结束后，经村民要求，恢复官寨头村之名（图2-3-1）。

从三门峡驱车向南行约8公里，就到达了这处隐蔽在黄土沟壑中的古村落。村落东临苍龙涧，三面环沟，东南为丘陵沟壑地貌，沟壑最深处达百米，沟底部有泉水汇集自西向东注入苍龙涧。苍龙涧是张湾乡境内唯一的一条横贯南北的河流，发源于摩云岭甘山东麓的五里沟，流经西张村、张汴、张湾三个乡（镇），在七里（堡）村北注入黄河。其流域两岸地形复杂，沟壑遍布，东西两岸地势较高，中间自然形成了一道峡谷，周边乡邻习惯称之为"张湾一道川，上川和下川"。

官寨头村的黄土层厚度为20～70米，土地营养丰富。近年张湾乡大力推广红啤梨种植，4月，村落周边到处梨花缤纷，景致正映了"梨花淡白柳深青，柳絮飞时花满城"的诗句。人们忙碌着疏果的工作，穿过大片梨园，同黄土沟壑相融共存的地坑院、靠崖窑院就在眼前（图2-3-2、图2-3-3）。

图2-3-2 官寨头村盛开的梨花

图2-3-3 村人在做红啤梨种植的疏果工作

官寨头村为沟壑边缘发展的村落，早期村民沿台塬边缘分层挖凿靠崖式窑洞，后期人口增加，没有朝向良好的崖壁可以利用，人们开始在塬上开挖下沉式窑院，逐渐形成官寨头村现在的村落形态。村落依自然地貌分布，布局较为紧凑并富有变化。聚落营建在黄土塬的沟壑边缘，下沉式窑院主要向地下发展，地面上几乎没有什么痕迹，居高的地势以及三面环沟的自然环境为村落提供了良好的防御条件。

沟壑地貌的村落平坦的土地较少，为解决农业种植，村民们将村落周边的坡状地形，改造为阶梯状的地形，为耕作提供更多的土地资源，也使官寨头村周边形成了人工改造明显的阶梯地貌。生活区和耕作区分布于塬上和坡地上，水源地在沟壑底部，造成村民以前的生活轨迹主要呈垂直形式。

古村落的主路为东西向，依沟壑边缘贯通古村，向东一直延伸至村东百年独立式土坯箍窑处台塬与沟壑间的分界点。这条道路也是地坑窑院和靠崖窑院两个区域的分界线，路以北的台塬上为地坑院分布区，路以南沟壑下是靠山窑分布区。村落的其他道路由靠崖式窑院前的临沟小路和下沉式窑洞周围小路组成。生产道路围绕在村落周边，与村中内部道路相连接，贯通生产和生活所需。

村落现存传统院落37处，包括靠崖式窑院26处，下沉式窑院9处，独立式窑院2处。其中，以靠崖式窑院数量最多，下沉式窑院保存相对较好。在靠崖式窑洞区域，农户利用窑洞前珍贵的空地砌筑砖瓦房以增加居住建筑，以土坯砖进行围合的院落里，靠山窑前的瓦房多为一座，墙体下部使用青砖，上部使用土坯，灰瓦覆顶，木制门窗。院前设置双坡灰瓦的小门，这便形成了黄土塬区特有的靠崖窑院。

年代较早的靠崖式窑洞集中分布两处，分别为村落中部火烧阳沟小河边北侧崖边和村落南沟壑的北崖边，随等高线依台塬分层布局，呈曲线或折线排列，3~7个窑院形成一个组团分布在一层台塬上。窑院多朝南或朝西南方向以获取阳光的照射，部分窑洞由于受地形限制只能朝东方布置。为防止上一层窑洞的重量影响下层窑洞的坚固性，上下层靠山窑垂直方向并不对应，往往采用错位避让挖凿。村内现存较早的窑洞建于清光绪年间，许多已经废弃，有的仅剩窑洞拱形的轮廓。靠崖窑的院落大多为二孔或三孔窑洞，若是三孔，左边为厨屋，中间为长辈起居屋，右为长子起居屋。二孔窑洞的院落，左为主，主窑外建一棚式厨房，副

图 2-3-4　官寨头村生机盎然的靠山窑院

窑居右。每孔窑洞面宽约 2.8~3.2 米，进深约 7~9 米。挖出的黄土直接填在窑洞前沟坡的边缘，以便形成更宽阔和平坦的窑前场地。场地中依次建牲畜圈、鸡舍、茅厕以及放杂物的简易棚子，还种植有蔬菜和果树，一派生机盎然（图 2-3-4）。

地坑院以点状散落在塬上，主要分布在村落南北两个地块。北侧塬面上分布有六处地坑院，南侧塬面上分布有三处地坑院。官寨头村的地坑院形制基本呈正方形，方向均不是正南正北。地坑院间的距离一般在 10~18 米，院内窑洞八孔至十三孔不等。根据风水确定主窑面，主窑一般为厅堂或长辈居住的房间，窑院的入口位于主窑对面，除主窑和入口窑外其余窑洞分别承担不同功能，例如牲口窑、杂物窑、茅厕窑等。窑院中设有渗井，可以将排入窑院的雨水聚集，入口坡道处设有排水沟，雨雪水直接流入院中的渗井里自然下渗。年代较早的地坑院大部分仅在窑洞的拱券、上部的拦马墙以及挑檐处使用青砖、灰瓦，整体崖面都为土质。20 世纪七八十年代所建的地坑院使用红砖砌筑崖面和拦马墙，而挑檐则使用的是红机瓦，建筑材料的不同体现出不同的时代特点。村落北侧有一处地坑院是在原来地坑院基础上进行了扩建,不但崖面、拦马墙全部使用青砖砌筑,饰檐还采用筒板瓦相扣合做法,进出的坡道为青石踏步。该窑院尺度较大,建筑材料以及工艺都较村内其他传统地坑院讲究,采用砖砌拱券结构替代传统窑洞黄土拱券结构,不但更加坚固、整洁,还改善了传统窑洞因黄土特性的局限开间尺寸较小,影响室内采光的问题。这处地坑院在每个窑洞后部增加一个竖向通风井,通过下沉式窑洞院顶与地平的高差产生的空气循环,形成一个立体通风系统,更好地解决传统窑居在的通风、防潮的缺陷,这项科学的设计获得了地坑院新技术的奖项。窑院内水电齐全,每孔窑洞的侧窑还设置有卫生间,设施较为现代化,给居住带来了便利(图2-1-5、图2-1-6)。

　　独立式窑洞又被称为"箍窑",是以砖、土坯或块石在平地仿窑洞形状箍砌的洞形房屋。在官寨头村偏东的台塬上,现存两处建于清代的独立式窑院。这两处窑院背靠背一处朝东一处朝西。朝东的窑院有三孔窑洞,北侧有一座土坯的瓦房。朝西的窑院呈"L"形布局,东、北两面各有三孔窑洞,周筑高约1.5米的土坯围墙,宅门在南侧。箍窑以土坯砖砌筑而成。夯土砌墙作窑腿,在窑腿上砌筑土坯拱券,屋顶形式为掩土夯实做成平顶。筑窑的土坯是选

○ 图 2-1-6　改建的地坑院入口坡道

○ 图 2-1-5　官寨头村改造的地坑院

取当地特有的黏性土,以模盛土,石杵夯实,风干即成。这处土坯箍窑既有窑洞冬暖夏凉的特点,又位于平地,方便进出。箍窑在三门峡陕塬上较为少见,土坯的箍窑更不多见,是豫西地区研究箍窑营造技艺难得的实例。官寨头村的民居除了有地坑窑、靠山窑、土坯箍窑,还有土坯砌筑的木构民居。这座民居位于村落中部的台地上,土坯墙体,灰瓦覆顶,现屋面已经局部坍塌。这种土坯砌筑的木构民居虽仅存一座,但却丰富了官寨头村的民居类型。(图2-1-7、图2-1-8)。

官寨头村历史悠久,文化底蕴深厚,不仅保存着类型丰富、具有传统风貌的窑洞民居建筑,还拥有珍贵的非物质文化遗产,比较典型的是陕州豉汁和陕州鼓乐。

陕州豉汁历史悠久,《本草纲目》中特别提到陕州豉汁的药用价值,古书上记录了制作方法:"陕府豉汁,甚胜常豉。其法,以大豆为黄蒸,每一斗,加盐四升,椒四两,春三日、夏二日、冬五日即成……"据记载官寨头村的豉汁以当地种植的黑豆、黄豆等为原料,由沟内泉水酿造。至今,精通此工艺的村民仍延续古法,保持着独特的文化传承。

鼓乐在官寨头村较为盛行,是村民重要节日必有的集体庆祝方式。在春节、端午、庙会等重要节日,常安排传统鼓乐表演等民俗文化活动以增加节日气氛。鼓乐表演场地多设在地坑院间的平地上,人们上下应和,气氛热烈。现在,村中仍有一些老艺人从事传统鼓乐表演,活动路线沿台塬上下绕村进行,全村参与其中,非常热闹。

图2-1-7 官寨头村土坯砌筑的箍窑

图2-1-8 官寨头村土坯砌筑的木构民居

图 2-1-9 官寨头村窑洞现已通水通电

官寨头村选址科学，空间格局保存较为完整，窑洞民居类型丰富并相对集中。村内不仅有历史久远的窑洞，还有近年新改造的地坑院，这些保存较好的窑洞式民居是豫西地区窑洞建筑传统和革新的重要例证，具有一定的研究价值。国家扶贫政策专项资金对村落进行了给排水、道路、环卫等基础设施的投入，使居住在窑洞内的居民用电、用水都很方便，环保、节能、冬暖夏凉的窑洞在官寨头村受到村民的眷恋，从而对窑洞的保护、传承非常有利（图 2-1-9 至图 2-1-12）。

图 2-1-10 陕州豉汁传承人杜满硕先生和酿造豉汁的黑瓷大缸

图 2-1-11 陕塬村落婚礼中的陪嫁木盒

图 2-1-12 官寨头村地坑院中的民间刺绣

四、陕州区南沟村

南沟村地处张村塬中部,隶属于三门峡市陕州区西张村镇,北与东沟村相邻,西与西沟村和小官村接壤,南接营前村,东与湖滨区交口乡搭界。2013年,南沟村被列入第二批中国传统村落名录。

据研究资料,早在三四千年前,南沟村的槐花沟内已有人居住,夏朝始就形成聚落。因夏朝崇黑,今南沟村剪纸艺术仍然盛行黑色剪纸。元朝末年,因连年灾疫和兵燹使南沟村成了一个没有人烟的荒村。明末清初,有村民从今西张村镇营前村迁入定居,逐渐繁衍形成南沟村的居住格局。

南沟村所处张村塬是陕州最大的一个塬,拥有独特的黄土台塬地貌,土层较厚,土质肥沃疏松,吸水性好,便于耕作(图2-4-1)。南沟村选址处地势较为平坦,南部有沟谷,

图2-4-1　南沟村周边平敞广阔的农田,使村民们安居乐业

整体地形西高东低。村庄南部紧邻水流冲击而形成的沟壑"槐花沟",沟内溪流在村南从西向东缓缓流淌,虽然是季节河流,但从古至今都是南沟村住民们赖以生存的珍贵资源。

村落内的民居以窑洞为主,院落分为地坑院和靠崖窑院两种。现存地坑院84处,靠崖窑院15处。以南沟村中部东西向沟壑为轴线,逐渐向四周扩展,在沟两侧以靠崖院为主,在沟南北的七道塬川上以地坑院为主。南沟村地坑院长方形的居多,根据院落大小凿八孔至十四孔窑洞。这些窑洞同地形地貌相融合,充分体现了当地居民与自然环境互为依存的密切关系。沿黄土塬的靠崖窑现多已经毁坏,大部分的村民都居住在塬面上的地坑院内(图2-4-2、图2-4-3)。地坑院长期使用保障了经常性的维护,现状保存较好。还有一部分村民为了出行方便搬出了地坑院,搬进了塬面上后建的一层新居。

村落不大,但各类庙宇丰富,寄托了村民们对生活的期盼。因为南沟村较早的住民都居

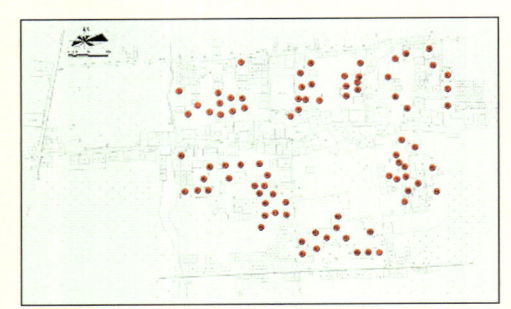
地坑院位置图

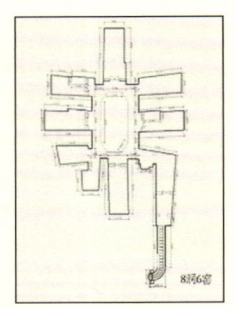
地坑院平面一

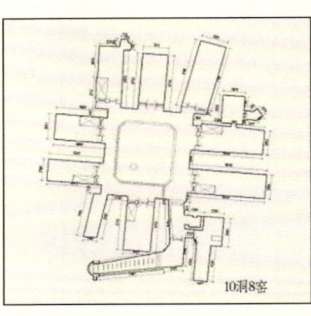
地坑院平面二

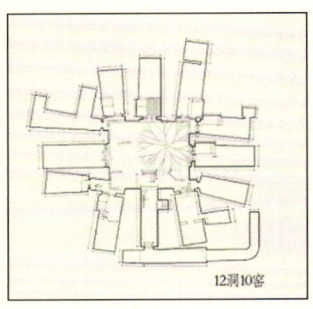
地坑院平面三

现状照片

● 图2-4-2 南沟村地坑院分布及形式

图2-4-3 把自家的地坑院打扫得干干净净，村民们过着简朴的生活

住在沟壑两侧靠山窑里，所以庙宇也基本沿沟壑南北两侧排布。魁星庙位于村东，菩萨庙、马王庙、王母娘娘庙、龙王庙位于沟壑以南，关帝庙、火神庙位于沟壑以北。另外，村内还有西劈祠堂、凤科碑楼以及戏楼等遗址。村庄的道路贯穿于庙宇之间、联系着各家窑院，记录了古村人们生活的印记。

南沟村剪纸源远流长并技艺精湛，最具特色。村内现有600多人从事剪纸艺术，被命名为"中国剪纸第一村"。南沟村的剪纸艺术品构图饱满，人物、花鸟题材的剪纸栩栩如生，丝丝入扣，纤毫毕现。2008年，这些剪纸艺术品曾出现在北京奥运会中国民间艺术品展台上，被海内外人们了解并喜爱，并远销至美洲、欧洲。陕县剪纸已被列入河南省非物质文化遗产名录，南沟村也被公布为陕州区剪纸主要的传习基地。

南沟村的剪纸有独特的传承环境，具有四大特点：

第一，独具特色的黑色剪纸。

"喜事布黑花，渊于夏文化。"南沟村传承夏朝崇黑的理念，融入剪纸艺术，形成独特的黑色剪纸，保留着"尚黑"的夏朝遗风。红色固然喜庆，而南沟村却崇尚黑色，尤其是婚庆的场合，洞房喜宅都会贴满黑色剪纸，这种习俗在国内极为罕见（图2-4-4、图2-4-5）。

◐ 图 2-4-4　南沟村至今仍保留着尚黑的夏朝遗风，使用黑色的剪纸装饰着窑洞内壁

◐ 图 2-4-5　南沟村窑洞门窗上装饰的黑色剪纸极具特色

第二，独特的男人剪纸。

在男耕女织的中国农耕社会，女人裁布铰花是常态。然而在南沟村，这一约定俗成的分工发生了一些变化，剪花成了男人们的拿手戏。剪纸不仅仅局限于自剪自用，还是南沟村的主要谋生手段。男人们走村转乡，将剪好的剪纸卖到四邻八方，作为养家糊口的一个手段。因为男性更适合于从事外出买卖等活动，所以男人们成为经营和传承剪纸技艺的主体。

第三，边剪边唱。

每到农闲时，南沟村巧手艺人们会聚在一起，聊天、剪纸，兴致高的时候还会用当地的民间小调唱出一曲欢愉的歌谣。一曲小《对花》从一对到十，祈愿着生活的十全十美；一曲《十二月花》从"正月迎春"唱到"腊月寒梅"，唱出了村民们所观察到生活的生机盎然与和美妙。纸随剪动，剪落曲终。在创造美的过程中，他们尽情地享受着美的情趣。这世世辈辈流传的剪纸歌谣，寄托着他们的生活情感，承载着对生活在这片黄土地上的眷恋。

第四，呈"窝"式传承。

南沟村的剪纸艺人呈现"聚窝效应"的景象。不少人称南沟村为"剪纸窝"，因为南沟村的剪纸艺人不仅人数多，而且以家族式传承，使整个村庄剪纸的艺人每家呈窝分布。人人持剪，家家卖花的剪纸盛况可见一斑（图2-4-6至图2-4-8）。

南沟村剪纸艺术由来已久，其作品涉及日常生产、生活各个方面，体现农人勤劳朴实、热爱生活、追求真善美的人生态度。近些年来，村落里成立了剪纸协会，采用"以老带新"的模式将这项非物质文化遗产较好的传承。

图2-4-6　南沟村巧手艺人边剪边唱

图2-4-7　任孟仓先生的家——窑洞内到处装饰着黑色剪纸

图2-4-8　省级非物质文化项目——民间剪纸传承人任孟仓先生

第三章 古道旁的古村

　　豫西东侧是河洛平原，西边是关中平原，北边是晋南平原，在这个地区，历史上不管是豫、秦、晋三个文明核心区之间，还是长安与洛阳两京之间，都视为文化交流与商贸流通的融合之地。在交流与融合的过程中，交通因素一直扮演着最为关键的角色。豫西区域著名的古道有崤函古道、阳壶古道、北山古道、西南道等，这些古道是多元文化互动与交流的核心纽带，村落的形成与分布也同这些古道联系紧密。历史上的人口迁徙及南来北往商贸文化交流促成了古道沿线不同文化之间的渗透与融合，这些对古村落的发展及其空间形态的形成产生了深远影响。

一、义马市千秋村

千秋村坐落在崤函古道上，北仰韶峰，南邻涧水，自古以来作为连接东京洛阳和西京长安丝绸之路上的重要驿站和商贸集散地，为兵家必争、商贾必越的重要据点。村落西至白龙涧水，东至千秋东侧小河，北接义马市区，南濒涧河之水。地势北高南低，西高东低，属秦岭余脉崤山延伸地带。村落周边拥有数千亩广袤农田，水源充足，土地肥沃，是人们赖以生存的桑梓之地。

千秋村历史悠久，在战国、秦汉时期，就在此设立"千秋亭"。"亭"，是当时乡村级的行政单位，在邻接他国处设亭，置亭长，任防御之责。崤函官道自秦汉就穿村而过，秦置

○ 图3-1-1 千秋村鸟瞰。虽然荒芜，四合院的基本格局仍清晰可辨，由临街铺面、两厢、正房组成。宅院依中街南北而设，村落的规模可以窥见历史上商业活动带给村落的繁盛之态

新安县于千秋镇西的石河村，城东五里设千秋亭，反映了此处位置的重要性。

2000多年漫长的历史，作为崤函古道上重要的军事要地，记录了多次征讨杀伐的残酷战争。相传武王伐纣时，西距千秋亭12公里的渑池古城城池守将张奎曾在村东以马镫大战周将，留下了张奎镫打千秋岭的千古美谈。战国时，赵惠文王与秦王渑池相会，赵将廉颇屯兵于村北洼地之中，助蔺相如智战强秦，这就是流传于世的营洼之役。公元292年，西晋文学家潘岳从洛阳西去长安，就任长安县令时，路过千秋亭，留下名篇《西征赋》中有"亭有千秋之好，子无七旬之期"的诗句。千秋村所在地隋以前属新安县辖区，距今千秋村西北不到2公里尚存"古新安城遗址"。郦道元《水经注》中云："谷水又东径新安县故城南，北夹流而西接崤黾。昔项羽西入秦，坑降卒二十万于此，国灭身亡，宜矣。"项羽坑降卒20万的历史事件在司马迁《史记》也有相关记载。这场血腥杀戮之地被指认在西距千秋亭4公里的二十里铺一带，修建陇海铁路时此地确有数量众多的白骨被挖出，但有专家认为此不一定是坑杀秦兵的"楚坑"，可能是战争过后埋葬阵亡战士尸体的地方。时至今日，这场历史事件仍然真假不辨，但却留下了杜甫怀吊楚坑的悲叹："项氏何残忍！秦兵此处坑；愁云终古在，鬼灿至今明。竟使皇天弃，应输赤帝争；临亡犹自嗟，颈血污苍精。"《水经注》又云："谷水又东，经千秋亭南，其亭垒石为垣，世谓之千秋城也。"涧河古称谷水，经村南向东流注入洛河。这段文字不仅描述了来自陕渑的涧河经绕千秋亭南后向东而去的状态，而且说明了"千秋城"是一座用石垒城、拥有较为完备防御系统的城池。

崤函古道，是中原通往大西北的交通要道，这条后来被称为丝绸之路的重要文化、经济通衢就从千秋村中部穿过。因丝绸之路的便捷，千秋村在汉、晋、隋、唐时期都颇为繁盛，商业街道上商铺鳞次栉比，明清时期达到鼎盛。民国时期，按农历逢双日集会，北至台口、仁村，南至笃忠、天池，东至铁门，西至塔尼，方圆数十里都以此为商业活动中心，山货、粮食、棉花、牲畜、日用杂货等都在这里交易。当时，渑池县全县商铺共有300余家，仅千秋街就占了70余家。由于时局不稳，粮食作为千秋街主要的交易物品，可以换取许多物品。因粮食做交易的需求量大，当时的千秋街拥有13家粮行，其中较为有名气的是"同丰行"。另外，还有做布行京货生意的"文兴长""庭易长""四合顺""永福祥""振兴泰"等以及中医诊所和药铺"永发堂""永顺祥""文惠堂""万顺店"等老字号。这些行号因遵守

○ 图3-1-2 千秋村废弃的宅院　　　　　　　　　　　　　　○ 图3-1-3 千秋古街——昔日的崤函古道

行规、公平交易、生意兴隆而远近闻名。

中国铁路东西向大动脉——陇海铁路在村落南边缘穿过，现代的交通和运输工具取代了古老车马之行。交通形式的变化、新资源的开发和利用以及商业格局和模式的变迁等逐步改变了千秋村昔日军事和商业重镇的地位和风貌（图3-1-1）。

千秋村现隶属于三门峡市义马市新区街道。义马煤炭资源丰富，已探明煤炭储量79亿吨，约占河南省煤炭总储量的40%，为豫西"百里煤城"。1956年，自紧邻千秋古村北部的千秋煤矿建立第一口矿井，沉寂已久的千秋村发生了较大变化。义马新区近年新盖了居民楼，基础设施较为完备，这里大部分居民是从原千秋古村搬迁而来的。伴随村落中心的北移，距新区仅四五百米的古千秋村尽显颓废之态，让人几乎看不出来这曾经是繁华的"千年"古街（图3-1-2至图3-1-6）。

70多岁的张年祖先生，为土生土长的千秋人，年轻时曾在外打工，不久又回到古村并做起了村会计。出于对千秋村历史的了解和家乡的热爱，他花费了五年时间参与撰写了《千秋村志》，记录下了他所了解和记忆中的千秋街（图3-1-7）。60年前的千秋村尚为商业古镇，石头寨墙环绕，街道分中街、二道街、南街和北街。中街长1200米，宽6米，是商业贸易的主要场所。

千秋村中街两侧的院落虽然荒废，建筑大部分已坍塌，但是从残留的墙垣和块石垒砌的建筑基址，仍然可以判断出许多院落为三进院。院落的格局大多为前商后寝，也就是临街的建筑为商业铺面，后面的院落为加工、储备和居住之所。作为繁荣的商业重镇，临街的"门面"相对紧张，从而造成中街两侧的院落为进深大而面阔较狭窄的特点。院落中厢房多为单坡，一方面符合实际建筑功能的需要，另一方面对于经商之人寓意着"肥水不外流"。现在古街的传统建筑大多为清代和民国年间所建的坡屋面建筑，中间夹杂着中华人民共和国成立后的平顶房屋，时代特点既有延续性又有跨越感。因为距离涧河不远，建筑材料带有就地取材的特点，在建筑墙基、山墙等部位多使用大块的鹅卵石。年代较早的建筑梁枋用材粗大，多使用青砖，砖雕影壁、石雕柱础、木雕雀替和挂落工艺精美，颇为讲究；后期所建的民居仅在正面门脸使用青砖，大块的卵石和土坯较多，许多卵石为拆除古镇原寨墙砌石后加以利用（图3-1-8至图3-1-12）。

千秋村原有七座庙宇和两处古寺。七座庙宇为土地庙、山陕庙、娘娘庙、关爷庙、五龙

图3-1-4 中街现存院落

图3-1-5 仍然居住在古村的老人

图3-1-6 春天的生机盎然和千秋村荒废的院落形成鲜明对比

庙、暖泉庙、五道庙，两处古寺为贞观寺、静安寺。据明代重修碑记载，中街东头的山陕庙始建于唐，元代重修，明代又修。山陕庙又称山陕会馆，是当时山西、陕西商人集资兴建的"谈商情、叙乡谊、敬关公、倡义举"的场所。明代，中国出现了资本主义萌芽，山陕"两商"抓住商机，成为中国商品经济发展的主力军，其势力北上南下，势不可当。千秋村所建山陕庙，记录着古镇曾有的商业辉煌。

千秋村的居民主要为张、李两大姓，据其家谱记载，这两大姓皆为明朝初年从山西迁徙而来，在此定居繁衍。千秋村自古名人辈出，明代有户部郎中张守和，清代有跟随左宗棠剿灭太平天国而被同治皇帝诰封为武功将军的张云龙，同治甲子出了武举张虎太，民国有河南省议会议员李凤翔等。

张氏祠堂位于中街西北隅，为清嘉庆十四年（1809）张世魁创建。光绪年间，族人在原祠堂基础上集资置地82.6亩扩大祠堂以用作祭祀并供奉张氏祖先。当时的张氏祠堂青堂瓦舍、雕梁画栋、刻花门楣，前有高大的功德牌坊，后有面阔三间的正堂。坊两侧有楹联："世历十七叶凡忠孝节义堪作儿孙榜样，族聚数百口任富贵贫贱要恪守先正遗规"，展示了张姓望族"千秋亭畔建宗祠俎豆馨香芳名峻比韶峰秀，二陵关外甲第瓜瓞绵延遗泽长随涧河流"的昌盛情景。可惜的是，1958年祠堂被毁坏，1966年被彻底拆掉。张氏祠堂及宅院是有地位、有身份人家的主要特征，这样的"院落"当年在千秋街不在少数（图3-1-13至图3-1-16）。

图3-1-7 对千秋村有着深厚感情的村会计——张年祖先生

图3-1-8 卵石砌墙——千秋村民居所砌鹅卵石取自涧河滩地

图 3-1-9　千秋村厢房为半坡屋面，院落仅仅为狭窄的过道

图 3-1-10　千秋村六代中医馆旧址，其祖名医李一鸣医术高超，曾与清代明臣林则徐治过病

图 3-1-11　夏天的暴雨过后，这处岌岌可危的老药铺不知还会不会存在

图 3-1-12　20 世纪 50 年代所建的千秋公社旧址

千秋村从古至今不仅商业繁荣，文化活动也很频繁，每到节庆庙会，就会有锣鼓队、高跷秧歌、舞狮唱戏等节目表演。千秋街的曲剧《狮子上老杆》闻名遐迩，经常受邀到外地演出。清末及民国年间，千秋村尚有古戏楼两座，分别为村北关帝庙戏楼和村东山陕会馆戏楼，每年庙会举行盛大祭祀活动或春节、元宵节等盛大节日都会在戏楼上唱戏。民国末年世事不稳，多有战乱，山陕会馆戏楼被拆。20 世纪 60 年代，村北关帝庙戏楼被村民拆掉，在原址上又

▲ 图 3-1-13　千秋村这处院落已经荒废，仅存的门洞上"和为贵"三个字展示着千秋的民风

▲ 图 3-1-14　院落正房的石阶

▲ 图 3-1-15　石雕柱础

▲ 图 3-1-16　千秋村遗留的"张氏祠堂"的石刻

盖起一大戏楼，并在附近建房数间，作为大队办公用房。新建的戏楼节日时供村民唱戏或其他娱乐活动使用，各种大型会议也在此举行，是村落重要的聚集空间。伴随着近年村落居民大量的北移，这处戏楼闲置，逐渐坍塌并荒废。

　　从"千秋亭"到"千秋城""千秋寨""千秋镇"，再到"千秋街""千秋村"，古往今来，朝代更迭，崤函古镇千秋村，穿过历史的风雨，沉淀了悠久的历史文化。

二、义马市石佛村

石佛村位于三门峡义马市东南角,同千秋村相隔 10 公里,西距义马市 15 公里,周边与渑池、新安、宜阳三县毗邻。村落位于西安与洛阳两大文明古都之间,"崤函古道"紧邻村南而过,涧河在古道南侧静静流淌,村西为开凿于北魏时期著名的鸿庆寺石窟,具有较为深厚的文化积淀。石佛村整体格局保存较为完整,2013 年,石佛村被列入第二批中国传统村落名录;2016 年,石佛村李家大院被公布为第七批河南省文物保护单位(图 3-2-1)。

石佛村之地古称"轵谷",因村西为鸿庆寺石窟,窟内佛造像较多,1949 年之后更名为石佛村。村中绝大多数居民为李姓,间有焦氏等他姓。据《李氏家谱》记载"为元末避乱,始祖从善公从母潘氏,弟从德公、堂弟从道公自亳州亳县顺河湾八里集迁至河南府渑池县治东轵谷村",是一处以血缘关系为纽带、以李姓人口聚居为主的乡村聚落。当地流传着:"初来渑池三昆弟,始去亳州五百年。"李氏家族在石佛村定居后,繁衍生息逐渐强大。李家广

图 3-2-1 涧河

积家产，鼎盛时期有田产6000多亩，从义马到新安县铁门镇都有李家的田产，家业十分雄厚，当地曾有"从义马到铁门不踩二家地"之说。历史上李家子孙多入朝为官，多人在清朝担任过武信骑尉、武德骑尉、布政司理问、太学生等职。清咸丰九年（1859），敕赠儒林郎、布政司、盐运使司知事李一元同儿子武信骑尉李景阳开始在村里大规模建院筑宅，逐步修建了五所院落。李家至十三代以后逐渐衰落，中华人民共和国成立后除部分房屋调整给其他村民居住之外，大部分仍由李氏后裔居住，传承至今已是第十七代。

石佛村坐落在崤山东南麓，地势东高西低，属于浅山丘陵地貌，周边自然生态优美。群山绵亘，峰峦重叠，沟壑纵横，地势起伏，北有海拔1462米的韶山主峰，南为海拔500米的低山丘陵，南北山地之间是呈东西走向的谷地，涧河由西向东沿谷地流淌，河域宽处可达千米，窄处不足百米。蜿蜒的涧河在此形成一个大"U"形的转弯，整个村落处在涧河河曲凸岸的位置，选择河曲之地、依山向阳而居，选址优势突出。

鸿庆寺石窟开凿于北魏晚期，繁复的工程断断续续延续至唐。公元516年，北魏孝明帝路过义马，在千秋仙岩上建寺院，命名"三圣庙"，并刻石诵经弘扬佛法。圣历元年（698），女皇武则天偕同孙女安乐公主再次莅临义马。当见到数量众多的大雁云集白鹿山峰并栖息于寺院中这一壮丽景观，欣然命笔，将这座寺院赐名为鸿庆寺，并命人重修寺院，再次扩大规模。千年历史飘逝，寺院建筑已不复存在，仅存洞窟。鸿庆寺石窟开凿在涧河北岸呈"几"字形转弯处的白鹿山崖壁上。石窟原有六窟，因石质松软，经千年风化后尚存洞窟五个，有佛龛46个，大小造像120余尊，飞天12个，浮雕佛传故事4幅。其中北壁的"出城娱乐图"是研究中国古典建筑难得的历史资料，西壁的"降魔成道"浮雕是国内发现同类作品中最大的一幅，窟内造像形态自然、衣饰逼真，无

○ 图3-2-2　鸿庆寺石窟浮雕

▲ 图3-2-3 石佛村古街

▲ 图3-2-4 李家大院大门

不展示着当时匠人娴熟的雕工和丰富的想象力。鸿庆寺石窟现为全国重点文物保护单位，其严整的布局、出色的雕造艺术，规模宏大的浮雕画面，堪称北魏晚期雕刻艺术的杰作（图3-2-2）。

崤函古道不但给村落对外交通带来了便利，还从诸多方面影响着村落的格局和民居建筑的形式。村内主街同崤函古道基本平行，民居建筑肌理和街巷格局等要素保存较好，形成了以石佛大街为主轴、南北两侧街巷串联的"鱼骨状"的道路体系（图3-2-3）。村南侧的常盐线即为历史上的崤函古道的路线，是石佛村主要对外交通联系道路。村落内部的传统街巷、集中连片的典型院落以及反映村落生产生活历史要素的古井、古树构成了古村完整的风貌。

李家大院主宅区位于街北缓坡上，坐北面南。自东至西由五组四合院组成，村民俗称"五过庭"。李家大院的一号院和二号院为李氏家族的第九代李一元所建，三号院至五号院为李一元的儿子李景阳所建。院落皆为四合院，大门开于院落东南巽位。主院旁还有西侧院、南侧院等别院，整体规模较大（图3-2-4）。李家大院主宅区的五组四合院紧密相连，每组院落虽仅为二进合院，但庭院较深，为典型的豫西面阔窄进深长的窄院风格。

李家大院的建筑较为规整，用材考究，屋顶梁架使用桐木，既能保持构架抗弯性能，又能减少屋顶负荷。院内建筑的正面墙壁使用青砖一砌到顶，白灰勾缝，其他三面墙壁用青砖

▲ 图 3-2-5 庭院深而狭窄

▲ 图 3-2-6 李家大院门扇雕刻

砌出建筑转角部分，中部填河石或土坯。墙体隐蔽位置使用河滩地易取易得的卵石，突出了地域特点和建筑材料的就地取材的特征。李家大院的大门与倒座为同脊建筑，单层硬山式，灰瓦顶，墀头上饰精美砖雕。门为双扇，门枕为青石雕刻抱鼓石，大门里侧用青砖券成拱门，迎面为东厢房南山墙上的砖雕照壁。院大而门小，取其"聚气"。院内中轴线依次布局为大门倒座、垂花门、正房，两侧厢房相对。大门一间，倒座三间，倒座前檐廊和垂花门之间构成外院。正房为单层硬山式，灰瓦顶，面阔三间带前廊。东、西厢房都为硬山式灰瓦顶，面阔三间至六间不等，门为两扇板门，两侧开窗。东西厢房之间不足2米，院落狭窄。院内通用青条砖铺地，屋内用青方砖铺成。倒座柱础为青石雕刻，造型别致，刻工精良。屋门为四扇槅扇门，上中下条环板刻有灵芝福寿图。裙板为手工雕刻图案，风格淳朴，造型逼真，成为李家大院建筑工艺一大特色。李家大院建筑集木雕、砖雕、石雕于一身，构思纯熟，工艺精湛，反映着清代建筑制度和建筑工艺等要素（图3-2-5、图3-2-6）。

李家大院的建筑形式因宅院主人为官的身份和崤函古道文化交流便捷的影响，整体形式趋于规整，带"正统"之风，反映了清代社会制度、文化思想、生活习惯等时代脉络，为后人研究清式建筑做法在豫西地区的运用提供了范本。石佛村背倚白鹿山，东临洛都，西望长安，南傍谷水（涧河古称），据崤函形胜之地。村落周边的景观环境同数量众多的清代硬山式民居建筑共同构成了崤函古道上具有代表性的古村落风貌。

三、灵宝市朱阳村

朱阳村坐落在三门峡灵宝至陕西商洛地区的交通要道上。灵宝境内的古道主要有两条，一条称为北道，是从陕县曲沃经灵宝，沿黄河南岸西上至潼关的道路；另一条是由灵宝老城向西南沿宏农涧河经朱阳到达陕西商洛地区的西南道。西南道同北道呈"T"字相交于灵宝，从而也沟通东西古道和西南古道的商贸活动，而朱阳郡则是出灵宝向西南古道上的第一重镇。

朱阳村因朱阳山而得名，东与果元村接壤，西与运头、闫家驮村毗邻，南面和透山村衔接，北和梁家庄村相连，东北紧邻窄口水库。现村落整体结构保护完整，并保留有较多传统风貌的民居建筑，2013年，朱阳村被列入第二批中国传统村落名录。

朱阳村之地，隋朝设郡，唐朝改县，郡县史达700多年。据《元和郡县志》载："朱阳县东北至州（虢州）七十里。本治卢氏县地，属弘农郡，北魏太和十四年（490），楚人

图 3-3-1　朱阳村附近的崤山山脉

樊唐背梁归魏，立朱阳郡并朱阳县，以樊唐为太守。大统三年（537）置朱阳郡，属东义。北周武帝保定二年（562）废朱阳郡，北周静帝大象元年（579）割卢氏西界以益朱阳县。隋开皇四年（584）属陕州，大业三年（607）改属虢州。"元至元十年（1273）并入灵宝。《灵宝县志》曰："朱阳故城，在县西南一百里。……宋省入常农县，元并入灵宝县。" 朱阳古城址在今朱阳村西北，断崖处留存有夯土城墙墙基，城基宽5米，残长60米，夯层6~8厘米。城内建筑倒塌损毁，仅存大量残砖碎瓦等遗物，厚达30余厘米。

朱阳村的形成，同它的地理环境非常密切。村落位于秦岭南麓山前的宏农涧河北岸台地上，是一个发育在华北地台南缘基地之上的古生代—中生代断陷盆地，四周被小秦岭、崤山及南部支脉所围绕（图3-3-1）。土壤由白面土、砂土、胶泥土、石砾土等构成，形成了不同的性能和特征，肥沃的土层较厚，适宜农作物种植生长。村域四侧是山，适当抵挡寒流和大风的侵入，中间地带平整，适合建造住屋。朱阳村大部分民居分布在涧河南北两侧，整体形态随地势高低错落，空间环境变化较为丰富。黄河一级支流宏农涧河穿越村落从西南向东北蜿蜒流淌，形成了良好的宜居环境并为村民带来了珍贵的水源。朱阳村的发展，同此地蕴含有丰富的矿产有直接关系。朱阳山一带有含量达30%的铁矿和丰富的硫、铜、锡、铅、金、银等矿产，朱阳镇是灵宝地区最早的黄金开采地，从朱阳镇沿西河而上，几十公里的两岸山脉，储存有大量的黄金，其中的枪马金矿便是产金重地。

丰富而珍贵的矿藏、便利的交通以及生态宜居的环境，使朱阳聚居了较多开采和经营黄金矿产的商人，并在此地营建了较多工艺精美的住宅。但令人惋惜的是，近年疯狂的淘金者无序的开采行为，严重破坏了生态环境，山村道路布满泥泞，森林植被遭大面积破坏，在长达20公里的河道内，分布着大量的淘金沙场和氰化场，河道被挖得满目疮痍，被污染过的河水鱼虾绝迹，环境一派狼藉。我们现在仅能够从残存的遗迹上窥见当时的繁华。

朱阳村现共有10余处文物保护单位，分别是朱阳旧石器遗址、朱阳仰韶文化遗址、朱阳古城遗址、东坡仰韶文化遗址、烟火崖龙山文化遗址、烟火崖烽火台、烟火崖红军会师宿营地旧址、烟火崖抗日战争碉堡和防御工事、烟火崖郭家大院、干沟曲家大院、吴家巷王家大院等。各类文化遗产构成和支撑了朱阳村的空间框架，展现了朱阳村特有的风貌和文化底蕴。村内现存古民居多建于清代，因为年久失修，残损较多。但从现存的建筑上，仍然可以

图3-3-2 朱阳村民居大门和倒座

图3-3-3 木雕匾额"忠厚传家"

看到初建时营造之精心。现保存较完整、价值较高的有屈家大院、郭献忠旧宅、董新建旧宅等（图3-3-2）。

（一）郭家大院

郭家大院位于朱阳村烟火崖，始建于清代嘉庆年间。宅院共三处，分别为郭家三兄弟居住。三座院落都为四合院，大小无异，形式相同，共有房屋46间，从郭氏家谱查阅，居住在郭家大院已经十二代人。院落均坐西朝东，大门设在倒座的北侧，各座房屋的后墙和建筑间的院墙围合成院落空间。郭家大院建筑都是两层，下层有木质窄廊，窗扇和门扇上雕刻着精美的花卉图案。现院落内保存有两块牌匾，分别为"言方可表"匾和"忠厚传家"匾。"言方可表"匾，阴刻，为道光十七年（1837）农历六月初六众亲朋所赠；"忠厚传家"匾，阴刻，为咸丰十年（1860）农历六月初六灵宝县县谕王稼端顿首拜（图3-3-3）。

20世纪30年代初，红二十五军长征在陕南庾家河与当地地方武装遭遇，战斗中有上百名指战员牺牲或受伤。为了不影响长征的进程，军首长决定由时任二二三团政治处主任的陈先瑞组建红七十四师，将伤员护送到朱阳山区进行疗养。陈先瑞和伤员们当时就驻扎在烟火崖郭家大院里。朱阳山区是革命老区，郭家大院为革命作出了较大贡献。

（二）董新建旧宅

董新建旧宅位于朱阳村吴家巷，清代建筑。旧宅现仅存坐西朝东门房五间，硬山灰瓦建筑。大门位于倒座北侧，通面阔14.2米，通进深4.8米。大门檐下木雕横额，横额分三层，上层透雕蝙蝠，中部为富贵花连纹，下部为飞马形象，斗栱雕饰牡丹图案。门两侧壁画为整幅砖雕，宽1.27米，高2.33米。一侧壁画为砖雕十一组，雕饰有博古图、喜鹊登枝、牡丹、鹿等图案；另一边壁画亦为砖雕十一组，雕饰有蝙蝠、喜鹊登枝等图案，砖雕精致，工艺讲究（图3-3-4）。

图3-3-4　董新建旧宅大门

（三）曲成祥旧宅

曲成祥旧宅位于朱阳行政村干沟自然村西，建于民国时期，坐西朝东，二进院落。大门位于院落东北角，前有五级石质台阶。大门一间，倒座两间，大门和倒座的正脊为砖雕花草纹，垂脊已残。宅门为双扇，枋上设有斗栱，门两边有砖雕立柱，四垂柱间有砖雕花纹。门道两侧的墙面上皆为有砖雕装饰，每面墙壁各有六组砖雕图案。门上部有砖雕匾额，上刻"忠厚传家"四字。两侧有砖雕对联，上联"创业维艰务本节俭"，下联"守岁不易应戒侈华"。两侧门下有青石质门枕，并刻浮雕人物故事图案，内容为孔子绝粮，颜回讨饭。旁侧阴刻"民

图 3-3-5 曲家大院影壁上的佛龛

图 3-3-6 砖雕对联上联"创业维难务本节俭"，下联"守成不易应戒侈华"

图 3-3-7 花瓣形的大门铺首

图 3-3-8 门上雕刻着凤凰等吉祥动物图案

国戊寅"（1938）字样。对应大门为坐山影壁，有四组砖雕图案。过大门在院落中轴线上为面阔五间的过厅，硬山建筑，通面阔 14.1 米，通进深 4.8 米，木雕额枋上设有斗栱。正房五间，硬山建筑，槅扇门两侧悬挂木雕对联，上联为"对亲友问天良总求无愧"，下联为"为儿孙留地步要学吃亏"（图 3-3-5—图 3-3-8）。

朱阳村的非物质文化遗产品类繁多，具有代表性的有：虢州砚、朱阳社火、民间剪纸、面塑、锣鼓书、舞狮子、蒲剧。虢州砚始制于唐朝中叶，又名稠桑砚、钟馗砚，质地细腻，色彩斑斓，曾与广东的端砚、安徽的歙砚、甘肃的洮砚、山东的红丝砚齐名，是中国历史上著名的砚台，有柔而不绵、发墨不渗等特点，在中、晚唐时为皇室贡品，为历代皇室贵族、文人墨客所青睐。

社火是一种群众性的综合民间歌舞活动，明末清初社火在朱阳区域较为流行，每年春节各地都有"耍社火"活动，元宵佳节大闹三天，祈求风调雨顺、国泰民安。中华人民共和国成立后，该活动达到鼎盛时期，特别是改革开放以后，伴随着居民生活的提高，社火形式花样翻新，系老少妇孺参与的群体娱乐活动。

四、登封市大金店老街村

大金店镇自古以来为交通、商业、军事重镇。大金店老街村位于登封大金店镇镇区。村庄源于距今4000~5000多年前的古负黍聚，兴盛于明清时期。村落总体格局保存较好，街巷走向基本维持原貌，历史人文资源丰富，现有国家级文物保护单位一处，市级文物保护单位两处，县级文物保护单位四处。2014年，大金店老街村被列入第三批国家级传统村落名录。

大金店镇属山区丘陵地带，背倚少室，面临颍水，山水环抱，环境宜人。老街村地势四周高、中间低，东边太后庙河由北而南于大金店东寨门外注入颍河，西侧沙锅河由北而南过大金店西寨门向东南注入颍河，从颍河南的虎坡岭看老街，似船舶浮于水面，史称为"船行地"（图3-4-1至图3-4-3）。

大金店老街村早在远古时期为古负黍聚，是全国数量有限的古商邑之一。春秋时期，管仲在龙泉寺隐居读书著学时，常光临负黍聚，领略市井风情。《汉书》云："阳城有负黍聚，即负黍亭，孟子称夏。"春秋属郑国，战国时韩灭郑归韩。秦汉时期归属颍川郡，颍阳县，隋属嵩阳，唐属登封县。据传东汉末年，许昌一战张飞被曹操打得溃不成军，节节败退，退到古颍阳白庙街（今朱家坪东南），情况十分危急，为顺利脱身，放火烧了白庙街，趁着滚

○ 图3-4-1 明清时期的登封八大景之一的"颍水春耕"位于大金店老街颍河西南雁河口处。

○ 图3-4-2 村落三面环水，自然环境优美。颍河与老街村南寨墙平行自西而东流过

滚浓烟向南逃去。大火之后，白庙街的居民纷纷逃到负黍聚，后依照历史商业模式设店兴业。负黍聚在白庙街西，按方位属金，由此负黍聚改称金店。北宋谢绛《游嵩山寄梅殿丞书》中有"申刻，出登封西门，趋颍阳，宿金店"的记载。南宋时，金兀术入主中原，其两个儿子为帐下大将，兄奉父命驻军金店，时称大军点，弟驻军东金店，又称小军点，汉字读法"殿""店"同音，后演变称为大金殿、小金殿。金人沿袭大唐之制在金店前增加"大"字，意为"大金"，称大金店。金兀术攻破北宋占领汴京后，以汴京为都，并发誓要消灭南宋王朝，并吞中原，五岳之中金军已经占领了四个，剩下南岳衡山未及，实不甘心。金兀术为显示大金国的强大和占领五岳的野心，就在"大军点"金店镇内将崔府君庙改建为"南岳庙"，并在南岳庙大殿门首悬挂"位配南岳"大匾，以示五岳俱占之意。

古负黍城遗址位于大金店老街西南2公里处。遗址上曾采集有龙山文化的篮纹与方格纹陶片和二里头文化陶片。古负黍城建于远古舜帝时期，到了东周春秋、战国时期，鉴于闻名中原的负黍一带战略地位重要，郑国和韩国相继依据南有青红岭和其他三面靠着河岸断崖的有利地形，修筑了一座规模巨大、形势险要的军事要塞"负黍城"。古负黍城分内城和外城，东西长约650米，南北宽约600米，为易守难攻之城池。东、北、西均有8～10米高土崖为天然屏障，北有颍河主流，东有王堂河，西有段家村河，南有红沙岭接青岭山，三面环水，一面靠岭，拥有有利的地势。因战略位置重要，历史上为兵家必争的古战场。

负黍聚古通官道，距古负黍城2公里。当时的官道，从嵩高而来，经负黍聚而西过颍河沿

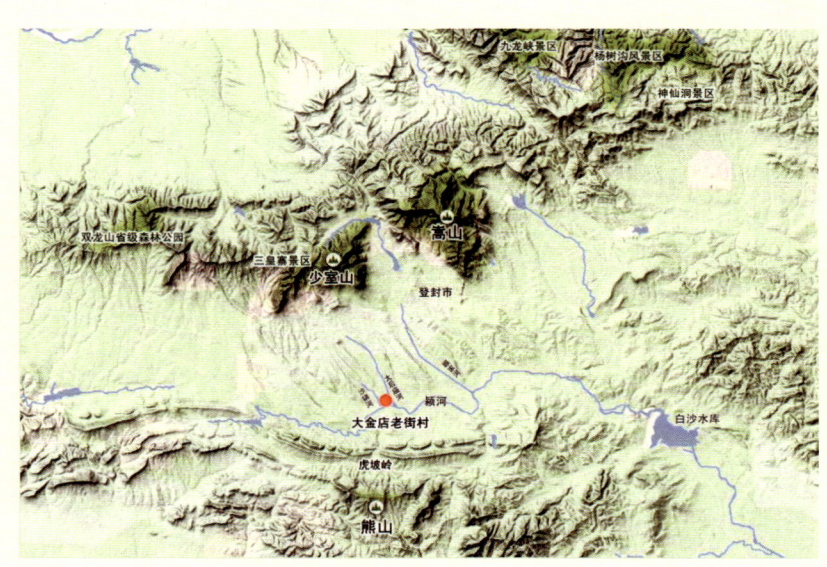

图3-4-3　大金店老街村落选址图

段村走西南上山,至送表乡到汝州。当时此地居民不过百十余户。由于地利之便,周边官民经常相聚于此,进行粮食、棉花等生活资料的交易。起初的商业贸易,采取的是以物易物的形式。所谓"聚"是民间自发形成的集市的雏形。负黍聚的交易规模随着朝代的兴衰而时盛时弱,经营范围也不断扩大。至武则天登嵩山封中岳前后,东都洛阳及许昌、郑州、南阳等地的商贾光顾此地已习以为常。随着商贸活动规模的不断扩大,因经商在此落户的客商逐渐增多。负黍聚从数千年始为商贸之聚,至后期逐渐形成了商业重镇、商贸名镇(图3-4-4至图3-4-7)。

图3-4-4　大金店鸟瞰

图 3-4-5 村落空间格局

图 3-4-6 老街东段宅院

图 3-4-7 老街中段传统商铺林立，多为"前商后宅"的形式

①蔡家拐儿位于大金店老街中段路南,南岳庙对面110米,宽2~2.5米,因蔡姓早居于此而名,今无蔡多吉姓
②北拐儿又叫郑家拐,位于大金店老街中段偏东路北450米左右,宽2~2.5米,因郑姓居此,且祖上于清后通过科举考中举人、拔贡而闻名
③庙拐儿位于大金店老街中段路北,南岳庙西隔壁300米,宽2~3米,因毗邻南岳庙而得名
④南拐儿位于大金店老街中段偏东路南,长250米3~4米,因位居中街路南而得名,多姓居此,主要有袁、牛等姓
⑤崔家拐儿位于大金店老街东段路南,今金东村村委面,长160米,宽2~2.5米

图3-4-8

大金店老街村历史街巷保留原有的肌理和风貌,现存格局记录了古今商贸发展演变的痕迹。老街村因商而兴,形成了以东西商业街为轴线、南北里巷呈鱼骨状分布的格局。主街与巷道皆以青石条、青石板铺路。老街村主街又名老街、负黍街,连通古官道,东起应箕门,西至瞻洛门,全长约1500米,路面宽4~6米。巷道在当地方言叫拐儿,南北巷道自东向西,先南后北,主要分布有:崔家拐儿、南拐儿、北拐儿、蔡家拐儿、庙拐儿、西北拐儿六条巷道,宽为1.5~2.5米(图3-4-8)。

寨墙依自然地势而建,将村落围绕呈西窄东宽的葫芦形。寨墙现仅残存6段,分别位于南拐儿、西北拐儿、西北角各一段,负黍街奶奶堂东侧两段,蔡家拐儿至南拐儿一段(图

3-4-9）。寨墙东西南北四面共建有五个寨门，寨门旁设岗楼用于瞭望和守卫。五座寨门因交通功能居不同方向设置，所取名称分别依各门方位而定。东寨门因同箕山相对应称"应箕门"，西寨门因远瞻伊洛为"瞻洛门"，南寨门迎接晨阳称"日曦门"，北寨门远望嵩山为"望嵩门"，西北寨门仰望少室山称"仰少门"。老街村古今为商业重镇，货物和财产的保护尤其重要。村中里巷布局合理，防护门、掩护门、逃生门一应俱全，安全防御设施齐备。

大金店老街村的村落格局和传统建筑记录了老街村的发展演变，记录了经济的盛衰和文化的兴替。传统民居院落形式因所处的区域不同而呈现不同的特点。

老街村主街中段为商业区，商业店铺沿古街排列，街道两边密集分布着粮行、花行、中药店、饭铺、成衣店、杂货店等32家老字号店铺。商业区的院落布局多为前商后宅，前店后坊，店宅合一，店坊合一的形式。因居商业主街一铺难求，院落的面阔都较为窄小，从而形成窄脸深院的状态。商铺门脸窄小，为便于使用，纵深尽量加长为二进院至四进院不等。院落为传统的中轴对称布局，最前端为前店，大门开得比一般的家住门要宽或直接制作为可摘取的铺板门，窗也较大，便于看到窗下柜台摆放的货物，屋檐出挑较深远，以方便为购货的顾客遮风挡雨。前店一侧设后门通往后方的住宅区和作坊区。中轴线上的正房多为面阔三间的硬山建筑，一层或两层，砖木结构，多作为掌柜一家的住所。两厢房进深很小，仅2米余，常为半坡屋面，院落狭窄承袭了豫西窄院的特点，更有"肥水不流外人田"的商业文化特点。

▲ 图3-4-9　老街村现存的古寨墙以及寨墙基址记录着村落的形态　　▲ 图3-4-10　老街村的合院

图 3-4-11　梅中方民居院落

图 3-4-12　老街村的民居宅院纵深狭长

图 3-4-13　陈昆民居西厢为半坡

厢房的用途多为储货或伙计居住，建筑材料和工艺较简陋，多使用大块卵石和土坯砌筑。

紧邻商业区以东，从崔家拐儿至南拐儿为老街的富人区，这个区域宅院的主人都是老街有财力的大户，区域内有较为充足建设宅院的空间和便利的生活设施。现存有王家十几处宅院和郑家五处宅院，多为清代和民国时期所建。这些宅院面阔宽敞并进深深远，往往是三进院到四进院（图3-4-10）。院落中轴对称，由倒座和大门、厢房以及各进院主房构成，轴线两侧布置厢房，后有花园。大门可过小轿，迎着大门多设雕刻精美的照壁，纹饰取意吉祥。中轴线上的主房建在五级台基之上，为面阔三间或五间、一层或二层的硬山建筑，灰瓦覆顶，砖木结构。门窗装饰考究，砖雕和木雕精美别致。墙体为外生里熟的砌筑工艺，即土坯外包青砖筑墙。屋面用小青瓦，屋脊为清水脊，两端起翘，垂脊为叠瓦做法，带有显著的登封地方建筑手法。

东寨门至崔家拐儿和西寨门至西北拐儿两段儿为贫民区，住户多为以

图 3-4-14　南岳庙大殿（府君殿）

种菜和打短工为生的平民百姓。这些区域远离商业区的繁华和便利，位居村落的边缘地带，院落布局简单，多为一进院落，建筑较为矮小，墙体材料多使用土坯，因建筑材料和建筑工艺的简陋，不经风雨，现大部分已经坍塌毁坏（图3-4-11至图3-4-13）。

老街村的南岳庙、关帝庙、奶奶堂等建筑在老街村流传至今的古集会中承担着祭祀和聚集等重要职责。老街村著名的非物质文化遗产金颖大鼓、铁礼花以及各种美食，为集会和节庆增添了浓厚人文气息。

南岳庙（详见第十章　豫西古村落的公共空间　宗教祭祀空间）位于大金店老街中心，坐北面南，始建于金，后历代重修。元代庙院供奉崔府君。其中南岳庙大殿（府君殿）保存了许多金元时期的风格，2013年5月，南岳庙被公布为第七批全国重点文物保护单位（图3-4-14）。

(一)关帝庙

老街村因商而兴，关帝庙必不可少，现存三处，其一位于大金店老街西寨门外沙锅河西，始建年份无考；其二位于老街东寨门外太后庙河东岸，为重建庙宇；其三位于崔家拐南段偏西位置。

(二）奶奶堂

奶奶堂现存三处。其一位于老街中段北拐儿北寨门外，始建于明代，后经过多次重修，每年正月十三在此举办古刹会；其二位于大金店老街西段西北拐儿街巷口；其三位于大金店老街中段蔡家拐儿南端南寨门附近，每年六月六举办古刹会。

（三）文庙

文庙位于大金店西街路北，又称孔庙、圣神庙、少阳义塾。道光二十一年（1841），清廷令各州县办义学。碑文载："按大金店古负黍亭，少室之离方，昔设负黍书院，今立少阳义塾，穷儒之进修有阶，寒门子弟有德有道，纳一世于春风化雨，文治之昌明三代比隆，足纪国运之体，兴国祚之大而长也。"邑绅李杰、生员洪清一捐办大金店负黍义学，为登封县办得好的五所义学之一。至此，大金店老街就拥有南岳庙内的负黍义学和西街文庙内的少阳义学两所，足见对教育之重视。1958 年，文庙在"大跃进"中被毁。1995 年，在旧址重建文庙，建有大门和三间圣神殿，外有围墙围护。

图 3-4-15　中正堂

（四）中正堂

中正堂位于大金店老街东段路北，老街群众习惯叫作"十三军大礼堂"。中正堂始建于 1941 年，建造者为国民政府第三十一集团军司令汤恩伯和第十三军军长石觉。中正堂坐北朝南，长 38 米，宽 9 米，高约 8 米，占地面积 413 平方米，为中西合璧的礼堂式砖木结构建筑。墙体用青砖垒砌，木构架梁，灰瓦盖顶。南山墙正中拱券门为礼堂正门，十三军军长石觉亲自书写"中正堂"石匾镶嵌在南大门上方。堂内木柱两排共 16 根。南大门左侧墙下方砌有一块石碑，碑文记述了"中正堂"建造始末。"文化大革命"中纪念碑字迹被毁，唯有门上石匾尚存。中正堂现为市级文物保护单位（图 3-4-15）。

图 3-4-16　豫西第四军分区机关旧址

（五）嵩阳读书会大金店分会旧址

嵩阳读书会大金店分会旧址位于大金店老街中段南岳庙后院内。1932年2月，原中共西华县中心区宣传委员张艺文在洛阳师范登封籍学生李仲敏的帮助下，在大金店小学（南岳庙）担任教师。其间，在张艺文的影响和带动下，教师和学生中涌现出一批抗日积极分子，有教师王实甫，学生张建仁、王高印、王甲科等。同年6月，张艺文和王实甫依托大金店小学教师宿舍（南岳庙后配殿）成立了登封县嵩阳读书会大金店分会，会员30多人，进行抗日救亡宣传，播撒革命火种。

（六）豫西第四特委、豫西第四行政公署、豫西第四军分区机关旧址

豫西第四特委、豫西第四行政公署、豫西第四军分区机关旧址位于大金店老街中段南拐儿北巷口王花贵宅院内。1948年4月6日，鲁山县迁入大金店老街。同期，中共登封县委、登封县人民民主政府也在此办公（图3-4-16）。

（七）古集会

大金店老街自古以来就是通往汝州、伊川、登封、禹州的交通枢纽和重要的商品集散地，集会活动繁盛。宋范公偁《过庭录》中就写到大金店在宋时作为集市，能造酒，有"酒肆"，且"虽遇岁时，歌乐喧集，乡人竞观"的情景。大金店街的集市远近闻名，因其货物吞吐量大，

△ 图 3-4-17　大金店老街村庙会

△ 图 3-4-18　大金店的铁礼花

当地戏称为"老母猪集""老母猪会"。每到会日，临近各县及周围各乡的百姓、商贾、民间艺人齐聚大金店老街，粮油、蔬菜、牲畜、铁器、瓷器、服装鞋帽、针线、药材等商品交易应有尽有，还有表演硬气功、玩魔术、设象棋局之类的各色人等，喧哗热闹（图 3-4-17）。

（八）铁礼花

大金店的铁礼花，是当地居民在欢度元宵节时的一种娱乐活动。炉匠用小铁炉将搜寻来的铁片和碎铁在炉内加温，加温时需几个人轮换拉风箱以维持炉火的旺盛，炉匠师傅掌握炉温和碎铁熔化的变化，待碎铁熔为铁汁后。有经验并胆大机灵之人持木锨将铁水用力向空中打去，木锨湿水后再接着打，炉匠和持木锨打礼花者要紧密配合，速度和距离以及安全是需要重要掌握的。观众要站在远处观看，以防烧伤灼伤。打礼花者多为有经验的青壮年人，不仅速度快，打得高，打得花样也多，礼花在黑夜中绽放耀眼的光彩，在欢呼赞扬中给人们带来快乐（图 3-4-18）。

（九）金颍大鼓

金颍大鼓的前身是嵩颍大鼓，金颍大鼓根据鸟飞、禽游、鹤鸣、射箭等鼓路组成。如"双飞雁""鸳鸯涛""麻雀闹""箭射杨七"等。金颍大鼓鼓点新颖，风格独特，节奏明快，优美动听。通过此项活动，使人精神振奋，心情愉悦。金颍大鼓这一古老的文化遗产，是一

○ 图 3-4-19　金颖大鼓是老街村流传久远的民间娱乐活动

○ 图 3-4-20　大金店的印子烧饼始于南宋时期，因其制作的烧饼中间印有文字而得名

○ 图 3-4-21　老街村的传统美食——鸡瓜子汤的制作

种流传较广的民间娱乐活动形式，它是在劳动、生产、生活中发展壮大的，已成为人民群众喜闻乐见，群众广泛参与的民间活动。如今，金颖大鼓在大金店传承并得到发扬，已能组成150人的鼓阵，鼓声震撼，造型丰富，曾多次参加外界的大型庆典活动（图3-4-19）。

（十）印子烧饼

大金店的印子烧饼始于南宋时期，因其制作的烧饼中间有印有文字而得名。印子烧饼起初叫火烧，或叫锅贴。金兀术进占中原时，做火烧的王老汉为了让天下人都知道秦桧是奸臣，引狼入室，便在火烧中间印上了"秦"字。买烧饼的人食用时，将秦字吃掉，以泄心中仇恨。后来，有人把印子中间的"秦"字变成"金"字，表示是大金店人做的烧饼，香酥可口。再后来，有的做得好，卖烧饼商户为了传名声，打上了自己的姓氏，出现了"李""王""岳""刘""常""卢"等字样（图3-4-20）。

（十一）鸡瓜子汤

除了独具特色的印子烧饼，大金店流传下来的传统美食还有鸡瓜子汤、特色馃子等。鸡瓜子汤为大金店流水席中的一道佳肴，流传已有千年历史。大金店的水席俗称十三碗，鸡瓜子汤便是十三碗中的一碗。鸡瓜子汤的创制者是大金店中街（俗称庙门）常家拐儿的常蛋老先生，现已为第五代传人（图3-4-21）。

第四章　伊洛河畔的古村

　　黄河，华夏民族的母亲河，古称河。黄河的最重要的两条支流——伊河和洛河，是华夏文明的诞生地，是华夏民族的"奶奶河"，中国最早的国家——夏王朝就诞生于此。《国语·周语》："昔伊洛竭而夏亡"，说明华夏文明的诞生与发展同伊洛河两岸区域密不可分。水是生命的源泉，水作为人类生存不可缺少的物质基础，在村落选址之初及后来的发展过程中都发挥了重要的作用。"高毋近旱而水用足，低毋近水而沟防省"，就是对依水择址的描述。豫西伊洛河流经之地水源充足，土壤肥沃，水给村落人们的生活和生产带来便利，形成了宜于人居生态环境，孕育了河洛文化，滋养了灿烂辉煌的黄河文明。伊洛河畔的古村落代表着河洛文化的符号，成为延续数千年黄河文化的记忆。

一、宜阳县苏羊村

苏羊村又名苏羊寨、向阳寨，位于洛阳市宜阳县张坞镇，洛河在村北静静地迤然而过，村南紧临省级文物保护单位苏羊遗址。村落历史悠久，选址独特并保留有大量清代至民国时期民居建筑以及古井、拴马桩、石碾等，展示着浓厚的农耕时代信息。作为豫西整体保存较为完整的古村落，2014年，苏羊村被授予中国传统村落称号。

图 4-1-1　苏羊村西侧

苏羊古村落位于洛河中游，周围山势起伏，多为浅山丘陵地形。背靠南边的熊耳山系的花果山，从南向北坡势连续且平缓。在上古时期，这样的地形和环境非常有利于人们上山采集野果、打猎。

约1万年以前的旧石器时代晚期，在洛河的滋养下苏羊就有了聚落。苏羊遗址出土大量的石器、陶器证明了原始社会新石器时代此地的农耕文明。因历史悠久，文化底蕴深厚，苏羊村被称为"河洛第一村"。目前所见的苏羊村形成于元代以前，现在的苏羊人大部分是在元末明初从外地迁徙而来。

苏羊遗址位于村南方圆三四平方公里区域，现为河南省文物保护单位。遗址东西长500米，南北宽800米，遗址文化层厚达7米左右，出土了大量的石器、陶器、玉器等。陶器有夹砂红陶、灰陶、黑陶及彩陶。可识别器型有红陶钵、缸、酒器、小口尖底瓶、壶、杯、彩陶盆、缸、钵，黑陶有小口高领缸，夹砂灰陶有觚形杯等，纹饰有篮纹、刻线纹、网状纹、附加堆纹和白底彩陶，石器有石镰、石刀、石铲等。从出土标本看，为仰韶—龙山时期。出土的器物丰富，给我们勾画了远古时期人类的生活场景。他们使用弓箭狩猎，到塬上放牧，到洛河捕鱼，用洛河中的青石砺磨成石斧砍倒树木，芟除杂草，并放火焚烧，还使用石铲翻地，石锄、尖棒等挖穴点种，用石镰、陶器等收获成果，用花岗岩石臼加工农作物。考古学家从考古资料研究得出，在新石器时代，这里就存在有方圆1.5公里的聚落。夏商时期，遗址面积得到发展扩大。两周至春秋战国时期，社会动荡不安，为防侵扰和抢掳，构筑了6000米的寨墙以利防御。

苏羊关为洛阳西部的一个关口，西汉末年，赤眉军以苏羊为首府，大庙塬、仁村塬为军营，为推翻王莽王朝作出了较大贡献。汉光武帝刘秀借此力量建立了洛阳根据地，发动了苏羊大战，消灭了王莽势力，建立了东汉。

苏羊村选址于花果山阳面的半山腰中，利用天然的台地所建（图4-1-1）。洛河在苏羊村北500米处流过，古时洛河水经常泛滥，被洪水冲刷成的瀍河湾、下村河湾两个大河湾，分别环绕于苏羊古寨所处台地的东西两侧。每逢洛河洪水退去，河湾内就形成沼泽、浅滩和深潭，时常有鱼可捕；河湾内更有沃土淤积的大片滩涂，草木旺盛，利于放牧。经洪水不断地冲刷，造成苏羊村东、西、北三面环沟，仅南面同苏羊塬相连的地形。古寨与洛河河面高

图 4-1-2 村南沟壑现在已经被开垦为农田

差有 50 多米，地势较高易守难攻，既无水涝之灾又易于防守瞭望。高台之下四周环绕的沟壑稍加修整，就是安全防御的天然屏障，利于防兽、防匪；村落四周自然地形和人工工事，共同构成了村寨四周的安全屏障，既满足村内各类资源应用又满足安全防御。如此优越的外部环境，便于生产、生活，养育了一代又一代苏羊人（图 4-1-2、图 4-1-3）。

村寨整体呈椭圆形，村北目前还保留有古寨墙 350 米左右，墙残高 5~8 米不等，宽 4~6 米不等。南、北、西三个寨门是古时进出苏羊寨的门户。南寨门为民国时期使用花岗岩石所砌筑，高约 8 米，上有刻"南望华岳"四个大字，下方在青石上刻有"向阳寨"三字，

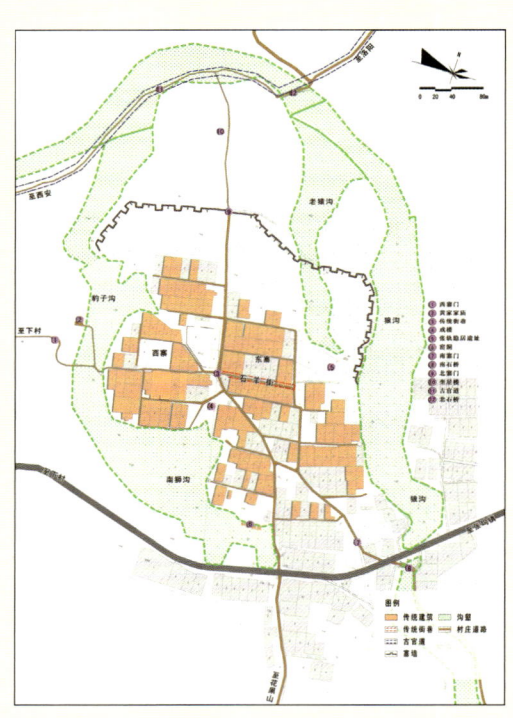

图 4-1-3 苏羊村格局图

图 4-1-4 南寨门附近——苏羊遗址

图 4-1-5 苏羊村北寨门

时间为民国甲戌（1934）应锺月。北寨门位于北寨墙中部，留存有土门洞，洞宽 2 米，高近 3 米，墙厚 4 米，门外有古道，门上原有"北望洛水"的石刻现已不存。北寨门原为苏羊寨的主要入口，后因苏羊寨北古官道的荒废，这条对外交通道路现仅通往村北的田地。西寨门现已废弃，只有石羊街西端的天然象形石——石猪昭示着这里曾经是苏羊村内部交通要道（图 4-1-4、图 4-1-5）。

古寨外有南、北两座石桥，都位于台地边缘，横跨壕沟，是村庄与外界交通相连的通道。北石桥长 20 米，南石桥长 18 米，两个石桥结构和形制相同，都为单拱石桥，桥身用长方形青条石垒砌，桥面条石铺就，两侧有栏板和望柱，桥体两侧的拱券正中置龙首各一（图 4-1-6、图 4-1-7）。

苏羊寨至今还保留着原始的街巷空间，寨子内部共有两条主街和九条小巷，呈枝状分布。两条主街分别为：南北向连接两个寨门的中心街，长 500 米，宽 4 米，土路面，将村寨分为东寨、西寨；古寨中部东西向的石羊街，长 200 米，宽 2 米，土路面。石羊街将西寨分为南营和北营，西寨是苏羊人最先定居的区域；石羊街的西端连接豹子沟，有寨门通向

图 4-1-6　南石桥

图 4-1-7　北石桥

图 4-1-8　苏羊村南北中心古街

图 4-1-9　苏羊村石羊古街

图 4-1-10　苏羊村民居

图 4-1-11　苏羊村浓厚的生活气息

下村。九条小巷都为东西向，宽1.5米左右，土路面，将古寨划分为若干个长条形区域。村落的街口设有井房，处处可见石拴马桩、石马槽、石碾盘等，展示了苏羊农耕社会时期的风貌（图4-1-8至图4-1-14）。

各巷道两侧为住宅，住宅多为一进和两进的院落，大多坐北朝南，前有宅门后有小门同前街后巷相通，出行便利。

现存民居多为清代至民国时期所建，墙体为青砖、卵石和土坯混砌，风格古朴，建筑色调同村落周围黄土台塬环境和谐统一。宅门有的位于院前围墙中部，有的位于倒座一侧，门和倒座均为双坡灰瓦屋面；正房多带有前廊，灰瓦硬山顶建筑，室内为五架梁，墙体承重；厢房多为单坡，前檐墙多使用青砖，其他三面多使用卵石和土坯混砌。

古时，在每条街道的尽端都有一座庙宇，达十几座。现存有奶奶庙、山神庙、火神庙、龙王庙四座，这些庙宇每个10平方米左右，面积都不大，多用条石和大小均匀的卵石作为墙基，上砌土坯墙，灰瓦顶，内置木构架，室内放置神像。村内过去还有四座戏楼和八座祠堂。戏楼在寨上分布两个，下村一个，寨北关帝庙一个，惜已不存。八座祠堂多数坍塌不存，现存胡家祠堂已较为破败，不再使用，刘家祠堂坍塌后后建为苏羊小学，现仅有位于下村的罗家祠堂仍在使用。苏羊众多的神庙、宗祠和戏楼展示了苏羊村历史上浓厚的民间信仰和宗族文化。

苏羊村的民居建筑材料基本是就地取材，墙基采用块石、条石或较大的鹅卵石，墙面大多采用夯土或土坯，而青砖则使用量少，山墙上部多采用了当地的"料姜石"，带有一定的装饰效果。有些建筑还采用了中空墙体，即有很好的保温作用，也节省了建筑材料。砖、石、土坯的综合运用，体现了苏羊村民居对建筑材

图4-1-12　苏羊村的土坯民居

图4-1-13　苏羊村的院落

图4-1-14　苏羊村古井

料的应用技巧。

苏羊村历史文化悠久，有丰富的民俗活动和独特的民间工艺，这其中苏羊竹马最具特色，现为河南省非物质文化遗产。苏羊竹马兴起很早，主要以心传口授的传承方式，其表演形式源于孙武与吴起操练军队的各种阵法，如："五盏灯""七盏灯""九盏灯"，分别为孙、吴兵法中的"五星阵""七星阵""九星阵"；"单十字梅"和"双十字梅"由孙吴兵书上讲的"四门坚守阵"和"八门金锁阵"演化而来等。跑竹马的场地要"广"，"马"才能跑得开，其"兵"才能运筹布阵，

△ 图 4-1-16　非物质文化遗产——苏羊竹马

△ 图 4-1-17　一大早打扫街巷是村民生活的日常

观众才能在头脑中产生"万马战犹酣"的意象。跑竹马须有战鼓和三眼冲等配合，这样鼓声、炮声、铃声、鞭声、马蹄声竞相嘶鸣，仿佛战鼓擂鸣、万马奔腾的激战场面。苏羊竹马作为民间社火表演活动，是苏羊人对中华文化的生动传承，具有独特的文化价值（图 4-1-16、图 4-1-17）。

二、栾川县大王庙村

大王庙村位于洛阳市栾川县潭头镇北部,伊河支流潭峪河从村庄东部自北向南流过,伊河的另一条支流文曲河穿村而过,从南到北的古官道同文曲河相交于古村中部。被充沛的水资源滋养的古村落周围沃野千里,抗日战争时期,河南大学文、农两学院曾迁址于此并开展林田的科研和教学。2014年,大王庙村被列入第三批全国传统村落名录。2016年,潭头河南大学旧址被公布为河南省文物保护单位。

栾川县潭头镇古称"潭州",是豫西著名的文化名镇。大王庙村依山傍水,古韵悠悠,村内古桥、古树、老井、古宅构成了村落古朴风貌。大王庙村历史悠久,曾在明末之乱遭兵燹而毁。村中自古读书中举者多,所以村名及穿村而过的小河都被冠以"文曲"之名。后来村内大王庙香火旺盛而渐渐被称为"大王庙村"。明崇祯年间,李姓一族从山西洪洞县迁居至此;孙氏则是清顺治年间自嵩县县城迁至此地。清末,大王庙村因"劫皇杠"一案,本应全村连坐受刑,后因钦差观大王庙民风淳朴,文风甚浓,上书请求赦免。

抗日战争时期,豫东被日军侵占,河南大学师生于1939年从开封辗转迁移至潭头镇。大王庙村民热情接待,无偿送上瓜果蔬菜,让出八间房屋为河大农学院使用,并辟出30亩良田为农学院专用试验田,村中甘露寺捐赠万亩荒山给农学院森林系做专用林场。大王庙村民倾其所有厚待河大师生,使河大师生极为感动。在之后的科研和教学中,他们培育出"河大H–1、H–2、H–3"三种小麦良种。1944年5月15日,日军分两路突袭潭头镇,河大师生慌乱向北山转移,恰与一股日军骑兵遭遇,日军开枪扫射,6人身亡,20余人被俘,制造了"5·15"潭头惨案。惨案发生后,大王庙村村民冒着生命危险营救河大师生,并为师生带路送行,还偷偷运回农学院显微镜、植物标本等归还河大。中华人民共和国成立后,河南大学仍与大王庙村保持密切联系,常为大王庙村村民捐款捐物,支持当地教育事业,并把这里作为河南大学的红色教育基地。现文曲河源头山坡上建有"潭头惨案纪念碑",警示后人不忘历史。

大王庙村三面环山,西倚熊耳山作为屏障,南隔河与玉阳山相望,北与路峰小丘相对应,东面大片农田接受者潭峪河的润泽,选址可谓:依潭头肥沃田地以农为基,接伊水水运之便

图4-2-1 大王庙村鸟瞰

以商为辅（图4-2-1）。

依河而建的大王庙村，整体空间格局为"一道、两桥、一座庙"。"一道"指的是"古官道"；"两桥"指的是坐落在文曲河上的"文曲桥"和"娃娃虹桥"；"一座庙"指的是大王庙。

从南向北的"古官道"长约1500米，宽约3米，从村南土桥起经娃娃虹桥至文曲桥向西同文曲河平行，穿村而过后通向村北的北石桥。现文曲桥至北石桥尚存一段"古官道"遗迹（图4-2-2）。村落早期沿文曲河东岸分布，大部分的居民居住在文曲桥以北地势较高的区域。后来村庄逐步向村东的南潭峪河方向延伸，范围越来越大。大大小小的院落分区布置，街道相互连通。

文曲桥坐落在文曲河上，为单孔石桥。桥长12米，宽4.5米，现高约10米，石条砌筑（图4-2-3）。娃娃虹桥位于村南，是大王庙村通往潭头镇的唯一通道。桥身高6米多，长17.5米，宽有1.5米，桥面上有16根石柱和18块石栏板，望柱头雕刻成石狮、石猴、石人等造型，石栏板上的浮雕图案有骑驴过桥、牧童骑牛等人物图案以及松鹤、麒麟、松鹿、荷花、牡丹等动植物图案，雕刻手法娴熟，工艺精湛，形象逼真（图4-2-4）。除此以外，大王

○ 图4-2-2　大王庙村主要道路——古官道

庙村附近还有一座"北石桥"。北石桥位于大王庙、纸房两村接界的北石沟上，长13米，宽3.5米，高3米，护栏是单层石条，桥身西面迎水饰龙首，另一侧设龙尾。

大王庙位于村北，为祭奠明末逃亡此地的朱姓皇族而建。庙现存戏楼（祈福殿）和大王庙主殿两座建筑。根据戏楼的老照片可知，其为单檐硬山式建筑，面阔三间，进深一间，两层，为一层台体，二层是高架的戏台（图4-2-5）。主殿内曾供奉"朱大王"木质雕像，"文化大革命"时期村民为保护雕像，将其搬入山洞之中，后风化于内，难以取出。大王庙曾作为学校之用，后因保护不善而倾塌，现存是在原址上重修建筑。

图4-2-3　大王庙村的文曲桥

图4-2-4　大王庙村的娃娃虹桥

图4-2-5　大王庙的戏台

图4-2-6　大王庙村的文曲古井

图 4-2-7　大王庙村孙家大院

图 4-2-8　大王庙村当年的河南大学伙房旧址

孙家祠堂修建于清朝末年，是孙氏族人祭祀祖先的场所。祠堂有多种用途，除了"崇宗祀祖"和保存族谱之用外，各房子孙平时有办理婚、丧、寿、喜等事时，便利用这宽广的祠堂作为活动之所。另外，族亲们有时为了商议族内的重要事务，也利用祠堂作为会聚场所。

大王庙村有四座古井，分别为当街石井、桥下石井、前村石井和文曲古井，四井位置不同，井水或为透山泉水，或为地下河水，水温和味道也略有差别。其中文曲古井位于文曲桥北桥头井房内，是村落的中心（图 4-2-6）。

村内院落布局因地制宜，统一而富有变化，现保存有大量清末至民国初期的民居。村落民居沿"官道"两旁错落有致而建，保存较为完整的有李家大院、孙家大院、孙家祠堂、赵家大院、河大农学院旧址等。院落的大小规模不一，合院房屋数量不同，但大体格局相似，较有规律（图 4-2-7 至图 4-2-10）。

河大农学院旧址修建于清朝末期，1939 年 5 月河南大学为避战火，将本部和文、理、农学院迁至潭

图 4-2-9　大王庙村李家大院

图 4-2-10　秋作物装点着宅院

头镇，将大王庙村设为文、农两学院的生活区和农学院实验区，包含伙房、学生宿舍、实验室、种子库、试验田和试验林等。现农学院伙房、种子库（祈福殿）和部分学生宿舍保存较好，农学院伙房、实验室、牲口房、试验田和试验林等留有部分遗迹。学生伙房旧址位于文曲桥南端第一户，建筑分南北两院，两院共用一个门楼，南北两院建筑形式类似。门楼为一间双坡硬山建筑，正房朝东，面阔五间，进深一间，双坡灰瓦硬山建筑，台基高于院内 1.6 米左右。厢房南北相对，面阔三间，进深一间，双坡灰瓦硬山建筑，惜北厢房已经坍塌不存。

孙家大院位于村落中部偏北的位置，占地 810 平方米，由大门、正房和东西厢房组成。大门朝西，占据西厢房一间的位置，门下枕石雕刻莲花和菊花，门柱上有砖雕牡丹。正房面阔三间带前廊，室内五架梁，单檐硬山式建筑，灰瓦屋面，墙体下碱和门窗外框用砖砌，上身为土坯，外刷饰白色灰浆。门为双扇板门，窗为直棂。廊前两柱间明间为雀替，两次间为挂落，饰回纹、几何纹，规整有序。院内有一棵近 200 年树龄的桂树，花开时节满园飘香。

李家大院位于村落西北，占地 650 平方米，是一处南北长、东西窄的院落。大门朝南。正房同孙家正房形式相同，只是不设雀替挂落。东厢房面阔六间，西厢房面阔七间。院内种植有一株紫荆树，树龄约 200 年，树冠高大茂密，花开之时，远远望去好似空中花园，姹紫嫣红。

金家大院位于村落西北，与孙、李家大院有所不同，为大王庙村少有的二进院落，大门位于院落西南角。院落东西窄、南北长，占地面积500平方米。一进院主要布置了两间倒座和一间伙房，主要为佣人居住。过二门拾级而上进入正院，体现出中国传统伦理上的尊卑有序，又显示出建筑的层次感。二进院由堂屋和东西厢房构成，堂屋坐北朝南，为一层灰瓦硬山建筑，面阔三间带前廊，东西厢房皆为三间，整体院落呈狭长形，小巧精美，藏风纳气。

大王庙村的传统风貌建筑台基为块石垒砌，屋面灰色小板瓦，墙身大多为土坯，墙身下碱、墀头、门窗外框多使用青砖。如果山墙是青砖所砌就为硬山屋面，如果山墙为土坯所砌多为悬山屋面，以防雨水侵扰山墙。采用悬山屋面的出挑部分伸出并不大，这同该地区降水量有关。山墙上部多留有气窗，利于通风。村落所处区域秋冬季节寒风较大，屋脊多采用透风脊，以减少由于风阻产生的破坏。

大王庙村的"挠桩"艺术是当地著名的非物质文化遗产，它是中国北方地区流传的一种独特社火活动，作为汉族传统民俗娱乐活动，流传范围广泛，形式多种多样，称呼各有不同。"挠桩"多在农历新年、元宵节及重大庆祝活动期间进行，参演人员少则10余人，多则30余人不等。挠桩每组壮汉、小孩各一人。小演员都是从村中选出的漂亮、机灵的五六岁孩童，按照不同的扮相，或略施粉黛，或浓妆艳抹，身着鲜艳的古代戏剧服装，用宽布带牢牢缚在挠阁架子上。身体壮实的汉子在其下背缚挠阁架子，在婉转悠扬的民间器乐的伴奏下，脚下用力，以腰为轴，松弛有度地扭动，并遵照指挥不时变化队形，时而沉稳轻缓，时而碎步疾走，时而左右穿梭，时而前后挪动，挠阁架子上的小孩则按下面壮汉给的力度，甩动水袖，或轻柔，或奔放。"挠桩"艺术表演，充分显示出劳动人民乐观向上的精神面貌，增添了节日中喜庆欢快的气氛。

三、巩义市益家窝村

益家窝村位于巩义市芝田镇北部伊洛河畔。洛水在今芝田西北,至芝田境与伊水汇聚而称伊洛河。据传三国时,陈思王曹植京都朝觐,自洛阳回封地甄城,归渡洛水,落日西下之时纵目眺望水波浩渺,有感而发写出了千古不朽的《洛神赋》:"……尔乃税驾乎蘅皋,秣驷乎芝田……"芝田,古代汉族传说中仙人种灵芝的地方。后人以赋中之词来命名此地。

芝田镇历史文化底蕴深厚,是早期人类活动的重点地区之一,境内现有夏文化遗址址、汉墓、古代官楼、古寨遗址等文物古迹。北宋时设置永安县,北宋的八个皇帝陵有三座(永定陵、永裕陵、永泰陵)位于芝田,寇准、包拯、高怀德等名臣均葬于此。相传在唐代,有一益姓人家从山西逃灾来此,卜居于洛水之滨,五代时发展成为家资巨万的大户,益家窝因此得名。村内现存赵氏家谱记录:"始祖赵信忠自今已传二十一世。吾始祖从明朝初年,约公元一三六八年,自山西省洪洞县□□□□□□迁至河南,从居之时,兼同族者众,西平一门,祥府一门,大抵皆一族同来……惟吾始祖讳信忠,卜居巩县……"从这部家谱的记载可以了解到益家窝赵氏一族迁居此地的历史。

图 4-3-1 仍然居住在古宅里的老人谈益家窝的选址:"背靠嵩,面向洛,真乃风水仙境。五步楼,十步阁,望百步伊洛河。"

图 4-3-2 当年商品货物集聚、车水马龙的古街现在完全安静下来

● 图 4-3-3　沿街的民居建筑或坍塌或被改造　　● 图 4-3-4　清代院落大门上精美的砖雕盘头　　● 图 4-3-5　留存在老街北侧的民居院落

　　伊洛河在益家窝村转了一个弯，优雅而舒缓。村落濒临伊洛河，拥有优良的宜居环境，充足的水资源不但满足了日常饮用和灌溉农作物的需要，还在古代利用水运运载货物的过程中发挥了重要的渡口作用。洛阳向东的古道和登封向北的古道交会于芝田镇附近，伊洛河上的航运和古道陆路转运的便利使此地在明至民国时期成为伊洛河岸边的一个重要渡口。巩义县志记载，民国时期，这里有船运户 40 多家，行船 100 多艘，渡船 5 艘，商铺商行 100 多家，加之农历每逢单日为集，当年的益家窝村相当繁荣（图 4-3-1、图 4-3-2）。

　　清至民国时期，因为渡口的功能益家窝村成为远近闻名的集镇，商人为了经营和生活之便，就在益家窝渡口附近建筑宅院，逐渐形成了沿河和沿老街聚居的村落格局。益家窝村老街基本同河流垂直，从渡口沿坡而上一直通往村南的古道。民居宅院主要集中在沿河一侧和老街两侧，多为合院布局，建筑材料有青砖、块石和土坯等。现存沿河和沿街两侧的民居建筑基址一座挨着一座，其中多有庭院深深的大型宅院，使人联想出当年商品货物集聚、宅院鳞次栉比的场景。主街北侧的清代民居院落大门上精美的砖雕盘头显示着这些宅院主人的财力之丰厚和建筑质量之上乘（图 4-3-3 至图 4-3-5）。益家窝村的民居有建于清代的，也有建于民国时期。建于清代的民居形式多为硬山灰瓦建筑，一层，木构梁架，青砖砌墙。建于民国的民居多为两层，有些民居屋面为平屋顶并设置平台，女儿墙上使用墙垛间隔，大门的券洞也不是巩义地区传统的半圆形，券弧较为平缓，带有明显的西方建筑风格，反映了民国时期西方建筑元素对当地建筑风格的影响（图4-3-6）。随着洛河大桥的修建和陆路交通的发展，益家窝渡口航运的作用消失，村落逐渐萧条。现在村落的居民大多搬到了渡口东南的高地上，老街两侧的古民居因为久未有人居或坍塌或被改造，没有了原来的模样（图4-3-7）。

益家窝河湾的上游不远处是伊、洛河的合流处，下游东北方向是伊洛河汇入黄河的河口，历史上这样的地理位置河水容易泛滥。河湾东岸是巩义益家窝村，西岸是偃师石家庄村，一水之隔的两岸民众为

图4-3-6　民国时期所建的民居大门

图4-3-7　废弃的院落

图 4-3-8 清嘉庆《创建启圣阁麟经殿福财禄贵寿喜并建增神祠碑》　　图 4-3-9 启圣阁

保佑自己的家园的平安，分别都建有河神庙。益家窝渡口附近所建的为河大王庙，偃师石家庄所建的为九龙庙。两处河神庙后来都曾作为纪念明末清初民间治水功臣黄守才（俗称"黄大仙"）的庙宇。惜 1935 年秋，洛水大涨，将益家窝河大王庙的大殿、南配殿等建筑冲毁，仅存启圣阁。现存的启圣阁是河大王庙的北配殿，也称春秋阁，阁坐北朝南，重檐歇山式建筑，筒板瓦覆顶。阁分上下两层，下层有 12 根石质廊柱，其中朝南的四根刻有与关羽相关的楹联。据《创建启圣阁麟经殿福财禄贵寿喜并建增神祠碑》等碑刻内容记载，可证为当时扬州通判于嘉庆十一年（1806）所建。启圣阁屹立伊洛河之畔，整体建筑结构轻巧，上下层檐下皆施斗栱，造型精致，翼角挂有风铎，迎风作响，在岸边垂柳掩映中，倒影入水，被称作巩义八景之一。2008 年 6 月，启圣阁被公布为河南省文物保护单位。

第五章　邙岭上的古村

嵩山支脉沿黄河南岸向东延伸，从洛阳城北至郑州西部宛如一条卧龙横卧，绵延100多公里，这处黄土丘陵地被称为邙山、北邙、邙岭。邙岭是古代帝王理想中的埋葬之地，自古有"生在苏杭、死葬北邙"之语。东周以来，这里先后埋葬了31位帝王，包括东周、东汉、曹魏、西晋、北魏和后唐六代的帝王陵墓、陵园及同期相关陪葬墓千余座，是中国埋葬帝王最多、最集中的地方。邙岭不仅是洛阳北面的一道天然屏障，也是军事上的战略要地。这座海拔仅为300余米不起眼的小山，所蕴含的历史、文化底蕴早已超越它矮小的身躯。背依邙岭天然屏障，以靠山窑院为主要居住模式的古村落在这片黄土丘陵地广泛分布。

一、孟津县卫坡村

卫坡村又称魏坡村，位于洛阳市区北 5 公里处的孟津县朝阳镇内。村落坐落于北邙朝阳坡地上，周围林木蓊郁，村东北 2.4 公里即为北魏孝文帝陵、文昭皇后陵陵区，村南 2.4 公里为北魏宣武帝景陵，村东北 18.8 公里处东汉光武帝陵，村西北 2 公里处为石碑凹古寨村。宋时宰相卫仁溥一生酷爱牡丹，不惜重金购买牡丹并在卫坡村附近大量种植并培育出紫色花，后人称为魏紫牡丹，自此，魏紫故里泛指卫坡村一带。作为豫西地区保存较完整的清代民居建筑群，2006 年，卫坡村古民居被公布为河南省第四批文物保护单位；2013 年，卫坡村被列入第二批中国传统村落名录（图 5-1-1、图 5-1-2）。

明末清初洛阳北邙是战区，人烟稀少，土地荒芜。明洪武年间，卫氏一族由山西阳城迁

图 5-1-1　魏孝文帝陵位于卫坡村北侧

图 5-1-2 邙岭上的古村落——卫坡村

到河南济源轵城，清代顺治年间，朝廷为发展经济，诏谕奖励垦荒。卫氏始祖卫天禄率子孙，由济源县西轵城迁到洛阳，在邙岭半坡上修建宅院，由姓氏、地形相结合而命名为卫家坡。卫家最初定居在李家圪垯靠山小院内，两孔窑向西，一孔窑向南。经过几代人开荒种地，家族渐兴，拥有了大量的耕地，当时有"东至平乐，西至始祖庙，方圆三十里，不走他家路，解手不肥别家田"的说法，可以了解到卫氏家产的丰厚。卫氏三世孙卫天禄因家道殷实，名士颇多，与邑侯魏公（洛阳地方官）素有往来，又同朝为官，魏公错以为同魏同宗，多有照应，后来户书造册、书柬往来均以魏字为之，加之卫氏家风严谨，疏财乐施，接济贫困，魏公奏请朝廷，使得卫家受诰封四人，圣旨皇封匾额，具称魏氏，加上卫、魏同音，也就沿袭下来，以至于祠堂、匾额、墓碑皆都写成"魏"。清光绪年间，族人易"魏"复"卫"并重立北祠

○ 图 5-1-3　卫坡村鸟瞰

堂。因此，北祠堂在卫氏家族历史上有着不可替代的荣耀和作用。后来将建于道光年间的南院改为南祠堂，同时供奉魏、卫先祖神位。北祠堂为区别"卫""魏"两字，树起"魏复卫"碑记。卫氏后人有另一种解释：当年魏家在朝为官者多，一荣俱荣，一损俱损，唯恐不慎获罪时，株连九族，便将卫家族人一分为二，南祠堂供"卫"，北祠堂供"魏"，以规避株连之灾。至今，卫家坡村还存留有南、北两座祠堂。清乾隆年间，卫氏族人在朝中做官，开始大规模营建卫氏老宅，至道光年间，卫家坡已经形成了建筑面积约25500平方米，亭、堂、楼、廊567间，靠山窑28孔，天井窑院8所的较为完备的家族式民居建筑群（图5-1-3）。据考证，卫家兴旺的100多年间，出过20多位七品以上的官员、4位诰命夫人，为当地著名的簪缨世家。经过近百年修建，卫氏逐渐形成了集祠堂、私塾、绣楼、南北老宅于一体的较完整的家族宅院群。清末，卫坡一族开始衰落。

卫坡村位于邙山向阳坡上，村庄西、南两面天然沟壑内有溪流环绕，仅村东有道路通往外界，自然地形隔绝了不利的外界因素的干扰，有利于村落的安全防御。卫坡村周围不仅有皇族陵墓，还为宋相魏仁溥培养名花——魏紫牡丹之地。卫坡村始祖卫天禄弃轵城迁徙洛阳，踏遍北邙精选于此址，源于有"三慕一望"：一慕名都洛阳，二慕名花魏紫牡丹发祥地，三慕魏孝文帝陵宝地之侧；一望为抬头可观苍茫之邙山。村落周围自然幽静，居家可听流水声，出门可望古木成林，可谓山明水秀，地理环境优越。

卫坡村建有私塾1处、柜房1处、仆人院1处、库房2处、祠堂2所，并设有东、西、南三道栅栏门，都有更房。南北两条街巷，分别位于村落中部和南部，皆为东西走向。中部180余米长的古街横贯东西，将整个村落分为南、北两部分（图5-1-4）。街北有包括北祠堂共9处院落，街南有包括南祠堂共八处院落。南北院落建造规制相仿，有进深80米的五进宅院3所，进深50米的三进宅院11所。南半面古街东西长120米，街一侧建有停车院、饲养院、晒粮场、碾磨坊、休闲花园等，功能齐全，布局紧凑。

卫坡村各庭院为四合院布局，整体保存较为完整。北侧院落主要由大门和倒座、中厅、二进院门楼、靠山窑洞及厢房组成。北侧庭院地势北高南低，建筑依势而建，井然有序，有效地阻挡了寒流的侵入，利于阳光的照射，形成良好的小生态环境。一些院落间建筑山墙采用马头墙的形式，打破了成片民居呆板的屋面形式，不但增加了韵律感，同时更利于防

图5-1-4　卫坡村古街

△ 图 5-1-5　卫坡村院院相通

△ 图 5-1-6　卫坡村村西望楼是宅院区的制高点

火、防盗。北侧的院落北端，巧借地形，因势利导，挖建靠山窑洞，冬暖夏凉，适合家中长辈和女眷居住。南侧院落后部无崖可依，布局稍有不同，由大门和倒座、过厅、亭廊、正房及厢房组成。卫坡村院落建筑布局基本轴线对称，主次分明，正房为主，厢房为辅，内外有别。院与院以墙分隔，疏密兼置，相互围合，布局严谨；整体空间围合有序并分割灵活。通过以中轴线为主的空间流线，将整组建筑有序地组合在一起，又辅以侧门，使得院院相通。北街西端崖头场上高地，用青砖筑建望楼用于瞭望和防御。南北两街宅院都留有偏门秘道，在兵荒马乱的年代里，如有兵匪来犯，家家可以既闭户又相通，敌弱可固守对抗，敌强便弃家暗遁进入西沟安全转移。村落外围的沟壑同村落内部完备的防御系统相结合，使村落免受多次匪患之灾，居民平安稳定地生活得以保障（图5-1-5、图5-1-6）。

卫家坡民居建筑类型有瓦屋和窑洞两种类型，其中窑洞又分靠山窑和地坑窑两种。靠山窑都位于古街北侧院落。靠山窑洞依土崖山体而建，每处院落两孔至三孔。窑洞前檐有两层木结构檐廊，单坡板瓦屋面，无垂脊垂兽，窑脸青砖垒砌，窑洞深5~8米，内壁青砖施券或灰泥抹面，洞内地面青砖铺墁。这种前院后窑的院落组织形式在豫西尤其是洛阳地区较为常见，是区域传统院落布局的主要形式。除了靠山窑院，村落现存还有三处地坑院，建筑年代没有记录。地坑院中窑洞内的采光仅仅依靠门洞上方的拱券区域的透光窗进行采光，这有别于三门峡地区地坑院门侧有窗的做法。

图 5-1-7　卫坡村前院后窑的庭院

图 5-1-8　卫坡村合院中的厅堂

图 5-1-9　卫坡村的地坑窑

图 5-1-10　卫坡村靠山窑内的传统织布机

院落内砖木结构的民居全部为硬山灰瓦屋面。建筑墙体采用青砖下碱和土坯墙身相结合的构筑方式，就地取材，节省材料，既经济合理又保温隔热。各院落面阔尺寸不大，中轴线建筑皆面阔三间，厢房多采用洛阳地区常见的单坡屋面，相邻的两个院落厢房背靠背，共用一条正脊，隔而不断，浑然一体（图 5-1-7 至图 5-1-10）。

北祠堂位于主街北侧东段，坐北朝南，建于清嘉庆十八年（1813），是卫坡民居的标志性建筑。祠堂整体布局呈长方形，南北长 25.58 米，东西宽 12.33 米，建筑面积 184.9 平方米，占地面积约 300 平方米，由门楼、过门、主殿及东厢房、西厢房组成。门楼坐北朝南，

图 5-1-11　卫坡村北祠堂现在仍是村民聚集议事的场所

图 5-1-12　卫坡村南祠堂内的卫氏族谱

双坡硬山顶，嵌于东、西厢房南山墙正中位置。东厢房坐东朝西，平顶屋面，屋面四周青砖砌筑垛口墙，墙下设灰陶板瓦屋檐。西厢房坐西朝东，形制与东厢房一致。主殿坐北朝南，为"一卷一殿"勾连搭形式，前卷后殿。卷棚为过厅，后殿为祭祀厅，面阔三间，皆为硬山，灰筒板瓦屋面。大门和大殿之间设有过门，巧妙地将北祠堂分为前后院落，增加了仪式感（图5-1-11）。

南祠堂位于主街南侧东段，原是六品官员魏大宝的故居，卫族易魏复卫，于民国 5 年（1916）改为祠堂，称卫族祠堂，南祠堂内陈列有卫氏族谱（图 5-1-12）。该祠堂三进院落，南北长 46.9 米，东西宽 10.78 米，建筑面积 373.7 平方米，占地面积 497 平方米。中轴线有大门和倒座、前厅、中厅和上房组成，东、西厢房分列两侧。建筑皆灰板瓦屋面，砖木结构。大门和倒座前坡短，后坡长。中厅坐北朝南，硬山带前廊，后檐正中设门通往三进院。三进院东、西厢房均面阔三间，单坡屋面。上房坐北朝南，硬山带前廊，后檐西次间置拱形券门通道，通向主街，前后均开设宅门，凸显了主街的重要性，也更便利院落的南北交往。三进院的院落中部设有卷棚顶的廊亭，增加了庭院的生活情趣。

卫氏家族，历代子孙受命先祖教诲，耕读为本，重读书、重做人，为远近闻名的书香门第。北祠堂东邻"巅学"清代秀才卫作霖宅院，其父卫戒三，祖父卫腾辉，曾祖卫光照，世代设立私塾，教书育人，门前竖有教思碑，学生桃李满天下。祖孙四代教书育人，名副其实的教育世家。

村内大量的碑刻题记、家训长喻、门楣匾额、砖雕彩绘等砖、木、石雕刻艺术清雅、精致，体现了卫坡村尊儒重教、"百善孝为先"的伦理道德观念。各院落过庭前楹有联，楣有匾，刻字厚劲有力，门楣楹联古朴文雅，反映出家庭的品位特征和愿望祈盼。原户部司务六品官员魏光照宅院的"执德堂"，始建于清乾隆四十三年（1778），院深50米，是卫坡村现存古民居建造最早的一所。大门外安放一对扁形石鼓，左上方雕刻麒麟，右上方装饰梅花鹿砖雕图案，门楣正上方悬挂"望重兰台"木制匾额，寓意为政清廉（图5-1-13）。上房为清一色的雕镂考究的槅扇门窗，门上雕花做工精细，梁枋上雕花、彩绘亦端庄典雅（图5-1-14）。二进院门楣上书写有"祝三多"，祈盼家庭多子、多福、多寿。厅堂之上，太师椅、八仙桌、条几、屏风配套整齐，雕刻精美，显现出清代官宦世家的排场。原松江府通判、五城兵马司四品官员魏省三宅院，门楣正上方悬挂"秀拔艺林"匾额，寓意书香门第的家族，出类拔萃的优异人才者多人。

水席、排鼓、社火、蒸灯盏、舞狮子、撑旱船等优秀非物质文化遗产在卫坡村得到了传承。水席是洛阳一带特色传统名宴，以汤水见长、菜品源源不断两大特点而闻名。卫坡排鼓源自卫家战鼓，清代卫氏家族武将辈出，每逢出征作战，则有卫家战鼓队擂鼓助威，后来战

图5-1-13 魏光照宅院执得堂内的"望重兰台"木制匾额

图5-1-14 卫坡村槅扇门的雕刻

图 5-1-15　卫坡村花木扶疏的庭院

鼓渐渐变成卫家人的一种娱乐方式，逢年过节，就擂鼓鸣锣，以示庆贺。卫坡排鼓活动大致兴起于清代中期，距今已有200多年历史。据村中老鼓手讲，民国时，卫坡排鼓社名叫"奶奶社"，有排鼓12面，由卫氏家族六门轮流管理。春节时在祠堂祭祖后，就在祠堂前击鼓，并到各家"镇宅"。正月十三，还会到洛阳关帝庙参加春祭关帝活动。中华人民共和国成立以后，卫坡排鼓活动只限于本村内过年时娱乐，"文化大革命"时期停止。1994年，群众集资重新购置排鼓四面，锣、镲、铙若干副，有老艺人传授打鼓技艺，卫坡排鼓活动才得以重新恢复。至今，已发展至40面鼓的大型民间排鼓组织，每年都要到市县乡参加相关节庆活动。卫坡排鼓以鼓为主，配以锣、镲、铙等铜器表演，呈圆形或矩形排列，持锣、镲、铙者围绕鼓阵站立，为节日增添喜庆气氛。

卫坡村现状保存完整，为豫西地区典型的清代官宦家族宅院群。古民居时代风格、艺术特征为研究清代中层官宦私宅提供了重要实物资料，具有较高的历史价值。院落借自然景色塑造环境空间，充满乡土情趣。庭院中一般都种有四季观赏的花木，如石榴、木槿、葡萄，季节更替景色随之变化，这些都展现这处历史底蕴浓厚、与自然和谐共处的村庄之美，展现了恬静和谐的庭院之美（图5-1-15）。

二、孟津县石碑凹村

石碑凹村位于洛阳市孟津县常袋镇东南约4公里处北邙沟壑之地。石碑凹村古称宣武村,关于后来改为"石碑凹"之名同北宋名将、开国功臣石守信及家族有着密切的关系(图5-2-1)。

宋朝建立后,石守信列在六位主要开国元勋之首,升任侍卫马步军副都指挥使,并改兼归德军节度使。自杯酒释兵权后,石守信被封为中书令,充任西京留守,他便专事聚敛,积

图5-2-1　石碑凹村周围丘陵环境

财巨万，后举家迁到洛阳。来到洛阳后，石守信仍横征暴敛，大肆搜刮百姓，聚敛了大量的财富。太平兴国九年（984）六月，石守信病故，被安葬于河南府洛阳县平乐乡宣武村，就在今天的石碑凹村西北约1公里的高地上。北宋朝廷追封其为威武郡王，谥武烈。石守信长子石保兴、次子石保吉也为能征善战之将，石保吉尤为显赫，他娶宋太祖第二女延庆公主为妻，为当朝驸马。石氏家族成员多为朝廷官员，死后也都埋葬在附近。数百年的时间里，这里逐渐形成为规模庞大的石氏家族墓地，墓冢繁多，碑碣林立，每座墓的神道两旁都设置造型丰富的石像生。因石守信家族位高权重，墓碑高大，遂成为村落的标志。孟津地处豫西丘陵山区沟壑地带，因为地貌形态的原因，这个区域的村落名称大多含有"沟""凹""坡"。村落地貌环境为沟凹之地，当地居民将高大的碑刻和地貌特点相联系称之石碑凹村。2013年，这处村落景观环境保存完整、传统民居集中成片的古村被列入第二批中国传统村落名录。

石守信父子三人均葬在洛阳"北邙"，石氏家族墓地位于石碑凹村西北1000米处。石守信墓冢在其长子石保兴墓北约500米处，其次子神道碑述其"祔先王之茔"，可证石守信墓当在这一域内。石守信家族墓地占地范围广大，过去村民犁地耕作时经常碰触到浅埋于农田之下的石刻文物，较为完整的和有价值的已被洛阳文物部门妥善保管。现今，地面之上仅存两通大型石碑，一通是石守信长子石保兴的神道碑，连碑带座高达5米多，上书"大宋故赠贝州观察使石公碑"十二个篆刻大字，有豫西第一碑之称；另一通是次子石保吉的神道碑，碑额刻有"大宋西平石公神道碑"九个篆书大字。两通神道碑形体高大，雕刻精细，碑文对了解北宋官制、历史事件及石守信父子的史料、墓地布局具有重要的历史价值。2006年6月，石保兴、石保吉墓碑，被公布为第四批文物保护单位。近年，文物部门拨付专款修建石碑保护房，将石保吉墓碑和石保兴墓碑同置于保护房内妥善保管（图5-2-2、图5-2-3）。

石碑凹村现有张姓253户，房姓1户，王姓1户。张姓系明洪武年间大移民时由山西省洪洞县迁至孟津县朝阳镇官庄村，清嘉庆元年（1796）又迁至石碑凹村。清道光年间，张姓大户开始在村内修筑古寨。古寨东西长500米，南北宽400米，系依托当地的有利地形，深挖高填而建的下沉式村寨。

村寨选址西北走向的大沟处，南临50余米深沟，陡壁悬崖，具备天然防御屏障。寨的整体格局为"外圆内方，袖里乾坤"。从空中俯视，寨上高处为阳（乾），寨下低凹为阴（坤），

○ 图 5-2-2　石保兴墓碑　　○ 图 5-2-3　石保吉墓碑　　○ 图 5-2-4　寨内古街

恰似两条交合的阴阳鱼，构成一幅太极图，堪称玄妙。修筑时利用邙山黄土坡地的天然地形，东、西、北三面被天然高额的寨墙围护，古寨居于沟、凹之地，宛若一个大型开放式地坑院。寨墙截断了北面山洪向南部大沟倾泻，因势利导，将水流引向寨东南角的深沟，很好地解决了寨内的排水问题。寨北偏西处有大洞与寨东南的排水道相通，这条地道还作为寨内居民避险出逃的场所和通道。结合实际地形的巧妙设计，使村寨从未遭遇暴雨和山洪的灾害。古寨寨墙为土筑，宽 3 米，四角及重点部位设有炮楼以利防御。西侧主寨墙长约百米，东寨墙长约 50 米，北寨墙长约 150 米。古寨内侧，有一大一小两块平整高地，被筑成大寨、小寨、二层寨，只在东面留一出口，沿马道坡下行约 10 米，依次设有两道寨门，一旦寨门紧闭，形成三寨联防，固若金汤。古寨完工于道光二十三年（1843）前后，正值时局动荡的年代，其间内忧外患战乱频仍，外部列强入侵，内部民众起义不断，周围匪患肆虐。这座古寨的应运而生，凸显了这一时代的特点。现今大部分寨墙已被村民挖土置田，毁坏较为严重。

古寨地下构成了一个密集的地道网，地道的出口有的设在炕下，有的设在窑洞壁上，十

图 5-2-5　寨内院落南立面

分隐蔽。寨内地道共五条，其中主道三条。第一条地道口在西头第一家侧房的磨盘下面，长 60 余米，下有三间窑洞，可容纳 200 余人。有辅道分别通向地面、水井以及其他地道。抗日战争时期，为躲避战火，村中有些老人、小孩在洞内生活近一周。第二条地道长 50 余米，由南面窑洞直通沟外，设有陷阱、侧身洞、迷惑洞，机关重重。解放战争时期，洛阳县翠峰乡乡公所设在寨内，为保障安全，解放军战士在该洞隐蔽。第三条地道通往二层寨，因位置较高既可以调兵防卫，还可以引导人员疏散。地道大都与主排水洞相通，也是都通往寨外的通道。宅院户户角门相通，副窑多个相连。寨墙高厚，寨门重重，明堡暗道，设防严密，在兵荒马乱的年代，带给古寨相对的安定。

图 5-2-6　寨上院落

村落的民居建筑群分为寨上和寨内两部分。从东寨门进入古寨,一条长150米的古街横贯东西,街道南边是车马大院,北侧是一排坐北朝南的清代风格民居建筑群。各院落在西南角开设宅门,属于八宅中的艮宅。10所宅院并排相连,为前院后窑的形式。现存有80余孔窑洞,房屋100余间。除了居住生活,还设有学堂和祠堂。张氏家族世代耕读传家,勤俭持家,多人在朝为官。据记载庠生以上者有20余人,四至六品的大小官员9人,还有多人受到过清帝的封赐,如承德郎、云骑尉等。寨上宅门多为开在东南方,形成坎宅巽门的院落。院落内建筑的布局同寨下基本相同,寨上寨下院落大门方位不相同应与风水有关(图5-2-4至图5-2-9)。

因为家族兴旺,古寨的民居院落也颇具讲究。寨下的宅院大多为两进院,从主街拾级

图5-2-7 寨内院落大门位于院落西南角,属于八宅中的艮宅

图5-2-8 石碑凹村院落俯瞰

图5-2-9 石碑凹村的古寨门

而上五踏台阶进入大门，中轴线上分布着大门和倒座、过厅、主窑，两侧厢房位于二进院窑洞前。大门和倒座共为三间，门在院落西南。过厅三间，前有楹联，楣有匾，四扇雕花槅扇门，雕饰牡丹、梅、菊、莲和人物、风景等图案。厅内放置八仙桌、太师椅、条几和屏风等。出过厅正对主窑，窑为两层，前有窑厦。主窑的门楣上砖刻有"抱朴守拙""慎行节用""慎身节用""星耀南极""德绍敬姜""纪饬伦敦""坤德永贞"等牌匾。厢房分列主窑之南两侧，各为两间，二门二窗。院内多植石榴、枣树等，环境清幽典雅。院落南侧的车马院为饲养牛、马、骡、驴及停放车、轿的场所。车马院旁侧的窑洞为磨面、碾米的加工场所。可惜车马院的建筑已经全部坍塌不存，仅存散落在场地里的马槽和拴马桩（图5-2-10至图5-2-14）。

石碑凹村结合自然地貌所构筑的古寨是豫西地区北邙沟壑地带乡村聚落的代表。村落的结构、建筑的形制，特别是结合自然地貌环境所设置的较为完备的防御系统，是豫西人民生活经验的积累和智慧的体现。

● 图 5-2-10　石碑凹村庭院内景

● 图 5-2-11　寨内院落

● 图 5-2-12　窑洞门楣上的砖刻匾额

● 图 5-2-13　刻有"六畜平安"的牲口食槽

● 图 5-2-14　院落堂屋

三、巩义市海上桥村

海上桥村位于巩义市东部大峪沟镇的邙岭东端。村落格调自然，风貌庄重古朴，民居建筑同环境相存相依，依坡地分布并保存相对完整，展现了豫西黄土丘陵地带独具特色的村落风貌。2016年2月，海上桥清代传统民居被公布为河南省第七批文物保护单位；2018年，海上桥村被列入第五批中国传统村落名录。

海上桥村西距巩义市约5公里，东距大峪沟镇区4公里，西临北山口镇，北临站街镇，东与本镇岳寨村、柏林村接壤。郑州西侧的中原西路快速通道从村域西北部穿村而过，郑西高铁绕村而过，境内乡道013线向南直通国道310老线，交通十分便利。海上桥村地处浅山丘陵地带，平均海拔270米，东、西、北三面皆为高峻土岭，土岭向南成阶梯状延展，整体地貌北高南低。村落建在两座较高土岭之间的坡地上，冬天凛冽的北风会被前后的高岭

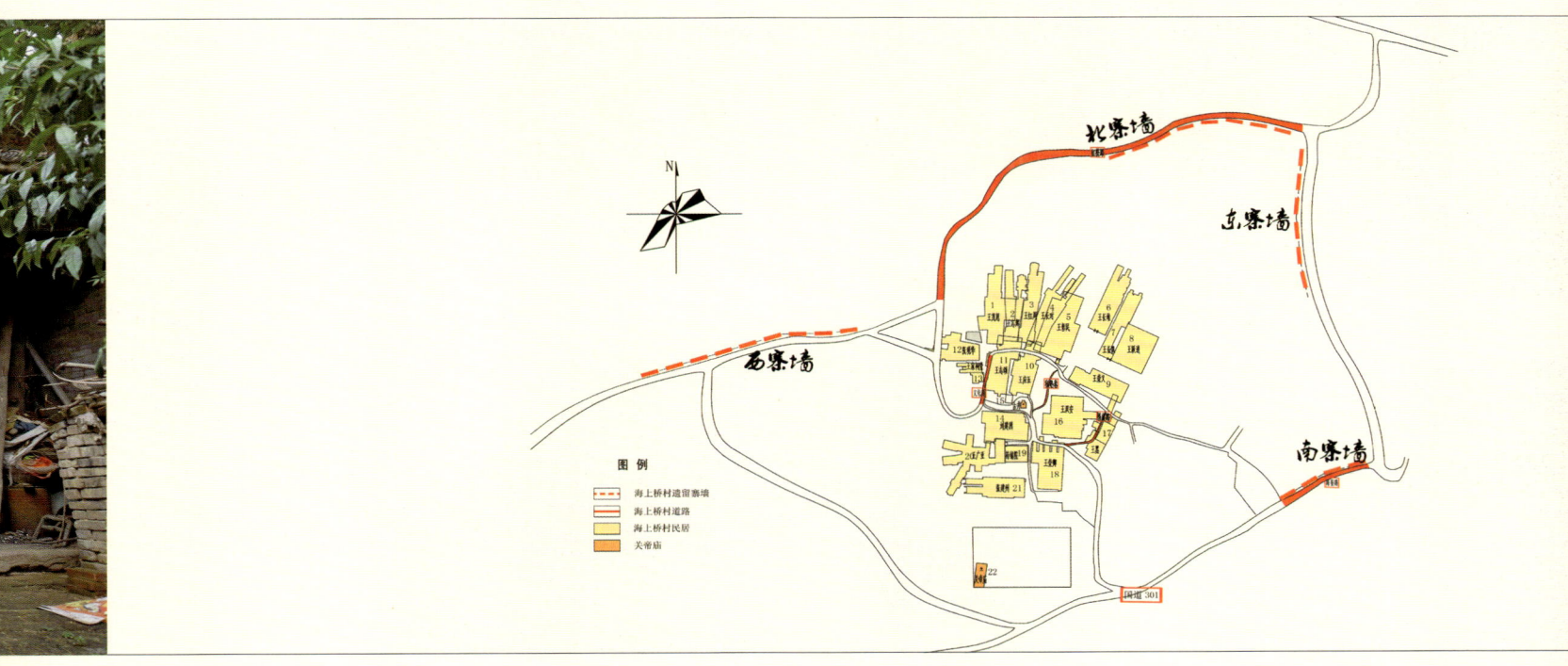

图 5-3-1　海上桥村村落格局图

108 | 豫西古村落

图 5-3-2 海上桥村鸟瞰

适当遮挡，夏天又因地势较高而较为凉爽。岭上修有寨墙、寨门，犹如生活在一座城堡之中，安定安全。村落选址遵循传统的趋利避害的原则，是住民长期实践经验同选址堪舆学理论巧妙结合的优秀实例（图 5-3-1 至图 5-3-3）。

大峪沟镇历史悠久，据出土文物考证，远在新石器时代就有人

图 5-3-3 海上桥村古寨墙遗迹

类活动,春秋战国时期就有人聚居。元明清三朝,移民增加,山区得以开发。现全村有16个姓氏,王、张、刘、李四姓居多。据村中古碑记载,明末清初,村西河谷旁有一眼泉水,终年不涸,势若翻花,被人称为"海眼",泉水聚于河谷池中,水色碧绿,池中有鱼虾河蚌常游,河谷上方搭一便桥,供人们种田时南北过往通行,因泉水联想到南宋诗人陆游"桥如虹,水如空,天教称放翁"的名句,反其意而咏曰"云为水,虹作桥",虹起于海上为桥,于是"海上桥"即成为这里的地名。

村中现存民居建筑多建于清中晚期,建筑年代有两处显示:一处是北院的倒座木构上有墨书:"咸丰元年三月十九日吉时";另一处为西二院北厢房梁上有墨书"清道光十一年"。据王氏家谱记载,明万历年间王氏家族从巩县站街镇周家碾(今巩义市站街镇新沟村)迁入海上桥村。王氏族人勤于耕读、人才辈出,鼎盛时期有良田千余亩,骡马百余匹,房屋数百间,人烟阜盛、家境殷实,并同巩县上等阶层人士康百万、张诰、牛状元,两省督军刘雪亚等大

图 5-3-4　海上桥村民居建筑风貌

溫橋重修井計
蓋聞不作於前者無以啓後之美不述
於後者無以繼前之功是村之井掘扵
嘉慶初年其中錢文規模詳載舊章按
時遠年湮土筒損壞人人有不測之慮
村有王榮章者約束鄉衆稍更舊章按
人口駱馬牛驢任錢作重修計忌日鳥
工庇材量土筒約三丈餘以石茸之不
數日而工告竣馬嗣後水足用時任意
取之倘有不給按出錢之則以爲取數
永垂不朽雲雨

監生曉峯王蓮晴撰文
侯選訓導王　靖書丹
光緒九年荷月中浣　　穀丹

○ 图 5-3-5　此古井是海上桥人从站街周家碾迁后打的第一口井。经测，井深 30 余米，内径 1.5 米，方扣 70 厘米，可供几百人用。据说打井时因岩石坚硬，出一升石渣给一升米，终于在清代道光七年（1827）竣工，距今近 200 年历史

户结下亲缘。随着人口的不断增加，王氏家族按照宗族关系将所居住的院落分为"东院""南院""中院""北院""里头院"共五院。南院由北厢房、窑洞两孔构成；中院由门楼及倒座、窑洞两孔构成；北院由北配房、南厢房、窑洞三孔构成。从清至今近 300 年来，海上桥王氏家族，人才辈出，良好的家风，英才的建树，曾受到社会各界人士的称道和厚爱。人们捐赠的匾额甚多，诸如"乐善好施""武魁""居仁有义""德披闾里""刚方端严""术妙丹溪""着手生春"等，多达上百。这些匾额，显示出王氏家族德高望重、教子有方的良好家风，为王氏民居增添了丰富的文化内涵。

村落建筑依坡而建，高低错落阶梯状分布（图 5-3-4）。整个建筑群由民居、庙宇、祠堂、私塾等构成，围绕整个建筑群外筑有高高的土寨墙并设有东、西、南三座寨门。村落原有大小院落 50 余处，窑洞 100 多孔，房屋 200 余间，现坍塌毁坏较多，仅存 20 个院落、70 多孔窑洞、80 余间房屋，古井一口，幽静古朴的碎石小道二三百米。

村落的街巷格局以围绕古井环状分布，院落随地势逐级抬升，有"高山仰止"之势。古井位于村落中心位置，道路和民居皆围绕古井而设，充分说明了水源是非常珍贵和主要的生活资源。古井凿于清道光年间，上方有石砌窑壁作为防护，深 30 余米，内径 1.5 米，方口 70 厘米，可供百人饮用（图 5-3-5）。

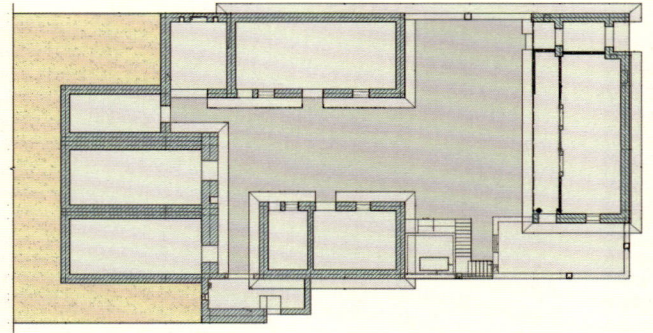

⬢ 图 5-3-6　海上桥村正房为靠崖筑洞的院落格局

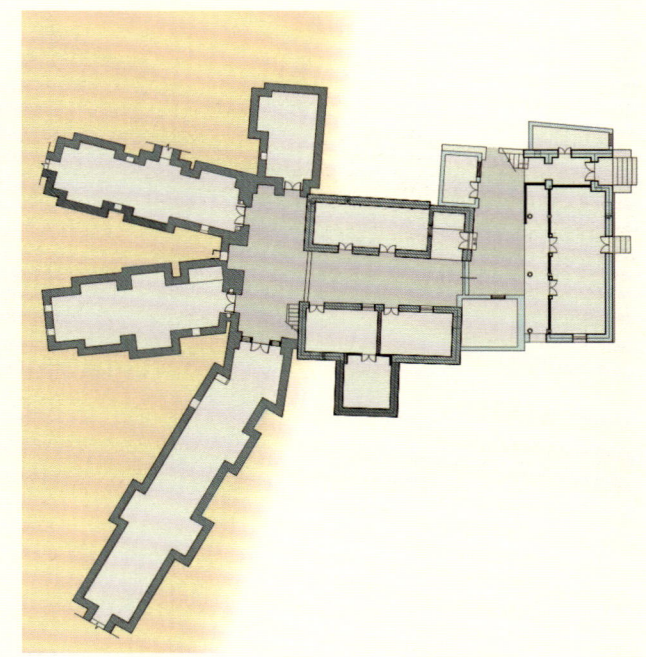

⬢ 图 5-3-7　海上桥村三面临崖挖窑洞的院落格局

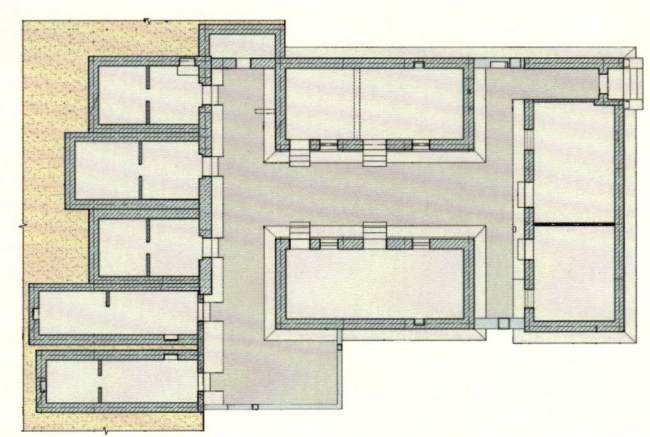

⬢ 图 5-3-8　王荣卿古宅院平面图

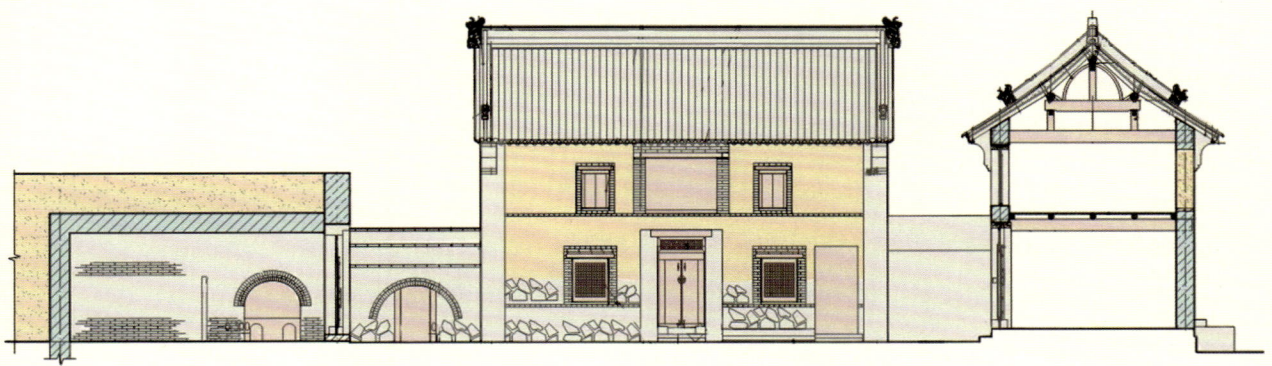

⬢ 图 5-3-9　王荣卿古宅院剖面图

△ 图 5-3-10　王荣卿古宅院的大门和倒座　　　　　　　　　　　　△ 图 5-3-11　刘建周宅院

村落中大多数院落为前院后窑的布局，一进、二进和三进都有。大概分为三种：第一种，正房为靠崖窑，两侧建瓦房作为厢房（图5-3-6）；第二种，院落三面临崖挖窑洞，在窑洞外接厢房（图5-3-7）；第三种，靠崖挖晒台窑，即上下两层挖退台式窑洞，两侧依旧建瓦房作为厢房。

坐落在北坡院落的大门开设在院落东南角，为传统风水理论上讲的坎宅巽门。坐西朝东的院落，大门开在东北角艮位。几处较大型的院落近7米高的大门坐落于五级台基之上，质量上乘，彰显着高贵气派。

村内民居建筑以豫西典型窑洞建筑和传统的硬山式建筑为主。大门以及倒座为双坡灰瓦硬山建筑，墀头为青砖砌筑，倒座部分的墙体下方使用块石，上方使用青砖或为土坯，外饰草泥灰。门楼与倒座露檐墙保持齐平，刻工精良双扇的板门高近3米，上有楹联，如东楼院门上镌刻对联"犁云锄雨永绵世泽，诵诗读书丕振家声"，额枋间垂挂木雕花卉，南院门楼木雕垂花分为三层，采用透雕的手法，雕刻出栩栩如生的禽鸟、花草、瑞兽等，门枕石上线刻有花卉、瑞兽纹饰。板门同屋面空当的部分开有气窗，使用叠瓦的手段摆放成铜钱的造型，丰富了门楼的立面形态（图5-3-8至图5-3-11）。

院落基本都为靠崖窑院，靠崖窑一般作为院落的上房。多数院落的窑洞为两孔或三孔，少数为一孔或五孔。如果是两孔窑洞，常常在两孔窑洞中间凿挖一个天爷龛作为象征性的主室。还有的窑洞里挖有拐窑、地下窑，有的为丁字窑；有两层的晒台窑，还有在窑内两侧挖券，种类丰富。窑洞大部分为石券窑，仅有少量为土窑洞。窑脸用毛石及青砖砌筑，门窗、壁龛处用青砖砌筑砖券。窑洞宽2.5～3.5米、深5～10米不等。有的家庭在窑洞内架设木棚板，以增加使用空间。厢房为硬山灰瓦建筑，一层或两层，墙体由毛石、青砖、土坯砌筑。墙基为砖石，有的砌有单面土坯墙，有的为砖柱夹土坯墙。相邻的两处院落厢房为单坡顶，两院共用一条主脊，从外面看似为双坡房屋。内部梁架为抬梁式，如果是双坡则进深四架椽，如果是单坡则进深二架椽。厢房根据院落的地形布局，较为灵活，并不一定对称，有的连面阔和进深也不相同，这同平原地带的厢房须分列在院落中轴线两侧有区别。目前，古村落范围及周边拆旧建新的趋势逐步增多，新建筑零星分布于古村外围，多以一层或少量二层的砖混结构建筑为主。村落较多老宅现状缺乏维护，部分已经成为危房。

历史上，海上桥村的王姓人口较多并且势力较大，王氏祠堂亦为家庙，是重要的公共建筑，是维系血缘关系纽带的主要场所，承载着重要的礼仪活动。祠堂设在古村西侧，为四合院布局，坐西朝东。关帝庙位于村落南部，为二层窑洞式的建筑，共三孔窑，每孔窑洞中都立有造像并竖立有碑刻，是村落公共祭祀及聚集的活动空间。

据相关资料记载，清朝道光年间田姓举人，字净光，慕海上桥为礼仪之乡，来到海上桥村隐居。其知识渊博，在村中教授孩童读书，备受敬仰，并医术高明，手到病除，著有《瘟疫安怀集》和《育婴集》两部医学著作。从此，海上桥的中医学越来越有名气，现村内尚存药铺。

海上桥村依山而建，布局统一，错落有致，村落建筑同自然环境巧妙结合，是一处颇具特色的豫西古民居建筑群。村落内部格局肌理清晰，功能布局合理，街巷的尺度适宜。村落民居建筑靠崖挖窑，平地建房，建筑材料生态环保。瓦房木梁用材较大，使房屋经久耐用；土坯墙体厚实牢固，保温隔热效果较好，是就地取材并适应地方气候的民居建筑典型范例。数量众多的传统硬山式建筑和窑洞建筑群巧妙结合，体现了具有豫西地区特点的前院后窑的院落布局方式，代表了地域性文化的传承。

第六章　豫西山地的石头古村

豫西处于我国第二级阶梯和第三阶梯过渡地带，范围内大部分被秦岭余脉所覆盖，囊括崤山、熊耳山、伏牛山、外方山、嵩山等一系列山脉，是河南省山地和丘陵最为密集的区域。因位于河南西部，被称为豫西山地。在豫西的山林谷地，居民们就地取材、因地制宜，利用当地丰富的石材资源，根据不同的地形和功能需求，依山就势地建起了一处又一处拥有独特建筑风貌的石头村。

一、新安县寺坡山村

寺坡山村是一个隐匿在大山中的小村落,坐落于洛阳市新安县石井镇西南黛眉山腹地中的寺坡山上,距石井镇10公里,距国家AAAAA级景区——黛眉山国家地质公园龙潭大峡谷3公里。寺坡山最早名为回龙山,后因寺院(奶奶庙)香火旺盛而更名寺院山,清末又更名为寺坡山。寺坡山村因山中的寺院而得名。2013年,寺坡山村被列入第二批中国传统村落名录。

新安县地扼函谷关古道,自古为中原要塞、军事重地,历史上为古都洛阳畿辅之地。石井镇位于新安县北部,距县城40公里,境内旅游资源丰富,主要有荆紫山、龙潭大峡谷,围绕小浪底水域的众多半岛,旅游业已成为石井镇的重要经济支柱。

明末清初,王、马、张三姓先后从外地迁来,依山建起石房。其中王姓是直接从山西洪洞县迁来,马、张两姓则辗转多处,最后才在这里落户。寺坡山村的张姓,在民国版《新安县志》中有记载曰:"回龙山(寺坡山原名)张:系唐相九龄弟九皋后。……六世孙琮,于明永乐初随文恕迁洛阳瀍河里,清初张步瀛者始迁于新安。"

寺坡山村北、西、南三面群山围绕,西靠寺坡山,北望荆紫山脉,紧邻龙潭大峡谷,南侧为青要山,村北有河流自西向东蜿蜒流淌。北部的荆紫山与南部的青要山在村庄西部相交,山体相对较高,东部的太平山和太乐山山势相对平缓,山体较低,夏天东来的暖湿气流可以顺利地登陆青要山和荆紫山之间的腹地,有利于改善区域的自然环境,冬天荆紫山为村庄遮挡了大部分的寒流,整体环境藏风而聚气(图6-1-1)。寺坡山村周围山势起伏,形成了群山中的浅山腹地。背靠浅山,河流穿境而过,山环绕着田,田包围着村,人文与自然和谐相处,充分体现了"天人合一"的传统选址理念和

图6-1-1 寺坡山村旁的荆紫山——山多荆树,紫花漫山,群山绵亘,峰峦重叠,孤峰独秀,晴岚围翠

图 6-1-2　寺坡山村鸟瞰

△ 图6-1-3 山村小径

△ 图6-1-4 小径旁的院落

智慧。

外部环境造就了寺坡山村融于自然的村庄格局和建筑形式。村人世居在四面环山的小山顶上，周围视野较为开阔。整个村落由三片散落的民居群组成，自西向东分别住着王、马、张三姓人家，一条蜿蜒的山路将三片民居相连。建筑选址结合地理条件，"借天不借地、天平地不平"，在起伏的地形上顺应倾斜地形变化而建造（图6-1-2）。

古村落依靠大山、格局随形就势。山村中石头民居沿着一座岩石嶙峋的山坡自上而下修建。还有少部分房屋分布于农田包围的矮山上，布局井然有序。这些民居大多已有数百年历史，现存年代最久、形制最完善的当属马家大院。院内的两棵古槐，其中一棵相传为马姓迁来时所栽，已有近600年的树龄。马家大院位于山村中部，南侧高高低低的蜿蜒小巷是各家院落的连接通道，将大大小小10余处宅院串联。院落内屋基较高，从街巷进入宅院都有高高的石阶（图6-1-3、图6-1-4）。四合院房屋的建造、大门的设置都遵循传统合院的营建规矩。从大门进入，正房建在五级的石台阶上，东西厢房相对而建。各院落的大小、形状基本相同，皆坐北朝南。院内地面大多用石板铺砌，洁净古朴。街巷西头有处稍微宽敞的区域，摆放着石磨盘、石碾、石臼，为马家大院加工农作物的场地。王姓居住的地方位于村西，

图 6-1-5 马家大院俯瞰

图 6-1-6 马家大院大门

民居的分布错落有致，多数没有大门，有的甚至不砌院墙形成敞院形式。张姓人家位于村落东部，坐东朝西而建，仅有四五处院落。虽然规模较小，但是院落布局仍为规整的合院形式（图6-1-5、图6-1-6）。

村庄平整的土地有限，制约了村庄的扩大，但也保护了村庄自然的山村格局。由于石头自身的耐久性和坚固性，村中的民居建筑及石头设施至今保存相对完好。村落现有各式石头房屋近80座，少部分为一层石房，大多数为二层（图6-1-7、图6-1-8）。

在山区石头建筑造价相对低廉并坚固耐用。寺坡山村的石头建筑主要有三种形式：石墙灰瓦的坡屋面建筑、石墙平顶建筑、块石砌筑的箍窑。建筑材料为紫红色页岩和青石，紫红色页岩为黛眉山世界地质公园特有的岩层，青石分布在曹村至荆紫山一带，两种石头都较为坚硬，不易风化，是寺坡山村石头建筑的主要材料。块石砌筑的墙体，有的使用原石稍微加工，显示粗犷奔放的风格；有的精细雕琢，显示平整光滑的工艺。许多民居墙体2米以下为石砌，以上为夯土，夯土墙体可塑性较好，能更好地同坡屋面衔接。门上方设气窗，利于石头建筑的采光和通风。

院落的正房多为三间，中间一间摆放桌椅和供桌，旁侧两间居住；东、西厢房下层"地

◐ 图 6-1-7　狭窄的院落　　　　　　　　　　　　　　　　◐ 图 6-1-8　石头民居

下室"关牲口，上层或居住或为厨房和杂物间。建房时，首先用石头砌好较高的房基，一般在 2 米以上，然后木梁架隔出上下两层，木梁上铺设木地板。在石头房的整体造型中，传统的民俗图案被广泛使用，村民们还根据自己的喜好，创造出多种独特、简洁的几何图形被使用在石窗等建筑装饰上。由于运用了不规则并大小不同石材，民居建筑墙体肌理生动，别具一格。

◐ 图 6-1-9　寺坡山村地形复杂落差大，形成了极具特色的梯田。为防止上层梯田泥土滑塌，梯田边缘使用块石围护

石材除了作为建造房屋的主要材料外，还可作为院落和房屋内部的铺地材料。另外，各家各户院内所摆放的石桌、石凳、石槽，石磨以及石头阶梯，都是就地所取的石材制作而成。因为山区地形复杂落差较大，平整的耕地有限，村人使用石块和片石围砌，将高低不平的坡地开垦为极具序列感的梯田（图6-1-9）。

图 6-1-10　民居屋脊

寺坡山村传统风貌保存完好，栋栋石屋比邻而居，石墙石院随形而就，石材围砌的耕田分布在宅院周围，石碾、石磨、石槽、石桌、石凳随处可见，形态各异，村落景致同大山自然环境和谐统一，呈现着石头山村朴实的农耕时期生活场景（图6-1-10至图6-1-14）。

图 6-1-11　石碾

图 6-1-12　石臼

图 6-2-13　石槽

图 6-1-14　石磙

二、嵩县石场村

石场村，位于洛阳市嵩县九店乡北部，距嵩县县城38公里。石场村所处的浅山丘陵区地容地貌独特，奇石随处可见，建筑造型特色鲜明，村落布局保存完整，传统生产生活方式延续性好。2013年，石场村被列入第二批中国传统村落名录。

村里有几十户人家，近300人，其中柴姓几乎占了一半。明洪武年间，柴起龙、柴起凤兄弟二人带领全家由山西洪洞县迁到伊川县葛寨镇烟涧村，后来又从烟涧村迁至此处，经过600余年繁衍生息，形成以石头民居为主体的古村落，被周围乡民称为"石头部落"。

石场村位于伏牛山系的外方山余脉上，为秦岭纵向构造带东带与新华夏系构造带的交会处，地质时期岩浆活动频繁，构造复杂。整个构造活动呈多期次、多回旋的特点，形成了山体缤纷多彩的景象，山体红壤地貌显著。石场村周围地势跌宕起伏、沟壑纵横，地貌形态为

◎ 图6-2-1　石场村周围地貌环境

图 6-2-2　石场村鸟瞰

缓坡或山地丘陵。村落坐落在山坡上，顺山势而下，东、西、北三面靠坡，南部为谷地，有效地避免了暴雨、泥石流、滑坡等地质灾害的袭击（图 6-2-1、图 6-2-2）。

村域内林木繁茂，植被覆盖率达 90% 以上，草场广袤，绿草如茵，牧羊成群，动植物种类丰富，素有"小草原"之称。因区域内多为山体、丘陵，人均耕地较少，石场村村民以养殖牛羊、种植经济作物烟叶、皂角刺为主产业。

石场村依山而建，村落周边漫山遍野的奇石形态各异，用石头造就的村庄被草原包围。天然石板铺就的村间小路蜿蜒曲折，从山脚延伸至村庄。路面沿山势自然弯曲起伏，晴天无尘，雨天无泥，伸手即可触及青石垒成的石墙。村庄中草木繁盛蔚然成林，石头房屋掩映其中。村落街道同山坡等高线一致呈半环形布置，同其他小巷和胡同相互沟通，共同构成村落交通

◐ 图 6-2-3　村中道路随坡就势

◐ 图 6-2-4　院落多为开敞的形态

◐ 图 6-2-5　俯瞰石场村的院落

◐ 图 6-2-6　块石砌筑的民居的院落

图 6-2-7 石场村正房和两座厢房组成的院落

图 6-2-8 柴家保安楼

系统。每条街道均以青石铺就,街倚房连,房与街齐,石房石屋比邻而居,石墙石院随形而就,石碾、石磨、石槽、石桌、石凳随处可见。从村外到村内,石头民居形成了层层相套的围合空间,表现出强烈的聚合性(图 6-2-3 至图 6-2-7)。

石场村现有石头民居 72 座,石头耐久并坚固,现状保存较好,大部分居民仍然居住在自家的石头民居中。艰苦的自然环境造就了坚忍不拔的石场村人,在生产生活中形成并传承了高超的石匠手艺,靠勤劳与技艺将石头山修出梯田,利用石头雕成石器并建成房屋,直至建成现在的村落规模。

民居主要为硬山建筑。以青石为主要材料,从基础到墙体,均用毛石或加工后的石片砌筑,用黄泥或白灰作为黏接材料并勾缝,前后檐墙上置梁,梁上步檩,檩上搁椽,椽上铺芭席、木片、高粱秆或藤条等,上面覆以黄泥,屋面用青瓦或石片覆盖,上下彼此搭接,相互垒压。居于山区,山风较大,开窗较小,窗户的过梁为石条,与门的过梁平齐,窗洞仅四五十厘米大小。门洞多为青砖砌筑,上方均有气窗,利于通风采光。因为村落遍是使用石头垒砌的民居,与周围山体环境融为一体,浑然天成。

柴家大院位于村子中间,两座旧宅东西相连,是村里规模最大、年代最古老的石头院落。

图6-2-9 石场村石头民居

柴家大院经历了柴姓十三代人的居住和兴建，不仅建筑数量较多，建筑功能也较为完备，有居室、厨房、厕所、骡马房、粮仓、弹药库等建筑，还有防火池、地下排水系统等附属设施。柴家大院原有房屋36间，因自然和人为的原因，毁坏较为严重，现保存有前后两进院落，包括上房六间、偏房八间、地下室四间、石窑四间、岗楼一座。柴家大院中的保安楼是村落中的标志性建筑物，为清咸丰年间为防匪患而修建，二层岗楼，门楣上镌"保安楼"三字，当时有家丁在此站岗放哨。岗楼原为两座，惜西侧一座已毁。因柴家大院设施完备，曾多次作为石场村居民躲避战乱的避难所（图6-2-8）。

石场村的民居建造依势而建，错落有致。院落平面布局大多为三合院，由一正两厢组成，也有"L"形院落和少数四合院，堂屋、卧室、厨房、畜圈、储藏室等功能各有分隔。正房多为三间，中间一间为客厅，左右两边作卧室，厢房一般作厨房、杂物间或养殖家禽和牲畜的

△ 图 6-2-10　牲口石槽

△ 图 6-2-11　石磨盘

地方。厢房前檐墙上石壁间多留有石窝作家禽产蛋窝，这种构造也是石场村的民居建筑的特色（图 6-2-9）。

石场村地处嵩县深山区，传统风俗习惯延续性较好。独特的民间乐器和民间歌舞、神秘庄严的祭祀赛会、热闹非凡的婚娶活动等，构成了民间丰富的文化生活。民风淳朴、崇尚礼德的石场人，每逢嫁娶吉日，近亲密友都要提前上门帮主家料事，搭客棚、杀猪羊，请厨师置办待客宴席，并设桌礼先生操办主事，待朋接友以示庆贺。流传至今的民间婚宴酒席种类繁多，各具特色。石场村的人们居住在青石坡上，以前日常的生产、生活都离不开青石，所以传统雕琢青石的手艺一直沿用并被传承，石匠工艺技术，经过代代相传，未曾断续，如今村内仍有十多位能工巧匠传承着技艺，不仅雕琢建房用的石条，还雕琢生活用的石碗、石筷，生产用的石磨、石碾、石礤，喂养牲畜的石槽等。雕琢出的用具，做工古拙，美观实用（图 6-2-10、图 6-2-11）。

石场村的石墙青瓦，质朴简洁，造价低廉，耐风经雨，显示着原始和坚韧，反映了村落和居民的生产生活状态，体现了 600 多年以来村落的乡土风情，具有重要的民居建筑文化研究价值。石场村石头建筑丰富了豫西乡土建筑形式，几百年来建造的石头民居，在选石、开采、运输、备料、垒砌等经验方面已经十分成熟，营造技术也较为精湛，为豫西乡土建筑的研究提供了宝贵的实物资料。

三、渑池县赵沟村

赵沟村位于三门峡市渑池县段村乡，南距渑池县城46公里，北距黄河20公里，东与新安县的青要山搭界。是一处隐于崤山深处、具有典型山村风格的石头村落。至今，村落仍保持着原始的风貌和淳朴的民风习俗。2012年，赵沟村被公布为河南省第五批历史文化名村。2013年，赵沟村被列入第二批中国传统村落名录。2016年，赵沟村传统民居被公布为河南省第七批文物保护单位。

赵沟村地势南高北低，周围群山环抱，有鹰嘴山、笔架山、书山、老君山，处于相对封闭的沟谷地带。村周以浅山丘陵地貌为主，海拔在500~1400米不等。赵沟河由南向北从古村东侧流过，四季不断，形成村落三面环山、依水而居的格局。两山之间仅二三十米，沟谷间的一条崎岖山路，是通往赵沟村的唯一通道。历史上交通相对闭塞使赵沟古村藏匿深山少为人知，而村落原始风貌和格局却得以完整保存（图6-3-1至图6-3-7）。

村落东西长约280米，南北宽约70米。村东清澈的河水自然弯曲，缓缓流淌，河水清澈见底，流沙可见。河边绿树成荫，周围空气清新，环境幽雅。隔河相望，民居建筑随山体逐层建造，蜿蜒石墙在树木的掩映下隐约呈现，石头民居同周围群山环境和谐统一。村落至今仍保留着清代的村落布局和宅院风貌，石板巷路纵横交错，蜿蜒迂回于家家户户；石屋和

图6-3-1　笔架山

图6-3-2　村南的书山在白云间若隐若现。赵沟村从古至今，重视教育，优良家风，代代传承，因此这里传承着耕读传家的民风

◐ 图 6-3-3　赵沟村村落一角

◐ 图 6-3-4　赵沟河

◐ 图 6-3-5　石墙

◐ 图 6-3-6　石径

　　石墙高高低低，顺势而建，虚实藏露；石碾、石磨、石臼呼应顾盼，错落有致，展示着原汁原味的农耕生活；古庙和古祠古朴典雅，传承着古村的历史和秩序。

　　赵沟村原名十家庄，在现在村落北部，主要为黄氏家族聚居。北宋时，欧阳修的学生、渑池县令徐无党《小龙门记》有记："有野人十余家……问其人之姓氏与其年几许，皆不能道也。又问今何年，云亦不能知也。"徐无党笔下所说"野人十余家"如世外桃源般的村子，指的就是十家庄。村中《赵氏族谱》记载，宋代，山西垣曲县陈村赵嗣荣为躲避战乱携儿抱女来到此地，寻平坦地势建住宅，于村落四周开垦阶梯状农田，逐渐落户生根，安居下来。"赵沟村"之名与赵氏有关。

图6-3-7 依水而居的赵沟村

地形复杂、地势险要的赵沟村，见证了解放战争的烽火。赵沟古村曾是刘邓大军一个兵团的后山指挥部，解放军将领曾在这里指挥了著名的小孤山战役，至今保存有解放战争时期中共渑池县县委的旧址。中华人民共和国成立前，段村乡是豫西地区重要的革命根据地。刘冰、李平、巨和勤等领导同志，都曾在这里领导人民开展减租减息、剿匪反霸的活动。1948年1月，他们指挥当地人民，配合人民解放军某部与国民党军五十一师进行过两天一夜的战斗，歼灭该师一五三团大部敌人。当时，刘冰就曾居住在赵沟村，目前旧居仍存。村内现保留有一个巨大的红色石碾，碾盘上，点点弹痕密布，见证了当年战斗的激烈程度（图6-3-8、图6-3-9）。

赵沟村传统民居多建于清康熙年间，村中宅院大部分以合院作为组织形式，但由于用地受限，院落内建筑布局并不拘泥于传统合院中轴对称的形式。庭院往往较小，布局灵活，不规整有变化，从而形成了随坡就势的空间层次和因地而异的特殊效果。合院中上房坐落位

○ 图6-3-8 刘冰故居。刘冰曾是解放战争时中共渑池县委副书记。中华人民共和国成立后，曾先后任清华大学党委第一副书记、兰州大学党委书记兼校长、甘肃省委副书记、全国人大常委会教科文卫委副主任等职

○ 图6-3-9 石碾，弹痕密布，见证了当年战斗的激烈程度

置较高，多带外廊，3间灰瓦建筑，两侧厢房地势较低，进深较小，会根据空间大小进行压缩或增减，门楼多在两厢房檐墙间，青砖砌筑，券形门洞开两扇板门（图6-3-10、图6-3-11）。

民居建筑呈现典型的豫西地区特点，有硬山和悬山两种类型，山墙为砖石砌筑的多为硬山建筑，山面上部采用土坯垒砌的多为悬山建筑，悬山屋面在两山的出挑显然是为了减少风雨对土坯山墙的侵袭。大多数民居用块石作基，山墙和下碱墙仍然使用块石，房屋墙体四角用砖砌筑，其余为土坯填充垒砌。讲究的为灰瓦硬山建筑，墙基多采用大块的青石，墀头部位、山墙下部和窗以下部分使用青砖，上部为土坯逐层砌筑。因为民居建筑使用石材较多，同石院墙、石巷道构筑了石头山村的风貌。

赵沟河旁古树的掩映下现有一座观音菩萨奶奶庙，庙前有一古泉，叫下堂泉。过去，这里是村落生活集中取水、盥洗的地方，泉眼是在一整块大石板上开凿出来的，泉眼置于一口直径约70厘米、深数米的石井内，常年不衰。石泉旁边的大石板被凿成几个长方形的小方池，按照水流的顺序依次是洗菜池、淘麦池、洗衣池、沐浴池、牲畜饮水池，十分讲究。虽然赵沟村已经装上了自来水，村民自家用水已十分方便，但每天早晨，仍有不少村民习惯地到泉边边淘米、洗菜、洗衣服边聊天。村庙、古泉、古树共同构筑了赵沟村的公共空间和山村风景（图6-3-12）。

赵家祠堂位于村落中心，现仅存始建于1820年的正堂，民国24年（1935）进行了翻修，坐北朝南，面阔三间，进深一间带前廊，建筑占地面积65平方米。祠堂正堂前檐四扇槅扇门，砖雕墀头，两廊柱下各有一个鼓形柱础，前廊的东山墙上一块青石碑刻有小村原名叫十家庄，有了赵氏人家在此定居，才改名为赵沟的记录。祠堂内还保留着"奉先思孝"的匾额和一块记录着功德姓名的石碑，相传以前祠堂正堂还供奉有赵家先祖赵丛画像，祠堂两侧墙壁都是族规、祖训。过去，每年大年初一和二月十五祠堂都会有两次大的祭拜活动。如今村里年轻人多在外打工，缺乏修葺，祠堂显得有些败落，院内杂草丛生，屋面瓦破碎不少，墙体和装修也存在一些破损和糟朽，画像和祖训荡然无存，祭拜活动基本停止（图6-3-13）。

古村街心西南角有一棵斑驳嶙峋、虬枝盘旋的千年古槐，高达10米，冠覆12米，树围4.5米，始植年代久远已无从考证，相传宋末元初从山西躲避战乱的赵嗣荣来此落户时就已存在。

图 6-3-10 在古村的中间位置,一处规模较大的四合院悠然静立。院子的主人是明代的赵丛,县志记载他担任过陕西洋县的知县。据当地老人们说,这个院落先后走出了 3 位知县、1 位县参议和 1 位国民革命军师长,他的后代中,有 59 人从事教育事业

图 6-3-11 赵沟村院落

图 6-3-12 赵沟村观音菩萨奶奶庙

图 6-3-13 赵家祠堂

这棵古槐历经沧桑,树干已中空,但依旧根深蒂固,每到春夏季节枝繁叶茂,顶如华盖,向世人展示不屈的韧性和生命的力量,成为赵沟古村的标志性景观。村民对这棵树都怀有很深的感情,树前放有香炉,经常有人来此许愿(图 6-3-14)。

赵沟村戏楼,始建年代久远已无从考证。20 世纪 70 年代经过翻修,改名为书山影剧院。顶端和两侧有壁画和五星标志,两侧墙上毛主席语录隐约可见,彰显着"文化大革命"时期

的特征。戏楼历来是村民的集聚娱乐场所，每年村民都会自发组织戏曲团体进行演出，曾演过《穆桂英挂帅》《黄鹤楼》等传统剧目，《朝阳沟》《三子争父》等现代曲目，也曾走出大山，把戏曲剧目演到新安县各地（图6-3-15）。

赵沟有些民居墙角下竖有小石块，上刻"太山石"三字，这就是所谓"太山石敢当"。石敢当寓意"安邦辟邪，祈福平安"，为中国一种传统习俗。"石敢当"在汉代《急就章》一文中就已出现，唐代有"石敢当"出土，明代在"石敢当"一词前加"太山"两字。自从加了"太山"两字，就跟泰山联系上了。

民俗文化，是依附人民的生活、习惯、情感和信仰而产生的文化。作为中原黄河流域聚落标本的赵沟古村也保存了丰富的民俗文化。比如，村民建房这种大事上就有体现，从动工到落成，都是请亲朋好友来帮忙，其中有各种不同的仪式和活动，开基之前还要看风水、择吉日，请瓦匠丈量。开基的同时，请木匠做门窗和房梁，打好地基安框……这些都必须贴好"安门大吉"等红纸横批。赵沟古村一年中，每个节日都有庆祝活动。春节、元宵节、二月二、端午节、六月六、七夕、七月十五、中秋节、重阳节、冬至、腊八等，这些节日都有各自不同的庆祝活动。同时赵沟村还保留着传统的豫西特色婚庆习俗、殡葬习俗、生产习俗等。

赵沟村村民的生活宁静、平和，保持着勤俭、互助的习俗。借了乡亲的饸饹床，清洗干净后再还。借了谁家的空桶，用完了再还上一桶水。哪家办喜事了，全村人帮忙，夜不闭户、路不拾遗等淳朴民风滋养着这处安静的山村。

图6-3-14　赵沟村古槐下是村人聚集聊天的场所

图6-3-15　赵沟村携带着时代信息的书山影剧院

四、登封市柏石崖村

柏石崖村又名白石岩村，位于登封市徐庄镇，是一个身处大熊山高山密林中的古村落。村域总面积5平方公里，人口仅200余。村落周围古柏成林，村内建筑大都以石头砌筑，有石砌的民居建筑、石砌的窑洞、石砌的小桥，人居环境和谐统一。柏石崖作为全国19个抗日根据地核心腹地之一，记录了军民共同抗日的历史。1944年冬，八路军豫西抗日支队在此设立了后方医院，留下了大量的红色遗迹，现存的古道曾为当年后方医院专门运送伤员道路；现存的后方医院手术室、伙房、病房、药房等建筑均为当年村民自家住宅建筑，现仍被使用；现存的后方医院设施有当年的药柜、手术床、书桌等。在艰难的抗日战争时期，柏石崖群众为中国人民的解放事业作出了不朽的贡献，为后代子孙留下了宝贵的精神财富。2013年，柏石崖村被列入第三批中国传统村落名录；2016年，柏石崖豫西抗日先遣支队后

图6-4-1　柏石崖村隐秘在白色石岩下的山谷里

方医院旧址被公布为河南省文物保护单位。

柏石崖村始建于清,具体年代不详。相传最早定居此处的是王姓人家,随后又有李姓等其他姓氏搬来。1944年9月,皮定均司令员率豫西抗日先遣支队来到登封,在马峪川(今徐庄镇)一带建立了箕山豫西抗日根据地。1945年初,在攻打大冶时,战斗十分惨烈,伤病员较多并急需救治,由于柏石崖村地处密林沟谷之中,隐蔽性较好,于是就在此设立了后方医院。当地群众积极支持抗战,主动腾出院落、房屋、窑洞供伤员、医院工作人员和警卫战士使用。

后方医院在柏石崖村战斗并工作了两个多月时间,先后有200多名伤病员在这里接受了治疗,并有12名伤重不治的战士把生命留在了这块土地上。当时的八路军后方医院有轻伤员区和重伤员区,以小河为界分东、西两部分,东区有窑洞10孔、房屋50间;西区有窑洞15孔、房屋90间,东区为医院重伤员和护士住所,西区为轻伤员和干部住所。如今,在这些旧址的建筑檐墙上,还依稀可见"后方医院手术室""后方医院伙房"的字样。

柏石崖村地处大熊山狭长谷地,地势为四周高、中间低,南北长、东西窄。村落沿谷地南

● 图6-4-2 村落民居沿溪流而建　　● 图6-4-3 柏石崖村村落道路

北延伸，结合自然山势，顺山谷和河道带状分布，东至鬼推磨，西至西坡岭，南至老岭口，北依大熊山。地理坐标为北纬34°16′22″~34°16′41″，东经113°08′48″~113°08′55″，海拔近500米。村落周边山体发育良好，四周山势雄伟挺拔、地形险要，自然环境优美，长有柏树、核桃树、桃树、山楂树、柿树等，整个村落掩映于苍翠间，充满着原始气息和山野清香，村民过着"山中无甲子，寒尽不知年"桃花源般的生活。

柏石崖周围山高林密，一条绿树掩映的小道蜿蜒通往山外，如果仅站在村外的山坡上，很难发现这里还藏着个古老的山村。天然溪水从周围群山汇集后辗转而下，穿村而过，迂回的石径同溪流基本平行，几座小小的拱桥架设其上，串联起几十栋石屋。形成村落独特的"一村靠山坐，一溪穿越过"的格局空间（图6-4-1至图6-4-3）。

民居宅院多为三合院、四合院，一般选择较高的地形建造。院落由门楼、倒座、正房和两侧厢房构成，大门、倒座、厢房多为石墙灰瓦的建筑，正房有石墙灰瓦和石筑的箍窑两种类型。路西的合院，大门设在院落的东北，有些倒座砌为一层半的高度，上层住人，下层为架空的半地下室形式，是作为圈养牲口的空间使用。半地下室朝主路开有拱券的门洞，一般高100厘米、宽70厘米，牲口进出十分方便。这种设置不但节省的院落用地，还节省了建筑材料，非常科学。居住的上层空间因被抬高，更加干燥、舒适（图6-4-4至图6-4-7）。

民居建筑就地取材，以石木为主要建筑材料。石砌墙体接缝紧密，线条层次匀称，工艺精湛，造型古朴大方。石墙瓦屋的建筑墙体用块石、片石砌筑，用黄泥作黏结材料，白灰勾缝，室内木梁搭接在石墙之上并承檩椽，屋面铺上芭席、木片、高粱秆、藤条等，上面覆以黄泥，表面用青瓦或石片覆盖。石砌箍窑是整体使用块石砌筑的窑洞形态的建筑，部分窑洞内部采用拱券技术设置呈弧形屋顶。这种独特的拱券技术利用石头之间的侧压力建成跨空的承重结构的砌筑方法称"发券"。柏石崖平顶窑拱券技术就是利用拱券的原理建造的石质窑洞，竖向荷重具有良好的承重，坚固耐用。箍窑的屋顶做成平顶可作为收获季节晾晒粮食的场地，对于山区平地难寻的现状是十分实用的形式（图6-4-8）。

目前村庄传统民居建筑大致可以归纳为清代、民国、中华人民共和国成立后三个时期。通过对村庄建筑的调研，能明显感觉时代变迁对院落布局、建筑形式的影响。清代的院落一般为独栋窑洞建筑和开敞式庭院形式，存留的主要为窑洞建筑，房屋墙体皆由石头建造，门

▲ 图 6-4-4　村落现有 3 处古桥，分别位于村口、村中和村头的小溪之上，将村庄东西两个片区串联起来

▲ 图 6-4-5　柏石崖豫西抗日先遣支队后方医院旧址伙房位于村落入口位置，建于民国时期，由 4 座建筑围合而成

▲ 图 6-4-6　民居院落倒座下方为牲口圈

▲ 图 6-4-7　医院病房建于村落南部、河道东侧

窗采用木质构件，窗棂采用简单的田字格装饰。民国时期院落一般为三合院和四合院形式，有门楼和院墙。一部分民居建筑墙体采用石材建造，屋面为灰瓦覆顶，另一部分民居建筑墙体采用石材和青砖混合建造，屋顶为灰瓦。这个时期的房屋内部建筑功能和格局上已经简化，房屋建造样式和装饰更加简单。中华人民共和国成立后到 20 世纪七八十年代，院落布置更强调功能性而淡化了传统布局的沿用，基本由堂屋、辅助用房、大门组成，建筑多以红砖和

图6-4-8 柏石崖村石砌箍窑

土坯砌墙，屋面为灰瓦的坡屋面或水泥铺就的平屋顶。

柏石崖村依山坡沟谷而建的民居院落石墙青瓦，质朴简洁，充满了山村野趣和田园风情。村内的石砌瓦房、石砌窑洞、石筑的院墙等构筑物，同周围山体环境十分协调，反映了当地居民的生产生活状态和乡土风情，是当地建筑文化、农耕文明的集中体现（图6-4-9）。

图6-4-9 村落中的耕牛，石墙上的野花、野果子以及院落中种植的蔬菜充满了田园乡土气息

第七章　豫西庄园和大院

　　豫西现存的一些望族宅院选址科学、布局严谨、功能齐全，建筑设计科学合理，建筑质量精良，建筑装饰精美，为豫西民居的杰出代表。这些大型宅院体现出的建筑文化为我们展现了一幅幅精美的豫西民居的意象画面，吸引着我们对豫西居住文化更深层次的挖掘。这些庄园和大院携带着沧桑的历史故事，拥有丰富的历史内涵，不但反映了一个家族的历史兴衰，同时反映了那个时期的历史面貌和历史背景，具有较高的历史、文化和艺术价值。

一、巩义市康百万庄园

巩义市位于郑州与古都洛阳之间，中岳嵩山北麓。因南依嵩山，北临黄河，东有虎牢关，西有黑石关，山河四塞，巩固不拔，故以"巩"命名。又因地扼古都洛阳，故史有"东都锁钥"之称。嵩邙对峙，河洛交汇，作为河洛文化的发祥地，巩义有着厚重、丰富的历史文化资源。巩义因位于黄土高原与平原交界地带，既有黄土高原、黄土丘陵地区靠山窑、窑楼为主要建筑形式的民居，又有平原地带木构灰瓦形式的民居，建筑形式丰富并具有一定代表性。明代

图7-1-1　康百万庄园鸟瞰

末年至近代商业经济的发展为巩义带来了财富的积累，使巩义出现了一批以康百万庄园为代表的群体庞大、空间复杂、功能布局巧妙、建筑技艺高超、造型装饰精美的庄园式民居建筑群。这些庄园主要包括：康百万庄园、刘振华庄园、张祜庄园、程家大院、泰茂庄园等。

康百万庄园位于巩义市西郊卧龙岗上的康店镇康店村，坐落于邙岭南麓，南望嵩山，东依洛河。庄园始建于明末清初，康家始祖康守信为山西洪洞人，明初迁巩，以农桑为业。清代康熙和雍正时期，家道渐兴，嗣后的乾隆、嘉庆、道光和咸丰时期已呈鼎盛。康家慈善，经常赈饥捐庙，影响一方，曾受道光帝赐匾"义周仁里"，庄园建筑主要是这一时期所建造。清同治、光绪时期，因太平军、捻军与清军的数次打击，渐成衰势。民国时，康家彻底衰败。现存的康百万庄园建筑群格局完整，是豫西地区保存较好的庄园之一。康百万庄园于2001年被国务院公布为第五批全国重点文物保护单位（图7-1-1、图7-1-2）。

"康百万"一称是慈禧太后对康氏家族的封赐，当时的庄园主康应魁两次悬挂"良田千

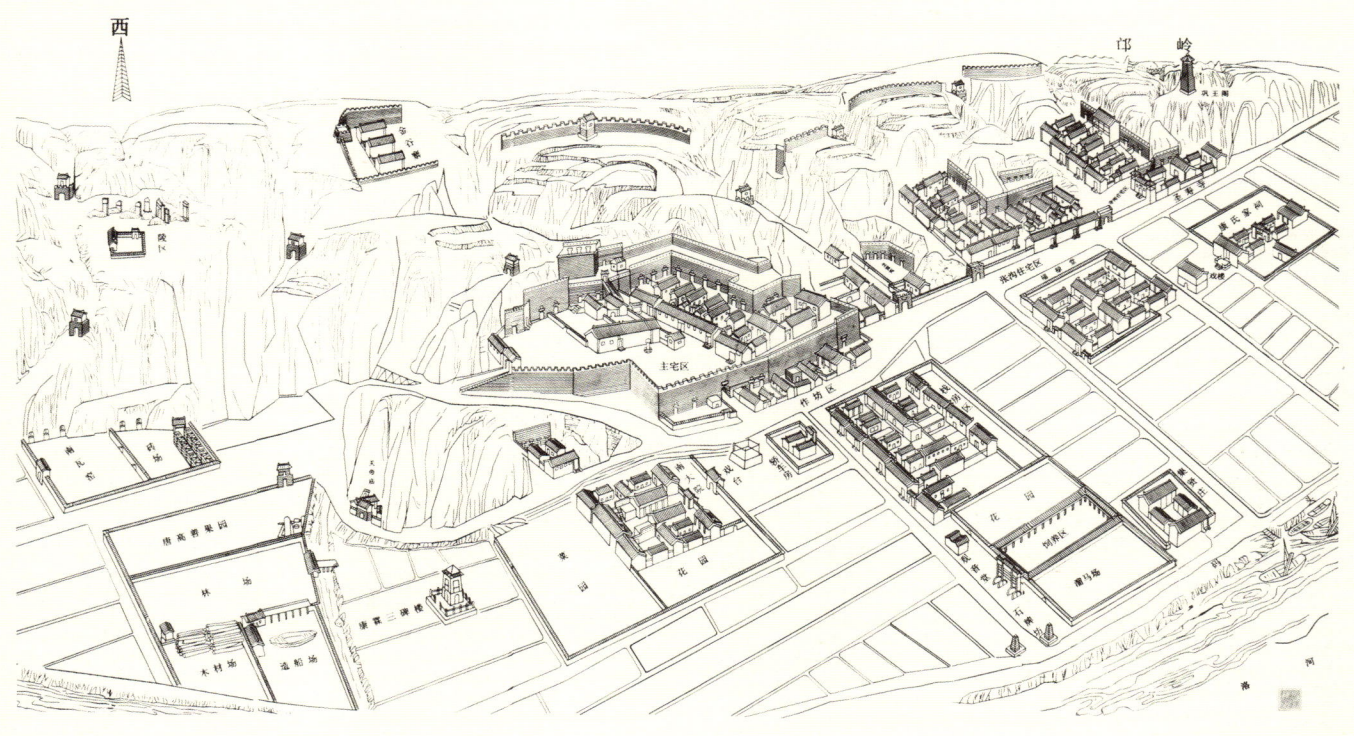

图7-1-2　康百万庄园分布图

顷"的金字招牌，土地商铺遍及山东、陕西、河南3省8县，拥有百万家产。赐封后，"康百万"便广泛地传开，名扬天下。

康百万庄园依据"天人合一、师法自然"的传统文化精心选址。三面土坡，东侧面水，是依山傍水中的典范。庄园背靠邙岭，利于避开北来的寒风，接受充足的阳光；面朝洛水、北临黄河，使康家具备了船行六河的地理优势；加之黑石关天险，地势险要，利于防御。在地形的选取方面，充分利用了当地得天独厚的自然条件，体现出"避风、向阳、近水"的选址原则。康百万庄园的住宅区从岭脚下顺势而上，直建到岭的中腰，既利用了岭前平坦开阔的区域建砖木民居，又利用了土岭逐层挖凿窑洞，从而形成了一个依山傍水、错落有致、功能齐全、气势宏伟的大庄园。

庄园以坐落在陡峭的邙岭山腰的主宅区为中心，总占地面积240余亩。建有用于经商的栈房区、造船场、砖瓦场、木材厂等；以教育和举行内外活动为主的南大院；以举行祭祀及其他公共活动的祠堂区、观音堂、关帝庙、戏楼；用于防御及安全保卫的金谷寨；以接待各界官员、学士、宾客为主的集贤庄；有纪念意义的大碑楼、牌坊及位于张沟、寺沟内的明代楼院，还有以服务庄园生活为主的作坊院、果园等，可谓功能齐备（图7-1-3）。

（一）主宅院区

主宅院为康百万庄园的主体建筑，建在黄土高地之上，建筑群依山而建，外形似寨堡，建有青砖砌筑的坚固寨墙，寨墙北自龙窝区，东寨墙通高达12米，经东寨主墙到南院东南角。寨墙上筑有75米长堞垛，具有明显的防守战备功能。东寨门主入口为东低西高的券洞式，自东向西，顺斜坡道，逐渐达于寨上主宅院（图7-1-4、图7-1-5）。南面另有一侧门可以进入院内。寨区分为南北两大部分。北部为主院，由东而西并列五路院落，总面宽近90米（图7-1-6）。东侧第一路院南北通进深54.76米，东西通面宽14.5米，木构建筑有大门、倒座、花厅、厢房、上房、过厅、四垂花门楼以及平顶伙房、库房等。另有北崖、西崖下各式窑洞十七孔。入口大门一间、耳房一间、倒座两间；入前院有东花厅与西花厅和三间过厅。过厅是康家庄园中最有代表性的建筑，面阔三间带前廊，装饰华丽、匾额齐备，厅内陈设富丽堂皇。该处院落规模较其他院落大，雅称"花楼至辉"院，康百万家史陈展主要在此院。第二路院在第一路院西侧，称"老院"，又称为"秀芝亭"院，为二进四合院。南北

上篇 形态篇 | 145

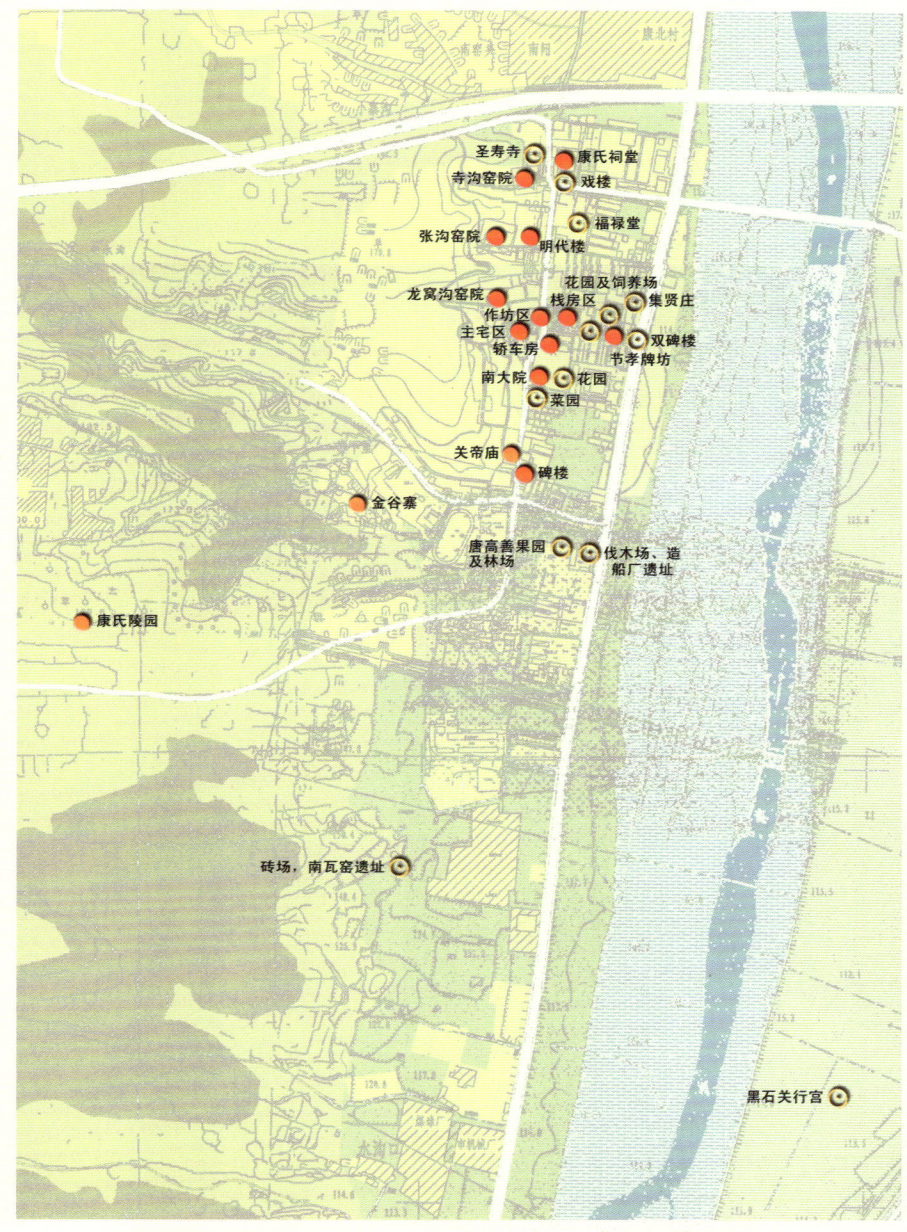

图 7-1-3 康百万文物遗迹分布图（来源保护规划）

图 7-1-4 康百万庄园入口

图 7-1-5 拱券的大门进入庄园

通进深 25.44 米，东西通面宽 18.86 米，大门居东南隅，其西并列四间倒座。前院东侧大门之内有过道与老院联系，西侧建祭祀厅一座，北面建垂花门一座。垂花门内有东、西厢房各三间。厢房之北为东、中、西窑洞三座。老院西第三路院为中院，又称"克慎厥猷"院，二进院落。南北通进深 26.69 米，东西通面阔 16.7 米。前为倒座，前院东、西二花厅在垂花门前。垂花门后为内院，有东、西厢房各三间。院北部为东、中、西窑洞三孔。在窑的内部分层上又分为二式，东窑内架木构棚板二层，窑内分为上、中、下三层，内设木梯，这是独有的一座三层窑，称"窑楼"。而中窑及西窑均为一棚二层。此院照壁前置一太湖石，东侧有"行贵简"门，西侧为月亮门。院中有清代葡萄树和石榴树。中院之西第四路院为新一院，二进院落。大门一间，在该院的东南隅，有四间倒座与之相连，与其他各院不同的是倒座正面（北面）出廊子连接着大门。这在康百万庄园的建筑中是比较考究的。现前院东、西两厢处无建筑，由前院经垂花门可到达后院。卷棚式垂花门楼，建筑精致。门额南面书"知所止"，北面书"谦

△ 图 7-1-6　康百万庄园主宅院俯瞰

受益"。后院有东、两厢房各三间，院北崖下有窑洞三孔。此院建于清同治年间，又名"知所止"院。最西边为第五座院，名为"新二院"。因地势关系，院落相对狭窄。由月亮门进入内院，其内仅建东厢房两间，北崖下建有窑洞两孔，西崖下建有窑洞五孔。南院为台顶上的水井以南，与北院倒座相距约10米。东西通进深35.43米，南北通宽47.95米。西崖高约15米，以青砖砌护崖壁面。现存建筑有南一院、南二院、磨坊院、大门及八孔窑洞，另有厢房与平房基址等（图7-1-7至图7-1-11）。

（二）南大院

南大院位于主宅院东南角的寨堡下面，与主宅院有一路之隔。南大院是康氏家族子弟们读书学习和举办各种社会活动的场所。建筑群坐南向北，主院左右两侧各有别院，组成东、中、西三

图7-1-7 康百万庄园主宅院过门

图7-1-8 康百万庄园主宅院后依山体而建

图7-1-9 康百万庄园主宅院正房

图7-1-10 康百万主宅院"克慎厥猷"院

图7-1-11 主宅院室内装饰

个轴线的布局。三个院落均由前后两进院落组成，自前向后依次有门厅、前院厢房、过厅、后院厢房及上房组成。中路院落宽敞，房屋高大，两别院布局紧凑，建筑小巧精致。除耳房外，所有建筑均为两层硬山建筑，抬梁式结构，起脊或卷棚屋面，小青瓦履顶，檐下均雕饰有精美的雀替及斗栱等艺术构件（图7-1-12）。

（三）栈房区

栈房区位于主宅院前，坐北向南，南临栈前路，与主宅院东墙以小路相隔。栈房区地势平坦，周边开阔，交通便利，有利进行贸易活动。区内建筑大多建于清光绪十一至十八年（1885~1892），多以青石垒砌基础，较为坚固。栈房区主要从事商业经营活动，曾是康家"顺记""崇义德""魁记"等店面的经营区。

（四）祠堂区

康氏祠堂位于主宅区北300多米处。建筑群坐北面南，南北通进深33.3米，东西通阔13.55米。祠堂由两进院落、七座房屋组成，分

图7-1-12 南大院中路院落

图7-1-13 祠堂门楼

别是大门、前院东、西厢房、过楼，后院东、西厢房及后殿。建筑均为单层抬梁式结构，小青瓦屋面。砖木结构的过门南面为牌楼式，北面为垂花门式，其建筑结构颇有特色。该过门为康氏庄园中最精美的一座过门，正面门额题"源远流长"四字，周边有雕刻精美的人物骏马出行图和狮子滚绣球等图案（图7-1-13）。

（五）明代楼院

明代楼院位于主宅区西北约200米的康店寺沟内，是康氏家族发迹之前的居所之一，始建于明代中晚期。楼院坐西向东，由南北两跨院组成。

北跨院有前后两进院落。自东向西依次有倒座、垂花门、南北两厢房、后房五座建筑。北跨院倒座面阔五间，进深一间，两层楼阁式建筑。室内为五架梁上承托三架梁形式，屋面为小青瓦、硬山顶形式。北跨院垂花门又称二门，用来分隔内外院落。室内三架梁承于后排柱与前隔墙之间，梁上立瓜柱，承脊檩，梁头两端各承担一根檐檩，正面梁头下端各悬一根垂莲柱，在垂花门的前后，分别装有槛框，安装攒边门及屏门。通常情况下，前面的攒边门是开启的，装在里面的屏门则起遮挡作用，平时不开启。北跨院南北厢房面阔三间，进深一间，两层楼阁式建筑。室内为五架梁上承托三架梁形式。小青瓦屋面、硬山顶结构。北跨院后房为四层楼阁形式，背靠山体，底层为窑洞，二至四层为砖砌硬山式建筑。

南跨院倒座面阔四间，进深一间，两层楼阁式建筑。室内为五架梁上承托三架梁形式，屋面为小青瓦、硬山顶形式。南跨院北厢房面阔三间，进深一间，一层小青瓦屋面、硬山顶。该建筑原为两层，结构形式与屋面做法与南跨院厢房同。后人在维修时将二层部分拆除。

（六）节孝坊

节孝坊位于主宅院东100余米，栈房街路北侧，全称"清

图7-1-14　节孝坊

旌表节孝武尘縻道兴妻王氏坊",建于清末民初。石坊坐北向南,为四柱三楼式,通高6.9米,宽6.9米,青石雕成,全坊各处有武士、雄狮、龙吻、翔凤、鸳鸯、二十四孝图、历史典故等石刻浮雕(图7-1-14)。

(七)金谷寨

金谷寨位于主宅区西南1公里的邙山上,上有平台,下临深崖,东西建有寨门。寨上原有80多间房屋和40多孔窑洞,是康氏家族为抵抗捻军和其他农民武装而联合乡绅在此修建的一处军事堡寨。现大部分已被拆毁,仅留下几孔砖券窑和土窑洞。

(八)作坊区

作坊区位于在主宅区东寨墙下,沿寨墙根部坐西向东有九孔砖券窑洞,坐北向南有三座青瓦房,分别为:"庆令居"院、木料窑、粉坊院和大伙房,寨门东隔路建有作坊院,是康

图7-1-15 作坊区

百万庄园工匠的活动场地（图7-1-15）。

（九）龙窝沟区

龙窝沟区位于主宅区北部崖下土沟内依山靠岭在南北两面崖的中下部，随地势高低挖筑有许多青砖窑洞。这些窑洞有的高大，有的狭窄，有的洞中套洞，深邃莫测。各个窑洞和侧门都有青石或灰砖阴刻题额，有的还镶有石屏对联，这些题额、对联，含义深长，耐人寻味。

（十）康霖山神道碑楼

碑楼位于主宅院南约200米处的南北沟路口东南角。碑楼是为保护"康霖三神道碑"而建造。楼身为砖砌，坐北向南，平面方形，高10.5米。灰色筒板瓦屋面，单檐歇山十字交叉顶，砖雕工艺精湛。碑

图7-1-16 康霖山神道碑楼

身四面正中均开拱券门，门额上嵌青石匾额，东西南北四面匾额分别书"光前""裕后""永世不忘""口碑并寿"。券门上下及左右两侧均有精美的雕饰，图案内容为吉祥动植物及劝人行善尽孝的民间传说故事等。檐下采用仿木构砖雕椽飞、连檐、大额枋，额枋在四角部位伸出45%方向砖雕龙头。碑楼内置青石碑一通，高5米，碑首为二龙戏珠图案，正中篆刻"皇精"二字，碑刻记载了山东候补知县康霖三的各种功绩（图7-1-16）。

康百万庄园的建筑形式，既不类同于晋商大院、帮会文化，又不同于徽商的别墅、戏楼格局。它兼容晋、徽商派建筑之长，为独创的依山傍水、居防结合的寨堡型庄园。庄园格局、建筑形态的形成不但同庄园所处地貌环境有关，还同中原地区战乱频繁、地主庄园经常成为农民起义军攻击目标有直接关系。主宅院依山而建，高墙寨垛，居高设防，戒备森严，连通主宅院区的入口以30米长的暗道上下相通，易守难攻。此外，庄园南端建立有金谷寨防御性寨堡建筑，把守庄园南大门。寨上设有东寨门和西寨门，据险防守。因此，清朝末年捻军

多次攻打康百万庄园，因此寨之固，久攻不下，未能取胜。康百万庄园防御体系的设计是近代建筑史上极具特色和研究价值的实例。

康百万庄园依黄土坡地而建，庭院多采用窑洞与木构建筑结合的形式。靠山窑为主房是河南西部黄土丘陵区的特殊类型，削崖成壁，组群作窑，造型因地而异，以砖砌筑内壁，更加坚固整洁，窑门多有砖檐装饰，配置各类小龛，主宅院各窑均作窑楼式，内外均甚考究。窑前为一至二进木构建筑相组合形成的院落，保持着中原地区四合院的特色。房屋建筑多为硬山式，山面作白灰悬鱼等图案，正面砖雕墀头，檐下雀替雕刻装饰，每院一式，多不重复。另外，花厅、倒座多加前廊，院内配置奇石，植以葡萄、石榴，加上精美的垂花门楼，形成了朴实淳厚而又清幽典雅富有特色的庭院景观。各建筑内外、窑洞多配有匾额（窑洞嵌于前壁），充溢着古朴而浓郁的中原建筑文化气氛。当人们进入主宅院东边第一座院落时，在过厅门前便会看到一副反映康家治家方略的对联。上联："志欲光前惟是读书教子"；下联："心存裕后莫如勤俭持家"，悬匾为"情深施济"。文如家训，阐述宽厚修德的哲理，也表达了庭院主人们的创业、兴家方略和主人的文化造诣。此外，室内的装饰、木雕、石雕、砖雕均有很高的艺术水平，多以历史故事、吉祥图案为题材。庭院和建筑富有历史和文化内涵的布置和装饰是该建筑群的一大特点。

康百万庄园是历经四个世纪，明、清、民国三代400余年的长期建设，形成的一处历史悠久、规模宏大的中国封建社会晚期地主庄园。康家据此建立了以河南巩义为本营、富甲三省（豫、陕、鲁）、船行六河（洛、黄、运、沂、泽、渭）、地域宽阔、步步为营的经营范围。康百万家在经营方略上体现了传统的农本思想，所到发迹之处，都要购置大量的土地，建立稳固的经济基础，在其家史上曾两次悬挂千顷牌。土地多达18万亩。但康家也并不固守于单一的土地经营，它鼓励子弟上学做官，最高官至三品。康家还一改古人重农轻商的偏见，积极开发商业并迅速发展。康百万庄园既保留了豫西黄土丘陵地区靠山窑院和北方庭院结合的形式，又吸收了官府、园林和军事堡垒建筑的特点，融南方之古朴幽雅与北方之粗犷厚重于一体，是豫西庄园之代表。

二、巩义市张祜庄园

张祜庄园位于巩义市新中镇琉璃庙沟村,又名"柏茂庄园""张诰庄园",是巩义三大庄园之一。整座庄园布局严谨,错落有致,古朴典雅。庄园建筑风格中西结合并带有豫西地区依山筑窑洞的地方特色。2013年,张祜庄园被公布为第七批全国重点文物保护单位。

明朝隆庆年间,柏茂先祖张氏因避兵乱从安徽凤阳移民到巩县(今巩义市),定居在县城东街,嘉靖癸丑年(1553)因县城被水淹就举家搬迁到琉璃庙沟,同时开始营建宅院。清道光年间,张家主营钱庄并成为县东富户之首,有田地10余顷。受自家宅院上方一株苍劲挺拔的古柏启发,十六世祖张辉明为钱庄起字号为"柏茂"。自此,民间称张家为"柏茂家"。柏茂钱庄依靠诚信经营,得以发展光大。随着财力逐渐雄厚,又增开煤窑,经营煤矿,因善于发明并积极引进新设备、新技术,煤矿规模越做越大,效益显著,当时能够供应巩县、汜水、荥阳等周围百姓的烧煤之需。十九世张诰时任伪保长,因打煤

图7-2-1 张祜庄园鸟瞰

窑并支持抗日有功名声远扬，张祐是张诰之父，周围民众习惯称张家宅院为张祐庄园（图7-2-1）。

清光绪二十三年（1897），张家聘请当时上海的建筑设计师，在柏树崖下增修了庄园，形成了庄园初期的规模。民国时期，张诰发家后扩建了庄园，规模也比前期更加庞大。整个庄园呈典型豫西地区靠山挖窑洞、临街建楼房、中间围合院的建筑特色。

抗日战争时期，张祐庄园曾作为八路军豫西抗日独立支队的司令部和豫西行政专署所在地，为抗日作出了很大贡献。专员公署附近建立了修械厂、手榴弹厂、制鞋厂、被服厂、干电池厂、印刷厂等。中华人民共和国成立后，庄园收归国有，有的宅院分给当地村民，有的宅院分给新中公社和新中煤矿作为职工宿舍。其间，被改建较多。现张祐庄园辟为豫西抗日纪念馆，以一、二号院为馆舍，布有展室50余间，其中窑洞20余孔、楼房20余间，展览面2000多平方米。通过大量图片和展品再现了当年豫西抗日根据地军民同仇敌忾、浴血奋战的恢宏历史画卷。

张祐庄园占地面积约25亩。总建筑面积近8000平方米，自南向北依次分为柏茂园、柏

图7-2-2　张祐庄园一、二号院内院

茂仁、柏茂信、柏茂永、柏茂和、柏茂恒6个大宅院，共有13个院落和一个祠堂。现存窑洞建筑4200多平方米，共86孔，青砖瓦房建筑面积3700多平方米，共217间。其中五、六、七号院始建于明朝，至今已有400多年的历史。登高眺望，整个庄园背靠西岭，依山就势、气势雄伟。13个院落呈"Z"字形布局。"Z"字头部由南向北依次为一、二、三、四号院，均坐西朝东；"Z"字腰部由西向东依次为五、六、七号院，均坐北朝南；"Z"字尾部由南向北依次为八、九、十、十一、十二、十三号院，均坐西朝东，整体布局井然有序。

▲ 图7-2-3　圆形的内宅门充满生活情趣

一、二、三号院位于"Z"字头部。一、二号院院落平面东西呈长方形，倒座和大门、南北厢房为硬山青瓦屋面，西端正房位置的窑洞依山而建，共三层，每层三孔，第一层窑洞前廊宽2米，檐下置石柱，石柱上刻文字、花卉和人物图案。第二、三层窑洞均依次后退3米，门前为平台。上下窑洞间有砖砌台阶相连，迂回曲折。厢房前廊下矗立着四方的青石柱，柱基为雕花石鼓，柱壁正面镌刻珠玑良言。拾阶而上，穿越二楼芝兰之室，廊弯角转，于迂回盘旋之中，散发着浓郁的书香之气。庄园西南角建有"看家楼"，方形，四层，平顶，可俯瞰整个庄园。张祐建筑群所有宅院晒台互相联通，不出大门可通达各个院子，便于"联防"。遇到袭击时，能够起到各院落间相互连通、利于进退、联合防御的作用（图7-2-2、图7-2-3）。

三号院紧邻二号院北侧，坐西朝东，为前院后窑的合院。大门位于院落东北，倒座3间，为一层硬山建筑。厢房分列南北（南厢房在20世纪70年代坍塌，现全部无存），一层硬山建筑。主窑在院落西端，依山而建，共三层，层层退台，每层三孔窑洞，砖石作券（图7-2-4

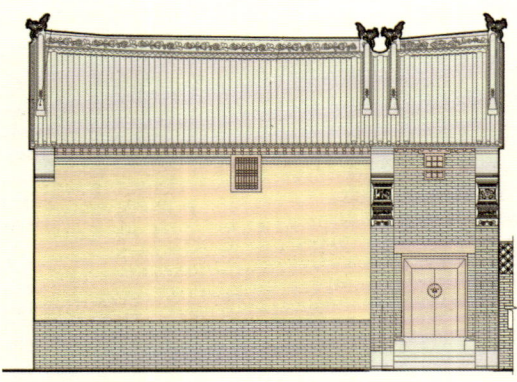
图 7-2-4　张祜庄园三号院倒座

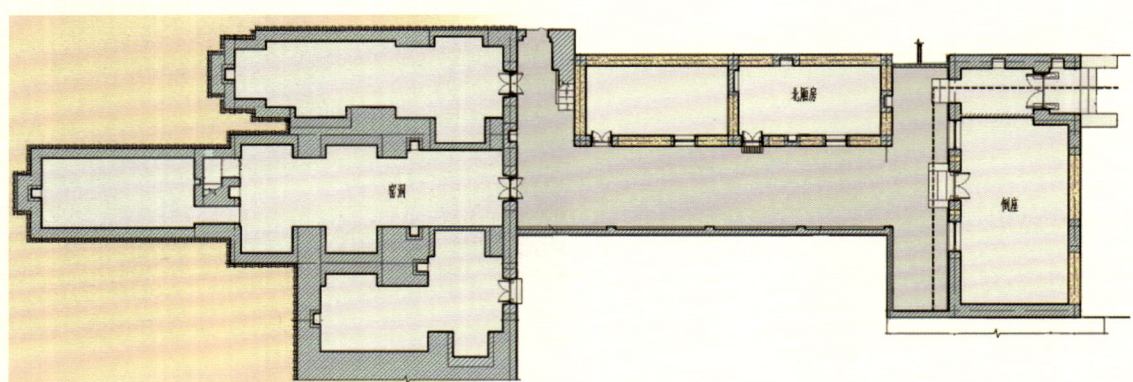
图 7-2-5　张祜庄园三号院平面图

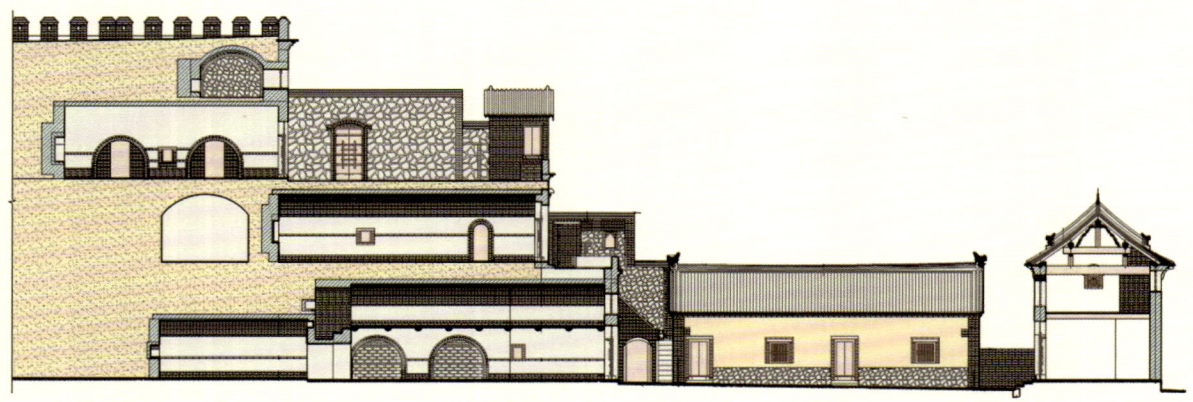
图 7-2-6　张祜庄园三号院剖面图

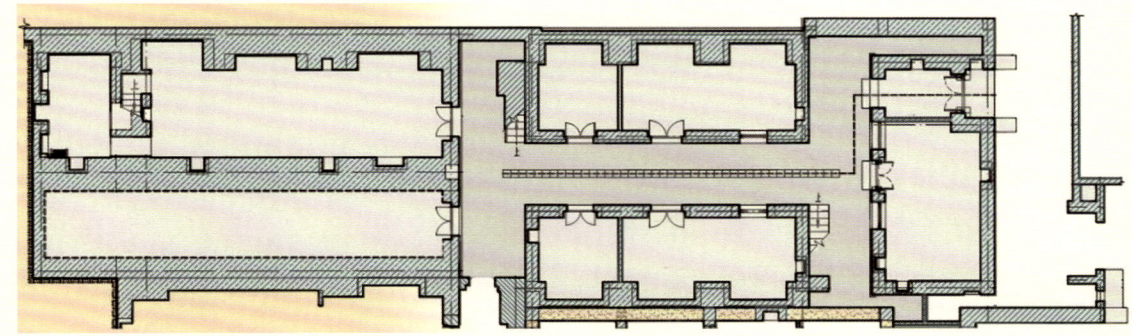

图 7-2-7 张祜庄园四号院平面图

至图 7-2-6）。

四号院紧邻于三号院北侧，院落格局和建筑形式和三号院相同。大门之外有门楼，是通向后山和其他院的通道，也是豫西抗日革命根据地旧址的大门（图 7-2-7）。

五号院位于"Z"字腰部，与四号院隔路相邻，坐北朝南，现大门和倒座为 20 世纪 90 年代新建的二层平顶红砖砌筑楼房，东厢房损毁，仅存西厢房，大门和厢房均为一层硬山建筑。后院是窑洞，依崖而建，共一层，砖石作券。窑顶后半部分是后期修建的展厅。

六号院紧邻五号院东侧，坐北朝南，大门和倒座现为 70 年代改造的砖混结构的二层楼房，屋面及木构架已全部坍塌；西厢房为一层硬山建筑，东厢房现为 80 年代红砖砌筑的二层平顶楼房；后院窑洞共二层，二层退台，每层两孔窑洞，砖石作券。该院西厢房和窑洞是张祜庄园最早的建筑。

七号院紧邻六号院东侧，坐北朝南，大门和倒座为一层硬山建筑；厢房于 20 世纪 60 年代全部坍塌；窑洞前新建三间二层砖混结构楼房，将窑洞门封堵，已无法进入。

八号院位于"Z"字尾部，紧邻于七号院东山墙侧，坐西朝东，大门和倒座、南北厢房为一层硬山建筑；主窑为一层三孔窑洞，砖石作券。窑顶是后院二层南北厢房，为硬山灰陶仰瓦屋面。

九号院紧邻于八号院北侧，与八号院布局相似。坐西朝东，大门和倒座、南北厢房为一层硬山建筑；主窑共二层，一、二层均三孔窑洞，砖石结构。

十号院紧邻于九号院北侧，与九号院布局相似。坐西朝东，大门和倒座、南北厢房为一层硬山建筑；主窑共三层，一层三孔，二层两孔（窑前平台上后期增加两间红砖砌筑平房），三层窑洞顶部是后期修建的毛主席纪念亭，顶部挑出墙外部分用混凝土现浇，使窑外形成一廊，第三层窑洞目前封堵未曾使用，三层窑洞全为砖石结构。

十一号院紧邻于十号院北侧，坐西朝东，大门和倒座以及北厢房为一层硬山建筑，南厢房为后期新建的平房。主窑为一层三孔，砖石结构。

十二号院紧邻于十一号院北侧，坐西朝东，大门和倒座、南北厢房为一层硬山建筑；主窑共二层，砖石结构。偏院位于十二号院南侧，仅剩部分墙体，屋面已全部坍塌无存，现已废弃。

十三号院紧邻于十二号院北侧，坐西朝东，大门和倒座、南北厢房一层硬山建筑；主窑共二层，砖石结构。

张祜庄园依山而建，就地取材，靠山体掏筑窑洞，用青砖券筑窑脸和窑洞。每层的窑与窑之间有砖砌通道，上下层之间有砖砌台阶相通，迂回曲转，洞洞相连，整个庄园呈现出浓

图 7-2-8　张祜庄园一层窑房结合的庭院

○ 图 7-2-9　张祜庄园二层檐廊间　　○ 图 7-2-10　张祜庄园三层窑洞前平台

厚的地方色彩。顺着山势，庄园筑有三层窑洞，每层皆往内收，留出活动平台，设计思想同地形地貌巧妙结合（图 7-2-8 至图 7-2-15）。

张祜庄园主要以传统的砖、石、木为主要建筑材料。建造过程中结合不同的性能特点进行合理的布置使用，既节约了建造成本，又能够达到结构安全、外形美观，充分体现了经济、适用、美观的建造原则。整体建筑结合地形，拾阶上下，院院相连。临街建楼，布局巧妙、紧凑，便利生活。因为院落的布置是依靠山体，所以窑洞往往为主房，厢房和大门为青砖木构建筑。青砖灰瓦建筑除一、二号院的阁楼为歇山灰筒板瓦卷棚屋面外，其余均为硬山小青瓦屋面。

张祜庄园主要建筑建造年代在清末至民国初年，其建筑形式受到了较多西方建筑的影响而带有明显的西方建筑元素。外廊的砖拱券、古典的欧式装饰元素，以及新的建筑材料等都显示了中西合璧的新思潮。并将南方民居的设计元素以及西方古典建筑的装饰元素同本地传统民居特点相结合。院中三栋两层的歇山顶"绣楼"颇有南方民居建筑灵秀的特点。正房作三层窑洞，砖砌明券，每层六孔共十八孔。一、二层设前廊，三层设露天平台。一层窑门采用本地传统民居中的砖券门的样式，二、三层则为民国时期才有的大门窗的样式。窑门外均设西式壁柱与拱券作装饰，拱顶用青砖堆砌成类似的"拱心石"的造型。

张祜庄园大规模的营建是晚清到民国的时期，当时正处于风雨骤变的历史时期，近代建筑思潮也在中西方文化的激烈碰撞中缓慢发展。一方面，西方宗教文化的传播带来的天主教堂、基督教堂等宗教建筑的兴建，导致新建筑形式的出现，教堂建筑在传播西方宗教文化的同时，也引发了民众模仿教堂立面建造住宅的现象。同时，钢铁、玻璃等新技术、新材料也逐渐被人们接受并应用到建筑中去。另一方面，许多仁人志士、富商学子在逐渐接受了西方的生活方式或文化后，开始聘请国外的设计师按照西方现代住宅设计自己的府邸、庄园或公馆。这些建筑从建筑结构、建筑材料、建筑装饰等方面既延续了中国传统文化又融入了西方建筑风格。张祜庄园就是在这种背景下营建的典型例子。

张祜庄园作为豫西庄园文化的载体，其独具特色的建筑艺术，丰富的文化内涵，总体规划布局与单体建筑紧密结合的设计手法等，为研究豫西地区传统建筑群体格局与单体建筑艺术形式提供了珍贵实物资料。

● 图 7-2-11　张祜庄园厢房的廊柱上镌刻珠玑良言

◎ 图 7-2-13 张祐庄园厢房的屋面采用歇山卷棚顶，又称元宝脊，寓意财源广进

◎ 图 7-2-12 张祐庄园制高点的瞭望防御建筑

◎ 图 7-2-14 张祐庄园后窑门窗

◎ 图 7-2-15 张祐庄园外围壁垒森严，深而宽的寨沟起到强有力的防御作用

三、洛宁县上戈村——乔家大院

上戈村位于洛阳市西部深山区，西距洛宁县城55公里，东接罗岭乡，西接灵宝市、卢氏县，南邻故县镇，北接陕县。村内传统建筑风貌和谐统一，分布集中，颇具规模。特别是村内的乔家宅院为山西乔家大院同源建筑，建筑格局完整，建筑形式考究，具有晋中民居同豫西民居相结合的建筑特点。2013年，上戈村被列入第二批中国传统村落名录。2016年，上戈乔家大院被公布为第七批河南省文物保护单位。

上戈古称为"上虢"。西周时期，三门峡曾是虢国的封地，从洛宁前往虢国，须翻山越岭，就是"上虢"了。后来，人们觉得这个"虢"字的笔画太多，难写，就渐渐异名为同音的"上戈"。春秋时期，著名的秦晋崤之战就发生在这里。村西北部有秦王寨，寨下有放马场、饮马坑、上马池、喂马槽，寨东还有走马岭等遗迹，秦王练兵的故事在此地广为流传。

● 图7-3-1　上戈村地处崤山山脉，丘陵地带，地势起伏，群山环抱

上戈村北、西、南三面群山围绕，山势起伏，多为浅山丘陵。背靠崤山余脉北山，南望熊耳山，西侧群山连绵，地势北高南低。村落背靠浅山，位居山阳，下寺沟河穿境而过，整体环境向阳、避风、近水，适合居住（图7-3-1）。

上戈村的居民多为明初大移民时由山西迁移此地。明洪武十四年（1381），山西乔家第十一世子孙乔万升由山西祁县迁至上戈经商并安居下来。乔万升之子乔登朝靠卖油馍发了家，凭着为人厚道、童叟无欺，赢得了良好口碑，积蓄渐多后开始置地建房，将宅院连续地扩建。家境建兴的乔家重视教育，从乔万升第三代开始，乔家子弟读书入仕的多了起来。清末安徽巡抚乔指南为乔家第十五世子孙，就是从这里走出去的。乔指南学识过人，为官清正，被时任浙江巡抚的左宗棠引为知己，并且和左宗棠结为儿女亲家。左宗棠对乔指南既欣赏又佩服，还赠给他一副对联："诰落古今成一体，风流儒雅亦吾师。"乔指南把此联镶到了宅院前堂屋门上。到民国时，乔家仍有人做官，比较著名的是担任上戈乡乡长的乔明成。上戈乔家大院在解放战争时期曾为洛卢灵边区政府所在地。洛宁解放后，宅院多分给村内村民居住。

站在北山岭上俯瞰整个村落，传统风貌建筑依山就势，片状分布，青砖灰瓦与绿树融为一体，交相辉映。乔家宅院依山势而建，坐北朝南，建造年代可追溯到清初，清道光年间已建起相连的5处四合院，后几经翻建，至民国时期形成6所合院，共有20多座建筑。

村落西坡下的3所并排相连的合院为乔家"头辈爷"乔万升建造修建。合院坐北朝南，总占地面积1100多平方米，分为东、中、西三院。上戈村流传着"院子宽，不过丈，过丈人不旺"的说法，每套合院皆东西窄、南北长。宅院四周以建筑外墙围合，较为坚固，整体防御性强，原来在三连院外的东、南两处还分别建有望楼，用来瞭望和防御匪盗，可惜已被拆除（图7-3-2至图7-3-5）。

合院的倒座和大门相连，屋脊高于院内厢房，很有气势，彰显宅院主人地位和财力。正门位于三合院中部，宽2米，东西墀头上高浮雕神话故事，高高的门槛两端为憨态可掬的石狮。门楣上镶有四块方形砖雕，为菊、荷、松、梅四种取意吉祥、福禄长寿的花卉图案。中门正对中院西厢房山墙，山墙上为坐山影壁式迎门神龛，神龛四周用青砖雕刻出蛟龙、葡萄、花卉等图案。神龛两侧的刻字依然清晰："鹤发坐中央神清貌古，龙头游下界望重风高。"

西院东、西厢房山墙上各有直径1米多的圆形砖雕。雕刻内容为团花和蝙蝠，中为人物造型，工艺精美。中院和西院建筑墀头都雕刻有牡丹花朵，寓意富贵吉祥。东门宽2.5米，是供马车、轿子通过的轿门。大门以里是块石铺通道连接着三组院落，通道间每个院落相交处又分设两小门。小门的开启和关闭使三套院落既相连又相对独立。

中、西两组院落布局相似，为主人居所，院落内皆为青砖硬山灰瓦建筑。正房砖木结构，面阔三间、进深一间带前廊，室内五架梁，明间四扇六抹槅扇门，次间和梢间为方格形的木棂窗，室内方砖铺地，为长辈居住之所。东西厢房面阔三间、进深一间带前廊，室内五架梁，方砖铺地，供儿女们居住。厢房较正房低矮，表现出伦理上的尊卑有序，又显示出建筑的层次感（图7-3-6至图7-3-9）。

东院为偏院，是佣人居住和停放车马的区域。院落内有正房和前厅两栋木构建筑，各三间，皆为硬山建筑。建筑墙心采用土坯夯筑，仅建筑前后檐墙为砖砌，且墀头上未见雕刻图案，建筑在质量和材料上低于中院和西院。院东为陡崖，崖下挖凿有两孔窑洞，过去是乔家

图7-3-2　村西乔家大院

图7-3-3　乔家大院中门

图 7-3-4　乔家西院

图 7-3-5　乔家中院

图 7-3-6　乔家大院中门对应的神龛

图 7-3-7　乔家大院连通三院的过道

图 7-3-8　乔家大院中门上菊、荷、松、梅砖雕

图 7-3-9　乔家大院厢房山墙上的砖雕

停放轿子的地方。

村东的乔家宅院亦为四合院形式,坐北朝南,大门和倒座为青砖灰瓦硬山建筑。进大门迎面的坐山影壁为砖雕挑檐门楼形式,高2.5米,宽1.2米,上檐口出墙体30厘米,下为平面雕花,雕刻内容丰富多样,以牡丹、兰花为主,象征着富贵、清雅之家风,两侧刻有一副对联,可惜在"文化大革命"中被损毁,字迹斑驳不清。中心为5只蝙蝠造型的图案,雕刻纹理清晰,纹饰复杂,取五福临门之意。上房为窑洞建筑形式,进深5米,外伸出2米屋檐,采用砖箍拱门,内嵌木门窗。东西厢房为上戈村传统民居中仅有的二层硬山式建筑,一层走廊设木制楼梯可达二楼,建筑山墙采用青砖垒砌,前后檐墙采用土坯夯筑,灰瓦覆顶。过去,该院厢房的二层为家中小姐居住,又称"绣女楼"(图7-3-10、图7-3-11)。

上戈镇乔氏家族为官较多,政府官员来往上戈村办理公务都是在乔家"待客厅"中进行。"待客厅"是乔家宅院中年代最早的建筑之一,青砖灰瓦硬山建筑,室内五架梁带前廊。前廊宽2米,明间和次间各设有四扇槅扇门,门扇雕刻有造型复杂的雕花,可惜由于年久失修和人为破坏,现破损严重,亟须修缮保护。抗日战争时期,"待客厅"为我军部队领导人指挥战斗、商量军事会议的会议厅。20世纪80年代后期,上戈村的村部设置于此。

上戈村内还存有多处民国以及中华人民共和国成立后所建的宅院,这些院落靠山而居,选址向阳,都是轴线对称的四合院布局,建筑组合紧凑,东西窄南北长。分前厅、堂屋、东

图7-3-10　村落中部的乔家院落

图7-3-11　村落北部的乔家民居

图 7-3-12　乔家大院神龛瓦饰

图 7-3-13　倒座的门扇装修多已残损，但是仍然可以看到当初的精美

西厢房。建筑多采用土坯夯筑墙体，室内木构梁架。部分院落上房为靠崖打出的窑洞。窑洞式建筑同砖木建筑相结合，显示了当地结合自然地形灵活运用的特点。

上戈村乔家宅院选址于崤山山脉群阳面的半山腰中，建筑形式为传统合院式建筑为主。院落布局因地制宜，统一而富有变化，讲究尊卑有序、主次分明，反映了黄河流域深厚的文化传承，以及敦礼崇义的乡俗民风。乔家三连院较为封闭，宛如一座城堡，体现了家族注重安全、防御功能强的特点。乔氏一族是从山西祁县迁过来的，宅院建筑风格上具有晋中地区和豫西地区民居建筑相结合的特色。屋顶多采用硬山双坡，起隔热及排水的作用，结构多为抬梁式构架，建筑外墙高大厚重，有些建筑还采用了中空墙体，既具有很好的保温作用，也节约了建筑造价。木构架建筑多建为一层半，斜屋面与室内顶棚之间可作仓库，同时兼有通风隔热的效果。青砖墙体砌缝严密，工艺考究，山墙间施扒钉牢固，建筑工艺和细节的精致，体现出较高的建筑营造和建筑艺术水平。照壁、佛龛、墀头上的砖雕，柱础的石雕，额枋上的木雕，刻画细腻，建筑装饰感强。高浮雕、透雕、线雕等雕刻工艺纯熟，手法丰富。雕刻内容以人物典故、花草鸟兽、琴棋书画为题材，形象逼真、内涵深刻、寓意深远（图7-3-12、图7-3-13）

四、洛宁县城村——张氏旧宅

洛宁县地处豫西山区，洛河中上游，古称崤地，城村位于洛宁县河底镇西南部。在这个地处丘陵、位置偏僻的村庄里，至今保存着较为完整的张氏旧宅。因其规模较为完整，建筑质量上乘，2006年9月，张氏旧宅被公布为河南省文物保护单位，2013年，城村入选第二批中国传统村落名录。

城村的建村历史不详。张姓为明末大移民时为躲兵灾、战乱从陕西大荔县东埝桥村迁移到洛阳地区。村西一通立于清光绪元年（1875）的石碑上有当年垒砌城村寨墙的记载。康熙三十九年（1700）张姓后人张光泉从洛阳永宁县金门川德里村迁居城村。十五世张淳凭借高超医术，积攒下家业，到其子张九思时，已号称是"田过千顷、年租万石"的洛宁首富。人财两旺的张家，开始兴建宅院。从清乾隆末年开始兴建，在清嘉庆年间继续扩建，至同治八年（1869）全部完工。在清同治二年（1862），张九思孙辈张凤泉主持续建宅院，并首筑寨墙。张家上房房梁写有"大清同治二年七月二十日时上梁宅主张凤泉暨侄寅清孙顺成共建"字样，这同《张氏族谱》所载相符。经过几代人的经营，城村张氏地位日渐显赫，成为一代豪绅，修宅扩院40余座，房屋千间。现居住在此的张姓已传至二十六代。

城村坐落在村落北面山坡地的向阳面，东、南两面有沟，西面、北面有村道与周边村庄相连。在建村初期，村庄南侧沟内有小溪清泉，水量不大，但是长年不断，离水源近，居住生活

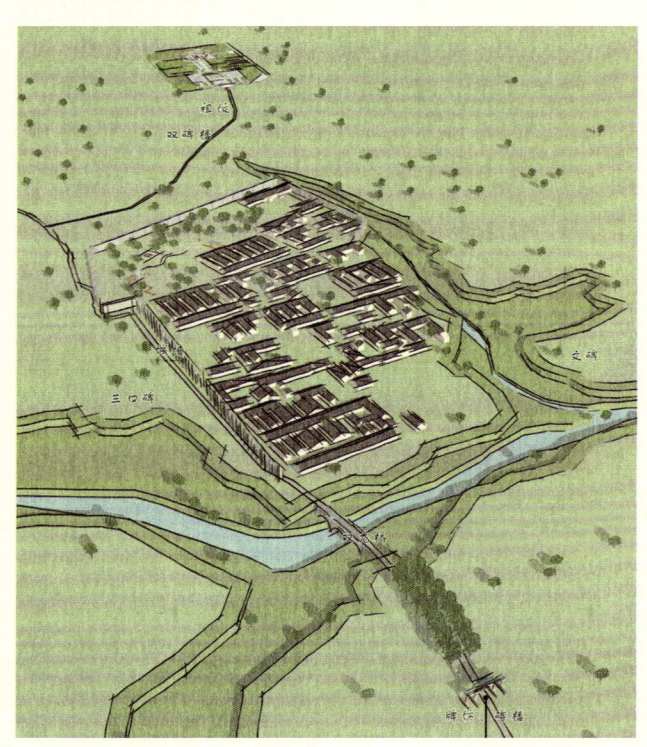

● 图7-4-1　城村历史格局图（选自村落规划）

图 7-4-2　残存的古寨墙

方便。村庄西北高、东南低，不但利于排水，还阻挡了西北风的寒流，体现了古人选址时精于观察自然、利用自然，与自然和谐相处的思想理念。

城村南北长约 500 米，东西长约 300 米，寨墙建在村落西侧和北侧，与东侧、南侧的沟壑共同构成村落外围防御系统。寨墙下部由规整的长条砂岩筑就，上垒青砖，中置夯土，间隔一段嵌有石槽，用以排水，整体规整坚固。村西寨墙中部原来建有寨门，门板厚实并用铁皮包镶，十分牢固，门前石狮，分立两旁，惜已损毁。现寨墙大多已经坍塌，仅存 400 米左右，残高六尺，丈余宽（图 7-4-1、图 7-4-2）。

村落南侧一座跨越深沟的石桥，名曰"双龙桥"，贯通着洛宁到渑池的古道。双龙桥为单孔石桥，南北走向，青石垒砌，长 8 米，宽 4 米，高 8 米，横跨河沟之上。桥面使用巨石铺砌，间有铁件相扣连接。据旧《洛宁县志》记载，"双龙桥在城头村，知县左懋源建"。

未显创建年代，依其形制特征推断为清代修造。桥面两侧石栏板雕刻攀龙附凤图，由于常年风化，图案模糊，残缺不全。

"张氏旧宅"又称张家大院，坐北向南，是村落中主要的民居建筑群。张氏家族根据门支，或二院、三院或四院横向排列铺展开来，共分七排。保存较好的有"五宅连院""四宅连院"。张家鼎盛时期，宅院修建面积占地约15万平方米之广，由数十处宅院、近200座建筑组成。历经风雨，老宅大多坍塌残破，现仅存三四十座建筑。

"五宅连院"位于村子中部偏北，由五个四合院并排相连组成。"四宅连院"的院落位于五连院西南，由四个四合院并排相连组成。这种横向排列的院落从外面看上去为分门而入，院内又有门道相通，既保持了各院落的独立性，又利于家族人员相互来往，非常方便（图7-4-3、图7-4-4）。

每处院落格局大体一致，由大门和倒座、东西厢房及上房构成，皆为"坎宅巽门"的一进四合院。院落以各建筑后檐墙相围合，墙高达8米左右，既起到较强的安全防御功能，又有益于阻隔外界自然的风雨和冷空气的侵扰，营造宜居的宅院生活。

图7-4-3　张氏旧宅四连院

图7-4-4　张氏旧宅二连院

院落内建筑都是青砖灰瓦硬山建筑。大门和倒座正脊高度一致，仅使用吻兽相隔，外观整体性较强。大门前的台阶或五阶，或七阶。大门两侧均有石雕门枕石，门楼两侧有砖雕墀头，上方有木雕挂落，非常注重院落入口的装饰。进入大门，迎面为"座山影壁"，影壁中心大多中为神龛，四周镶嵌砖雕纹饰，图案多为蝙蝠、莲花、喜鹊、如意插瓶等，鸟兽生动，花草繁茂，反映出人们对富贵吉祥美好生活的追求。厢房面阔五间或六间，单坡硬山建筑，与邻近院落厢房共用一面后檐墙。厢房面阔较大，延展较长，从而形成纵深较长的窄院院落格局（图7-4-5）。上房高大，为三间硬山带前廊的建筑，置于七级台阶之上。张宅柱础或为基座式，浮雕花纹，造型端庄；或为复合式，镂空雕刻，

○ 图7-4-5　庭院深深

形态多姿。小小的柱础，因在宅院中不同的位置，其形制与装饰，有高、低、繁、简之分，既体现建筑等级的不同又丰富了建筑的装饰艺术（图7-4-6）。

张家秉承"诗礼传家"祖训，礼仪的重视除了传礼育人，同时也体现在宅院建筑的修建上。张朝裕宅院现存东、西厢房和门楼各一座，其门楼檐下前后各有砖匾，正面书有"天锡纯嘏"，背面镌刻"千祥云集"，字体线条流畅，书法造诣高深。张泽东宅正门上方嵌有砖匾，雕刻有"礼门"两字，大门东西山墙各有砖雕神龛和影壁，图案栩栩如生，古朴雅致。村民张柏钧居住的宅院中，建筑额枋、雀替木雕精美，图案有凤凰麒麟、梅花喜鹊，生动传

图 7-4-6　柱础　　　　图 7-4-7　牌坊残存石构件

神,包含着麒麟送子、耕读传家等美好寓意。王令朝宅院现存大门和上房。大门面阔一间,檐下斗栱,额枋、雀替均有木雕,上房台基由料姜石所砌,槅扇门左右两侧悬挂对联:"持身有训惟存厚,处世无奇但率真",彰显宅院主人的处世态度与情趣品位。

村中原有两座石牌坊,可谓村中一宝。世事变迁,石坊已损毁,刻有精美图案的构件散落各处,与荒草相伴,默默述说着城村曾经的辉煌和荣光(图 7-4-7)。

城村张氏旧宅是由张氏祖辈经过几代人的精心营建,不断发展完善起来的。张氏家族兴耕读家风,重忠孝仁善之祖训,崇儒尚文,勤俭持家,由一户普通农耕人家发展成为洛宁最大的家族,这是一个家族的奋斗史,是血缘宗族聚落发展的缩影。因社会动荡、战火频繁,兴盛百年的城村张氏大院逐渐衰落,到中华人民共和国成立初期,已是宅第颓废。"张氏旧宅"为豫西地区清代民居建筑珍品,对豫西古村落的社会、经济和文化等具有较高的研究价值。

五、洛宁县丈庄村——程家大院

丈庄村位于洛阳市洛宁县东北 10 公里处的东宋镇。东宋镇距县城 17 公里。西连陕县、东邻宜阳，北接河底乡，南与小界、城郊乡为邻，自古就是西通晋、陕，东达洛阳的东西古道之咽喉。

丈庄村在北宋时叫郑家庄，到明正德年间，北宋著名理学家程颐第十二世孙程仕谦时任检司检事，举家从嵩县田湖镇程村迁入郑家庄。随着历史的演变，程家后人逐渐兴旺、郑氏家族逐渐衰落，郑家庄遂后更名为程家庄，中华人民共和国成立后改名为丈庄村。如今的丈庄村有村民 3000 余人，其中多数是程氏后裔。清康熙年间，丈庄村出了两任官员，一是程湛，时任兵部武库司郎中。二是程福亮，字大功，程氏二十二世孙，曾任兴汉挂印总兵，在康熙十二年（1673）被封骁骑将军，后调京任提督总兵。程福亮有五个儿子，三子程懋，时任淮安知府 18 年，为官清正，政绩卓著，相传为清十大清官之一，深得康熙赏识。现存的程家大院，就是康熙皇帝为程懋划定的一处宅院。2006 年，程氏旧宅（含二程祠）被公布为第四批河

图 7-5-1　渡洋河滩

图 7-5-2　村落后山

图 7-5-3　丈庄村的程家大院　　图 7-5-4　程家大院座山式影壁　　图 7-5-5　程胜利宅院二门

南省文物保护单位。2013 年，丈庄村被列入第二批中国传统村落名录。

丈庄村北靠台塬，南临渡洋河，选址背山面水，地理位置极佳。村庄北高南低，西高东低，整体坡度较缓，地势平坦，易于建造宅院。早在明代程氏祖辈已经对村庄进行了合理的规划和布局，程家的宅院大多建在村西高地。村庄东南、西北各有成片的竹林，郁郁葱葱，远远望去大院建筑掩映其间（图 7-5-1、图 7-5-2）。

程家五个大宅院从西往东依次排开，共占地约为 20 亩。合院皆坐南朝北，为多进院落，可以使不同辈分的家庭成员分开居住。大门或位于院落东南角或位于院落的正中。大多数宅院的大门位于院落东南角，影壁为设在东厢房山墙之上的"座山影壁"。大门位于宅院正中的仅有一处，面阔较其他院落更宽，进大门中轴线上迎面设"一"字形"独立影壁"（图 7-5-3、图 7-5-4）。

程胜利宅院为四进院落，大门位于院落东南角，东厢房山墙上的影壁为带灰瓦挂檐的座山影壁，中设佛龛。二门为砖雕门楼，门楼上花纹雕刻精巧，雅致大方。"福禄寿"字样镶嵌在门楼上方，两侧是"勋著汉淮名宦世第，派分伊洛理学家风"的对联。二进院和三进院

图 7-5-6　程家大院过厅

图 7-5-7　程家大院高额的秀楼位居院落最北端

　　形制相同，各有东西厢房分列。二进院的过厅进深较大，为家族聚集商议的场所。绣楼为中轴线上最后一座建筑，是整个村庄的制高点，总高度约 14 米，共有三层。上楼的楼梯狭窄，窗户狭小，窗棂都为铸铁。第一层为三间砖窑，两旁有暗室。第二层和第三层各分为五间。绣楼墙体厚实，犹如碉堡。该建筑不仅为程家女儿居住之所，还兼顾了仓库的功能，用来储存粮食、钱物。墙壁敦实，如果土匪来袭，这里也是安全的避难场所。秀楼西侧，院落的西北角还设有后门，可以沿此通向后山（图 7-5-5 至图 7-5-7）。

　　清朝历代皇帝都较为尊崇儒教，康熙帝曾下旨命礼部在全国收集儒学书籍。程颐的第二十四代孙，时任兵部武库司郎中的程湛家中藏有北宋著名理学家程颢、程颐编著的书籍。他把这些书籍刊印了 50 卷，呈献给康熙帝阅读。康熙有感于程颢、程颐二人在儒学上的成就和程氏尊崇儒教理学的家风，就亲笔题字"学达性天"，并制成匾额赐给程氏并下旨重修二程祠。"程氏祠堂"位于村落东部，为合院建筑，由大门和正堂组成。南北长 60 米，东西宽 10 米，占地 600 平方米。大门平面呈长方形，面阔三间，进深两间，单檐硬山建筑，上覆灰瓦顶。正脊两端置吻兽，檐下置三踩斗栱。梁架采用中柱式，前后为双步梁、单步梁

图 7-5-8 程氏祠堂

图 7-5-9 程氏祠堂正殿

对搭。大门明间置实榻大门,抱鼓石刻工精细,形象生动,次间为十字槅扇窗。大门两侧有对联"祖则无私元为善长,宗能尔公师作神明",同门上悬挂的"学达性天"御书匾额相呼应。正堂平面呈长方形,面阔三间、进深一间带前廊,单檐硬山建筑,上覆灰瓦顶。明、次间皆为槅扇门。檐口和墀头的处理上较一般住宅建筑更为细腻。檐下有康熙御笔题额的石碑、修建祠堂的记事碑、修塑两程夫子祠像碑铭。在祠堂大门西次间檐下所立的《公议村规碑记》中列举了六条村规:一,禁不孝不悌越理犯分;一,禁窝赃窝赌种命讹诈;一,禁偷砍竹树及一切偷窃;一,禁牛羊践踏坟墓纵食田禾;一,议丢棉限于十月十五日;一,议红白大事本日不许开发乞丐之人。从中不难看出丈庄村深受理学思想的影响,不仅教化民风、遵制守常、稳定秩序,在自然生态环境保护方面也有积极的理念(图7-5-8 至图 7-5-10)。

丈庄村程氏是二程直系后代,程朱理学亦可视为程

图 7-5-10 程氏祠堂门口所立"公议村规碑记"

图 7-5-11　建筑屋脊

图 7-5-12　古井

氏家学。在封建社会，统治者独尊儒术，儒学一直是官学显学。程氏因程朱理学的传承，可以称之为儒学世家，书香门第。程家大院的布局讲究尊卑有序、主次分明、内外

图 7-5-13　抱鼓石

有别，体现了程氏一族"三纲五常"的传统伦理道德观念，同时也反映着豫西地区深厚的文化底蕴，以及敦礼崇义的乡俗民风（图 7-5-11 至图 7-5-13）。

- 豫西古村落的选址
- 豫西古村落的类型
- 豫西古村落的公共空间
- 豫西古村落的街巷
- 豫西古村落的院落
- 豫西窑洞民居建筑
- 豫西木构民居建筑
- 豫西民居的装饰艺术

下篇 研究篇

第八章　豫西古村落的选址

　　选址是一个事关族群战略发展的大事，是人们长期生存活动的经验总结。村落的选址首先要考虑的是生存资源，包括自然资源和社会资源。豫西古村落的选址和营建因地制宜、因势而造，其规律可归纳为：利用气候、地形地貌优势而居，宜居；居住环境与生产活动结合而居，宜作；巧妙利用各类自然资源和环境条件，易建。目前看到的古村落格局与风貌，都是在历史岁月的演变过程中而逐渐形成的。

在自给自足的农耕时代，自然条件的优劣对生产、生活起着重要的影响。《黄帝宅经》卷上中说："地善即苗茂，宅吉即人荣"，中国自古对居住地的选择都极为重视。

村落的选址、形成和发展是人类通过长期活动的积淀，受到自然地理环境、气候、社会文化、经济技术、风俗习惯等诸多因素的影响，是社会组织与合作的体现。其中，自然地理环境是农耕聚落生存和发展的决定因素，与村落的形成有着必然的联系。村落周围的自然环境根据人类干预的强度，分为天然环境和人为环境。天然环境又称原生自然环境，是指各种自然因素和人类赖以生存的物质基础；人为环境是受人为干扰后，有所创造的、附有文化特征的环境，其自身的演变和发展过程，仍受制于自然规律。村落环境是居住者有意识利用和改造自然而创造出来聚居地的生存环境。

豫西地区拥有独特的自然环境和地域文化环境，与自然山水科学地组织结合、对地理环境合理地利用凝集着古人对居住地规划的智慧，反映了时代和地域背景下的选址规律和人文精粹。豫西选址拥有以下几个特点：利用气候、地形地貌优势而居，宜居；居住环境与生产活动结合而居，宜作；巧妙利用各类自然资源和环境条件，易建。

一、宜 居

我国古代就有崇尚自然环境的文化渊源，受"天人合一""天人感应"传统文化、哲学思想的影响，认为大地是有机的、自然的整体，人是自然的一部分。《阳宅十书》里的"人之居处，宜以大地山河为主"，也说明了居住地与自然环境相融则宜的观念。聚落选址所追求的是利纳阳光、避寒风，去湿洼、迎暖湿气流、生活便利的环境空间。利用自然的气候、地形地貌特点进行村庄的选址和布局，是人类对周围自然环境长期认知和融合的结果。

为探究远古聚落遗址分布同自然的关系，考古学家通过考古对遗存的空间位置关系进行分析。他们分别对豫西地区裴李岗、仰韶、龙山、二里头、商及两周六大文化时期的古聚落的空间分布以及与地形地貌的空间关联进行研究，发现史前社会人类的重要活动，如获取生存资

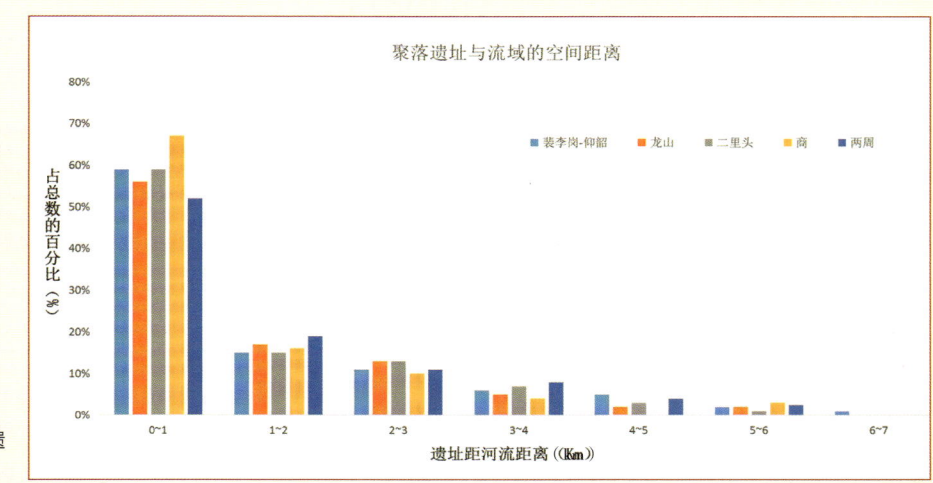

图 8-1-1 聚落遗址选址地形坡度关系

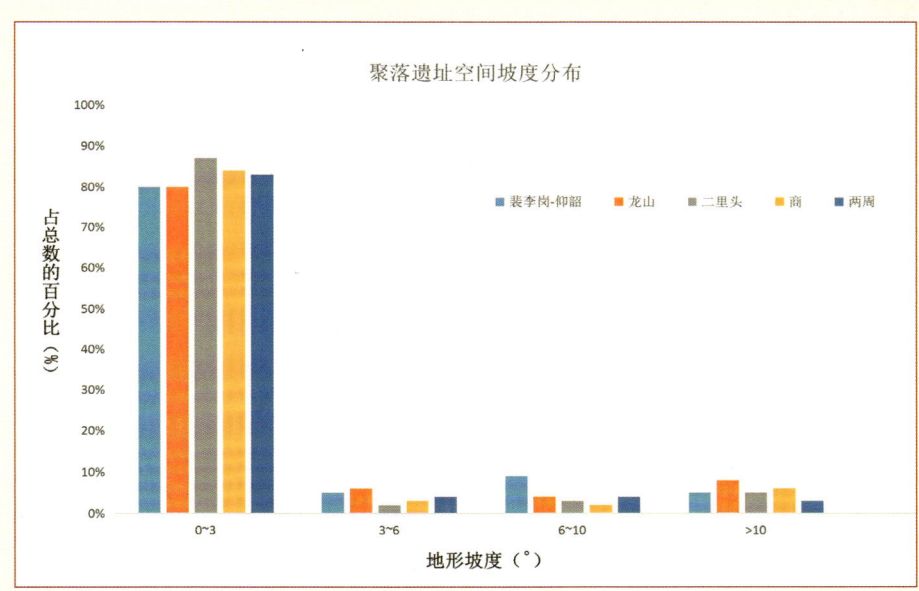

图 8-1-2 聚落遗址选址与水源距离关系图

源、安全防御等是在一定环境中进行的，并深受环境资源的制约。这意味着史前人类的居址选择不是随机的，在空间分布上存在着区域特征，同周围环境之间有着密切的联系。研究人员通过数据分析，发现了聚落遗址空间的一定规律性，得出史前人类较多选择自然坡度在 3°~6° 的地方，这是因为稍微平坦的环境便于出行、取水和农业生产。利用基础数据，研究人员对六大文化时期古聚落遗址与水源距离进行了分析。分析结果是 90% 的古聚落遗址距离河流的距

◯ 图 8-1-3　涧水

离小于 4 公里，其中 50% 以上的聚落遗址分布在距离河流 1 公里范围内。聚落选址于靠近水源的地方，便于生产生活。更详细的数据不但显示了聚落同水源地的距离，同时显示了聚落的位置同水源的高差关系。聚落往往选址于水患侵扰面以上的安全位置，证实了聚落考古学中所说的关于水源和水患对人类居住地选址的影响（图 8-1-1—图 8-1-2）。

在人类利用自然优势，择吉而居的同时，往往会对周边环境进行一系列的主动与被动的干预。充分利用天然环境特点主动干预的目的是合理利用自然资源，将一些不利的因素进行改造后营造更宜居的环境。汉班固《汉书·沟洫志》载："盖堤防之作，近起战国，雍防百川，各以自利。齐与赵、魏，以河为竟。赵、魏濒山，齐地卑下，作堤去河二十五里。河水东抵其堤，则西泛赵、魏，赵、魏亦为堤，去河二十五里。虽非其正，水尚有所游荡，时至而去，则填淤肥美，民耕填之。或久无害，稍筑室宅，遂成聚落。大水时至漂没，则更起堤防以自救，稍去其城郭，排水泽而居之，湛溺自其宜也……"描述了人们依据自然环境的不断变化，趋利避害和变害为利，通过治理环境后建村筑屋、劳作生息的场景。崤函古镇千秋村在战国时谓名"千秋亭",《水经注》云:"谷水又东,经千秋亭南,其亭垒石为垣,世谓之千秋城也。"千秋亭作为军事重镇选址于崤函古道一侧并南临涧水,修筑块石寨墙既为军事防御系统又为聚落水患防御之用,坚固的寨墙使居民安危得以保障,大水流过的涧河河滩地土壤肥沃易于耕种。先民秉持着尊重自然,巧妙利用自然条件的思想,使聚居地与生存环境相融合,逐渐形成利于人居的生存环境(图8-1-3)。

人们利用自然环境优势选址,以利取得宜居的环境。地形平缓地区通常选择在靠近河流或者地下水源丰沛的地方建造村落;丘陵山地一般选择在靠山近水、地势高爽的向阳坡面营建;黄土高原覆盖区域利用地貌特点靠山挖窑、掘地掏穴,所挖凿的窑居建筑既同自然环境相融合又有恒温、保暖等特点。

《后汉书·仲长统传》中所记载的仲长统对住宅环境的要求:"使居有良田广宅,背山临流,沟池环匝,场圃筑前,果园树后",形象地勾画了临水而居的田园氛围。豫西同样有不少古村落的选址环境同上述环境类同,如三门峡渑池赵沟村、洛阳宜阳苏羊村、洛阳洛宁上戈村等。

赵沟村东依蜿蜒赵沟河,周围有鹰嘴山、笔架山、书山、老君山,群山环抱,处于相对封闭的沟谷地带。赵沟河由南向北从古村东侧流过,四季不断。古村处于临水高地,符合古人临水择墟而居的特点。临水择墟而居,取水便利,又能防止河水泛滥殃及家园。村落与山林距离较近,不但可以在山区打猎、采集生活所需,还便于利用山林的树木和石材建筑房屋。赵沟村拥有宜居的生态环境,构建了人与自然和谐相融的境界。

古人通过对自然山水的观察与利用已总结出一套选址与营建的经验。在村落选址上,体现出因地制宜、内外兼容、人与自然相和谐的布局理念。苏羊村是一个古老的村庄,1万年前原始社会晚期人类就在苏羊定居生活并绵延不断。苏羊古寨坐落在花果山山前的苏羊塬上,北距洛河500米,古时洛河水经常泛滥,每逢洪水退去,河滩就会有大片沼泽,时常有鱼可捕,更有沃土淤积的大片滩涂,草木旺盛,利于牧羊。苏羊寨距离花果山山脚4公里,从山脚至古寨坡度在30°以内,坡势连续且平缓,便于人们上山采集野果和打猎,这些都是良好的生活资源保障。洪水的不断冲刷,把苏羊寨东西两侧冲出了两个大河湾,形成了三面环沟的台地地貌,从而构筑了天然的安全屏障,不但避免了洪水侵扰还避免了野兽的侵袭。

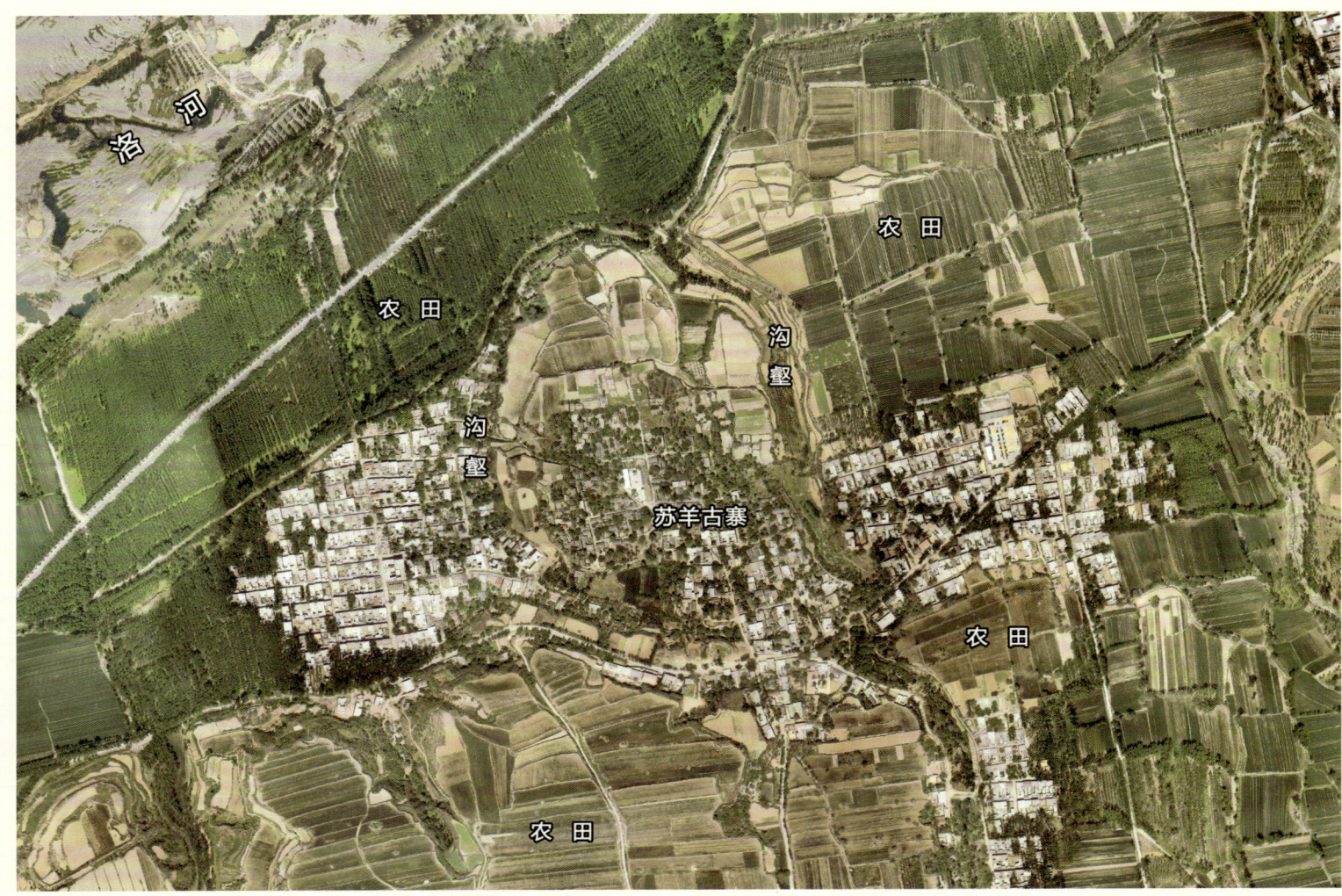

▲ 图 8-1-4　苏羊村选址环境图

社会动荡时期，人们利用天然沟壑，在寨周构筑防御寨墙。利用古寨居高临下、三面沟壑环绕的自然地势，所建立的自然和人工相结合的防御体系，有效地防止外寇侵扰和抢掳。苏羊村选址既无水涝之灾又易于防守瞭望；既有高亢爽快之利，又平坦而不沮洳，为聚落选址的典范（图 8-1-4）。

洛宁县上戈镇上戈村地处伏牛山系，南、北、西三面群山围绕。背靠崤山，南望熊耳山，西侧浅山连绵，洛河由西自东蜿蜒而过。整体环境藏风而聚气，体现了古代传统的天人合一的选址理念。周围崤山、熊耳山都是形成较为久远的山脉，构造较为稳定，不易形成滑坍和泥石流等自然灾害。村落坐落在两山脉相交形成的谷地向阳的缓坡上，在一定程度上阻隔了北方寒冷空气并有利于接纳南方的日照带来的温暖，选址充分考虑了山水分布和村落格局的结合。

二、易 作

地理决定历史，定居位置同周围环境之间有着密切的联系。农耕时代，土地是最宝贵的生产资源和财富。古人日积月累，总结出利用自然使人类生活更协调更便利的经验，结合生产、生活选址，易作。

聚落周围有肥沃的田地利于耕种，是聚落选址的重要条件。"日出而作，日落而息"是农业聚落每天周而复始的生活状态。日常的劳作是每天早出晚归的携带农具徒步往返于住宅和田间，所调查的豫西村落同耕地之间的距离一般在2公里以内。居住的地方和耕作的地点之间有着密切的空间范围关系，所以合适的耕作半径是村落选址的重要依据，逐渐形成了村落衍生发展的客观规律。

据调查资料显示，豫西现存半数以上的古村落是清代之前所建立的，许多村落的形成缘于外地的移民。明朝初期，统治者平定战乱后，为了恢复生产，制定了移民垦荒振兴农业的措施，决计把农民从狭乡移到宽乡，从人多田少的地方移到地广人稀的地方，至此开始了我国历史上延续50年的迁徙活动。朝廷下诏：开垦荒地，移民垦荒。按"四口之家留一；六口之家留二；八口之家留三"的比例迁徙。洪武二十一年（1388）有记："二十一年八月，徙泽、潞民无业者垦河南、北田，赐钞备家具，复三年。"永乐元年有记："元年八月，定罪因于北京为民种田例。其余有罪俱免，免杖编成里甲，并妻、子发北京、永平等府州县为民种田。礼部议奏：山东、山西、陕西、河南四布政司就本布政司编成里甲……上悉从之。"明王朝还颁布了一系列有助移民的优惠政策，如发放路费、发放棉衣、发放安家银两，自便置屯耕种，还免其赋税三年。有记载，山西的移民来到中原地区，看到广阔肥沃的土地无人

图 8-2-1 村落周围拥有广袤的农田，易作（图片来源于网络）

耕种，一时间慌了手脚，有的以犁占地，有的跑马占地。就在这些肥沃良田的周边，众人张罗着盖房造屋，逐渐建立了村落。这些"奉例迁居"的移民定居下来看中的是当地适合农业生产的环境（图8-2-1）。

明代，资本主义萌芽开始在中国大地萌动，生产制造、商业经营带动了贸易的发展，商业活动促进经济的繁荣。选择交通便利、利于进行商贸活动的地方定居，有助于促进聚落经济和文化的发展，为居民的生产生活、内外联系带来极大的便利。

豫西北濒黄河、南触古楚、东临平原、西接关中，拥有天然的地理区位优势，具有"河山控戴，形势甲于天下"的地理位置。洛阳位居天下之中，自夏朝始，先后有13个朝代在此建都。国都之地必然为交通枢纽中心，因此洛阳的交通便有了"八方辐辏""九州腹地""十省通衢"的盛誉。周朝时修通洛阳到各个诸侯国的"周道"，从此建立起以洛阳为中心的中国第一条国家级公路网。洛阳和关中之间的古道不管是豫、秦文明核心区之间还是长安与洛阳两京之间，都承载着文化和物资交流的重要的作用。陆上交通干线是中国古代文化包括建筑文化重要的交流传递线路。

豫西区域著名的古道为崤函古道、阳壶古道、北山古道、西南道等，古村落的分布同这些古道联系紧密。

崤山又名崄岑山，是秦岭东段的北分支，至陕州区和渑池交界处分为两干。崤函古道为崤山东西山间的隘道，分为南北。崤山南北二道早在距今三四千年的商周时期就已开拓成途，至春秋战国时期即成为大规模的用兵路线。古道连接长安和洛阳两大古城，在两周和汉、唐时期实行的"两京制"，崤函古道成为一条名副其实的京畿大道。这条作为丝绸之路东端的古道还是沟通中外经济、文化的中心干道。沿着这条古道，古城、村落、集镇、关隘、驿站、仓储设施等如珠练般从东延续至西，这其中石壕村、磁钟村、观音堂村、千秋村、石佛村等古村落都紧邻古道而设，村落的形态和职能都深受古道的影响。

阳壶古道又称"吕蒙正道"，因宋相吕蒙正初入仕时曾修此道而得名，是从山西过黄河后经石井入新安后直达洛阳的主要道路。据《宋史》载，宋廷为加强对河北、山西的防御和征讨而扩修此道。洋湖村、关底村、金灯河、沙窝隘、石井、仓头、丹石、新安即为沿途聚落。

北山古道为东汉建安年间曹操为向西征战时所开凿，位于北崤道北崤山南路，地势较高又称北山高道。沿途的窑坡村、韶峰村、坡头村、岭南村、范洼村、石板沟村、坻坞村等即为在这条古道上渐渐形成的村落。

西南道是从灵宝老城（弘农郡旧址）向南通向陕西的古道，这里处在华北克拉通南缘成矿带，蕴含有丰富的金、银、钼、铅、锌等矿产，其中，尤以小秦岭金矿储藏量较大，明清

图 8-2-2　康百万庄园东临洛河

时期开采黄金和经营黄金矿产的商人和富豪集聚于此。这条古道北端同崤函古道"T"字相连，不仅将盐、茶叶、布匹等日常所需运往陕西，还承担着金、银矿产交易的重要途径。古道沿宏农河向南经虢洛镇、梁凹至朱阳，折西顺水过董家埝到大关入陕西。沿途的村落主要有杨公寨、董家埝村、朱阳村等。

水运是古代最为方便和廉价的运输方式。航船运输货物，沟通豫西和四方物资交流的同时促进了沿河的贸易。《商君书·徕民篇》中有叙："山水大聚会之所必结为都会，山水中聚会之所必结为市镇，山水小聚会之所必结为村落。"人类喜逐水草而居，无论是发展农业、渔业、手工业，还是作为通航运货的驿站，临水的聚落更容易利用交通上的便利进行商贸活动，从而带动地方经济的发展。因航运商品、集散物资、兑运粮食等原因发展起来的村庄不胜枚举。

巩义康百万庄园经明、清、民国三代400余年的长期建设，形成了一座历史悠久、规模宏大的中国封建社会晚期地主庄园。濒临洛河建有造船厂并设置码头，使其发展为拥有船行六河（洛、黄、运、沂、泽、渭）的经营范围（图8-2-2）。

三、易　筑

聚落顺应自然环境进行营建，保护自然格局与活力，利用环境和各类建筑资源选址，易筑。以周围沟、凹、坡、冈、阜、坎等地貌条件，灵活布局营造聚落环境空间，既因地制宜不但节省劳动力和建筑材料，容易构筑居所，更能利用有利地形营建防御性的构筑物以求安全的保障，有效地防御外部敌患和野兽的侵扰。

洛阳孟津石碑凹村的选址，是巧妙利用自然地形特点营建的典型例子。张姓一族于清嘉庆元年（1796）迁至石碑凹村，聚族而居，是以血缘为纽带的聚居型古村落。为抵御外侵，防御安全为安居之首要。张氏一族利用寨南的深沟和陡壁悬崖，在东、西、北三面的现有地形上因势利导筑起高高的寨墙，构筑了四周闭合的防御聚落。聚落中部原来是一个沟岔，掏土补凹，将其改扩建成一个大型开放式地坑窑院，窑院的东南角通向深沟的地方留有一个敞开的豁口，很好地解决了寨内排水问题。堡寨内的院落坐北向南，每处院落北端靠近土岭，皆挖了靠山窑。整体堡寨的设计和营建"因天材，就地利"，把堡寨的构筑物和坡地、沟地

图 8-3-1 利用丰富的黄土资源挖凿的"绿色建筑"——地坑院

巧妙结合起来,既利用天然黄土资源挖筑窑洞节省了建材和工时,又利用自然地形构筑了天然的防御工事。

豫西的古村落往往选择黄土资源丰厚的地方,挖凿地坑院和靠山窑;选择山区石材易于开采的地方,垒砌石屋并制造生活工具;选择交通便捷和煤炭资源丰富的地方,烧制砖瓦,盖筑瓦房。

三门峡市陕州区众多的地坑院风貌的村落早期的选址都是在近水源的黄土沟壑地带挖凿靠山窑作为居住之所,后期因为发展受限而渐渐从沟谷坡地迁移到广阔的黄土塬面上。平坦的塬面提供更多的建造家园的场地,勤劳聪明的住民在黄土塬面向下进行挖筑,建造了"绿色建筑"——地坑院(图 8-3-1)。地坑院村落主要的建筑资源就是广阔的黄土塬地。豫西大部分地区位于山区,石材不仅易于开采,又有坚固耐久的特性,较为典型的"石头村落"有洛阳市新安县石井镇寺坡山村、洛阳市嵩县九店乡石场村等。这些村落有着不同的地理条件和人文环境,有着不同的历史起源和发展过程,但都巧妙依据环境条件、利用山区石材丰富的自然资源,营造出石头风貌的村落。

第九章　豫西古村落的类型

村落的分类是较为复杂的事情,可以依地形地貌分类,可以依主要经济形态分类,还可以依村落形态特征分类。这些分类都同村落与自然的关系以及人的活动密不可分。结合豫西古村落不同的情况,我们总结出依据地形地貌特征,可以分为:黄土高原聚落、山地丘陵聚落和河谷平原聚落;依主要经济形态和功能,可以分为:农业聚落、商业聚落、军事聚落;依据村落形态,可以分为:集聚型聚落和散漫型聚落。

一、根据地形地貌特征分类

依据豫西地形地貌特点,我们将豫西古村落分为黄土高原聚落、山地丘陵聚落和河谷平原聚落。

(一)黄土高原聚落

豫西的北侧为黄土高原的东边缘,黄土层从西往东逐步递减,因为特殊的黄土地貌,形成了别具特色的黄土台塬聚落和黄土丘陵聚落。三门峡市陕州区分布着众多黄土台塬类型的聚落、洛阳和郑州以西地区分布着众多黄土丘陵类型的聚落。黄土高原在河南的分布自三门峡到郑州以西截止,此区域的窑洞民居是乡村聚落的代表性居所。

图9-1-1 河南省黄土高原分布图

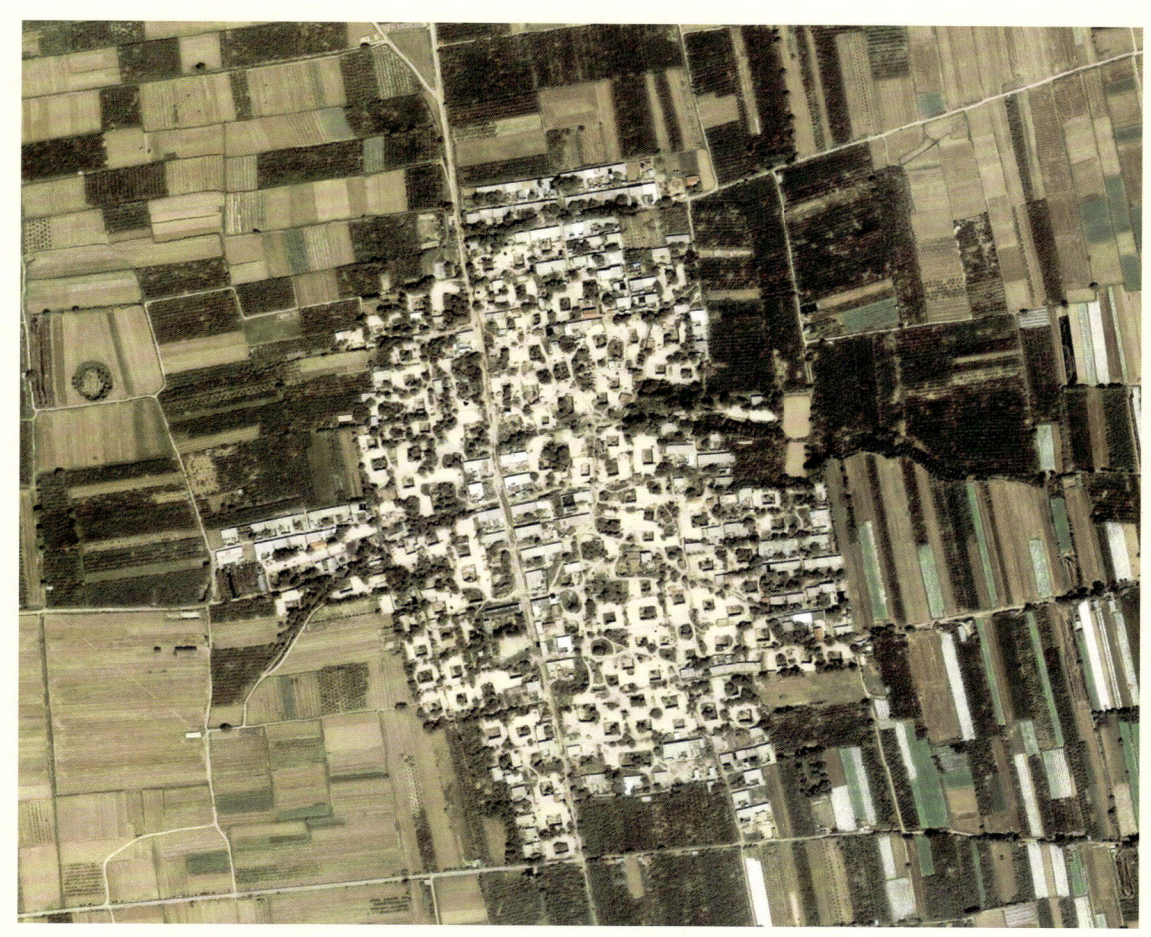

🔶 图 9-1-2　黄土台塬的地坑院村落（2018 年丁管营村航拍）

三门峡市陕州区南部和西部为黄土塬和沟壑交错区，厚达 500～700 米的黄土层经长年的雨水冲蚀，形成了特有的黄土台塬地形，自西向东有张汴、张村、东凡三大塬，地势高敞，土壤深厚，适于农耕。这些村落利用黄土塬地貌特点，民居以靠山窑和地坑窑为主（图 9-1-1）。其中陕州区的地坑窑分布较其他区域更密集，形态特点突出，显示了黄土塬区域世代传承的居住习俗，形成了独特地貌特点的村落。黄土台塬村落有三门峡市陕州区的庙上村、刘寺村、官寨头村、人马寨村等。另外，除了三大塬区，在豫西黄土堆积相对较厚的地方因周边沟谷切割后也存在一些小型的台塬地貌。在这些小型的台塬上还有不少以地上建筑

● 图9-1-3 黄土丘陵村落，北侧为黄河，东侧为伊洛河，刘镇华庄园选址于两河交汇处

为主的聚落，如宜阳苏羊村、灵宝杨公寨村、洛宁城村等（图9-1-2）。

豫西的北部还存在较多黄土丘陵地貌，该区域村落的民居呈现了黄土高原地区和平原地区两种风格相结合的特点。洛阳、巩义、上街等地古村落的宅院多以窑院的形式出现，即背依土崖挖凿窑洞民居，洞前平地建筑独立式建筑，其中院落平地上所建的独立式建筑有木构瓦房、砖石箍窑等多种建筑形式。这种窑院在孟津石碑凹村，巩义的康百万庄园、张祜庄园、刘镇华庄园以及海上桥村中都较为常见（图9-1-3）。

（二）山地丘陵聚落

豫西为河南省山地丘陵最密集的区域，丘陵和山地地形约占90%，所以该区域也为河南山地丘陵聚落较为集中的分布区域。这些村落有些居于山洼沟谷，有些处在山腰，还有的位于山顶。山地丘陵区村落耕地资源有限，一般规模不大。村落形态与自然地形地貌巧妙、和谐地融合，通常一两家或三五家依据自然地形呈现散居分布。具有代表性的村落有：嵩县石场村、新安县寺坡山村、渑池赵坡头村等（图9-1-4）。

（三）河谷平原聚落

河流水域为人类赖以生存的重要资源，是聚落选址的主要因素。黄河被誉为中华民族的摇篮，豫西地区的河流多为黄河的支流，其中较为大型的有洛河、伊河、涧河等。通过调查分析，水资源的流经范围影响着聚落的形成

图9-1-4　山地丘陵村落——渑池赵坡头村

图9-1-5　临水而居的渑池赵沟村

和分布，豫西80%古村落在黄河的支流或支流的支流旁侧。例如，洛宁河底镇城村位于洛河的支流连昌河旁，洛宁东宋镇丈庄村位于洛河的支流渡洋河旁，栾川潭头镇大王庙村位于伊河的支流潭峪河的支流文曲河周围，渑池赵沟村位于黄河支流涧口河的支流赵沟河上（图9-1-5）。选择支流附近形成聚落是因为支流的水量适中，适合利用。村落的选址需要考虑就近取水的便利和避免水患的浸淹，所以定居点会选择既能方便利用水源又位于安全的高程环境。这些村落沿溪涧分布，在一定等高线上沿河道伸展，从而形成"蔀屋数十家，历落沿溪聚"的村落布局。

二、依据主要功能分类

依据功能可以分为：农业聚落、商业聚落、军事聚落。

（一）农业聚落

聚落的主要经济活动方向决定着聚落的性质，豫西大部分乡村聚落都为农业聚落。乡村聚落经济活动的基本内容是农业，习惯上称为村庄，是农耕文明最小的社区单位。豫西是人

◯ 图9-2-1　丰收的季节，村落中随处可见晾晒的农作物

◯ 图9-2-2　悬挂在屋檐的农产品成为村落的风景

类早期文明的发源地,农耕活动有着悠久的历史,在没有文字记载的远古时代,人们经过长期的观察天时地利,创制斧斤耒耜开始种植谷物。从远古以种植粟黍为主到当今种植小麦、玉米、大豆、花生、棉花等丰富的农(经济)作物,长期的农耕活动决定了聚落的文化特征。先秦时期民间流传的《击壤歌》中描写的农耕时代村落典型的场景为"日出而作,日入而息,凿井而饮,耕田而食……"农业文明孕育了内敛式自给自足的生活方式。

农业聚落的特征是以种植农作物为主。聚落周边一般拥有良好的农耕资源,人们依靠精耕细作生存和发展(图9-2-1、图9-2-2)。

(二)商业聚落

豫西古村落中完全不进行农业活动的乡村聚落基本不存在,只是从主要经济形态特征分析,有一些古村落因商业的发展而形成,我们称之为商业聚落。豫西地处东进西出之要地,交通枢纽、节点密布,从而形成不少坐落于的古商道上和水陆枢纽处的商业聚落。

聚落的主要经济活动决定着聚落的性质,经济结构直接影响到聚落的形态、规模和繁荣程度。在豫西,商业聚落的形成有两种情况:一是为商品的供货生产地,另一种是商品的流通中转和销售地。通常人烟辐辏、商贸经济发达的地区都居于交通枢纽处。豫西古商道中著名的有连接洛阳和西安的崤函古道,有灵宝至陕西商洛的西南道,有渑池洋湖经关底、关东村进入洛阳的阳壶古道等。几千年的历史长河,古道上留存了众多历史遗迹。战时,古道作为进攻和退守的路线,一座座防御型的城池、堡寨和兵营设置于古道之上;和平时期,古道作为官道满足联通和交流之需,作为商道执行运载物资之责,伴随商贸活动和便利的交通环境而形成一个个商业聚落。豫西现存的商业聚落都位于古官道周边,其中著名的有三门峡义马千秋村、三门峡灵宝朱阳村、三门峡的杜店村,登封大金店村等(图9-2-3至图9-2-5)。

灵宝朱阳山一带蕴含有丰富的金、银矿产,朱阳村为豫陕地区最早的黄金开采地,聚居了较多从事黄金等矿产开采和交易的商人,为商品的供货生产地的商贸聚落。依托着豫西灵宝到陕西商洛地区的古道,频繁的交易带来了丰厚的利润,清代至民国时期居住在朱阳村的商人纷纷建有大型宅院,现存几所旧宅上的砖雕、木雕和石雕能够告诉后人当时宅院的精美程度,透视着这处商业聚集中豪宅主人的丰厚财力。

三门峡义马千秋村、登封大金店以及巩义益家窝村等为商品的流通中转和销售地，这些聚落的特征是拥有主要的商业街，聚落的形态围绕着商业街而发展，人们的居住生活和经营也以商业活动为主进行。崤函古道位于古丝绸之路东端，《读史方舆纪要》中有"自新安以西，历渑池、硖石、陕州、灵宝、阌乡而至潼关，凡四百八十里"的记载。在两周和汉、唐时期实行的"两京制"，崤函古道成为两京通往的必然线路，为一条名副其实的京畿之路，历史上在崤函古道上形成的村落多受东西方文化和贸易往来的影响，许多沿途的村落必然成

◎ 图9-2-3　登封大金店古店铺

◎ 图9-2-4　三门峡的杜店村古店铺

◎ 图9-2-5　芝田镇益家窝渡口

为以货物交换、商业往来为主商品集散地。因古道的便捷，三门峡的千秋村早在汉晋隋唐时期就颇为繁华，平坦的商业街道、相连无隙的商铺、高耸的庙宇以及成片的民居错落有致的分布于此，明清时更是达到了鼎盛，商贾辐辏，百货咸集。至20世纪60~70年代，千秋村一直是豫西地区重要的商贸集聚地。

巩义的益家窝村西邻伊洛河，历史上为黄河与洛河交汇处的枢纽和伊洛河重要渡口。益家窝渡口曾经繁盛一时，从渡口的功能逐渐发展为当地商品的集散地，商业街从码头一直延伸至村落中心，街两侧商人的阔宅一院连着一院，庭院深深，建筑精美，建造这些宅院源于村落位居渡口要地，利于进行商贸活动，从而呈现出繁荣的经济面貌。

（三）军事防御聚落

清朝咸丰、同治年间，为对付太平军和捻军，挖壕筑寨在河南各乡村推行。清咸丰年间皇帝下诏，令各地仿嘉庆年间修堡寨之法，且下令组织团练来保卫乡镇。修堡寨就是将十余村联为一堡，或数十村联为一堡，堡寨四周环以深壕。堡寨的规模"以一堡集居民三四万为

○ 图9-2-7 防御型聚落——抱犊寨

○ 图9-2-8 抱犊寨隐藏在山林中的碉楼

率"；以实现"贼近则更番守御，贼远则出入耕作"。通过多层次的防御体系，进行全方位的防止匪祸侵袭，为聚落居民提供平安的生活和生产环境。

火神庙村抱犊寨位于栾川县城西南34公里的抱犊山上，地跨卢氏、栾川边境，因远古时期一个放牛娃得道成仙的神话故事而得名。村寨四周群峰环拱，壁立千仞，周筑有四门，东门有断山壕，壕深莫测；西门两峰之间，有10米左右深堑；南、北门均峭壁千仞，无路可通。谓一夫当关、万夫莫开之天堑雄关。四门天然形成，寨内呈簸箕掌状形。西、北、南三面高，东部开阔。寨内建筑随等高线呈"U"字形布局。辞书记载："昔人避兵之所。"明清至民国以来，社会动荡，豫西山区匪寇猖獗，经常绑架富户，敲诈钱财，嵩县、卢氏、西峡、洛宁和当地的巨绅富户惶惶不可终日。乱世向山，几经考究，纷纷避居抱犊寨上。据山筑寨，逃苛捐苦役，避兵匪战祸。久而久之，这里成了附近富户豪绅的"避风塘"。随后的几十年迁来的人越来越多，特别是有些富户还带上家眷，形成了相当规模的群体。为了满足需求，山寨不断的扩建，在山寨的东、西、南、北4个隘口筑起寨墙，扎上寨门，形成了一个集防务、衣、食、行、居为一体的军事防御型的聚落（图9-2-7、图9-2-8）。

三、依据村落形态分类

自然地理条件对聚落形态的分布有着重要影响。同自然环境结合的形式不同，所呈现的形态特征就会不同。豫西村落布局形态，可以分为集聚型和散漫型村落。

（一）集聚型村落

"聚族而居、血脉传承、融于自然、自主衍生。"在自然和社会条件相对稳固的情况下，相同血亲族人聚集一起便于生活，更为安全，利于本组的壮大，从而形成以血缘而聚居的集聚型村落。根据村落的形态可分团状、带状等类型。团状村落平面形态呈矩形、近于圆形和不规则的多边形。集聚型村落多位于地貌平坦、用地适当充盈的区域。地广且平坦的环境容易形成片状，沿路和沿水的环境则易于形成带状。

集聚型村落在豫西的黄土台塬上、盆地以及河流和道路附近都较为常见。"塬"是一种特殊的地貌形式，因流水冲刷而形成，四边陡峭，顶部广阔，呈台状的高地。河南三门峡市陕州区黄土塬地貌较为常见，广袤平坦的塬区大至几十平方公里，小至几平方公里，可以覆盖一个乡镇甚至两个乡镇。黄土塬上分布的古村落原住民所占比重较大。距今6000年前，陕塬上就出现了较大的部族群落，人居历史悠久并分布较广。从现在的卫星图上仍然可以看到，陕塬上古村落一团团、一簇簇，呈现着团状的集聚形态。具有代表性的台塬古村落有张汴塬上的刘寺村，张村塬上的南沟村、丁管营村、官寨头村、庙上村和人马寨村等。

集聚型带状聚落或靠近水源而沿河道伸展，或为沿道路延伸。具有代表性的带状村落有三门峡义马石佛村、登封柏石崖村等。

（二）散漫型村落

豫西的山区有些交通不便、地形受限的村落布局为散落的小片状。住户并不同族，几户人家多是因逃荒和躲避兵燹移居此地，相隔一定距离三三两两地散居在山野中。散漫型聚落一般人口不多、规模不大、耕地资源较少，与集聚型聚落形成鲜明对比。村落中的民居宅院不集中，相对分散。这种聚落多处在地形较为破碎、起伏较大并交通不便的地区，发展较为迟缓，"幽居四五家"是较为常见的聚落景观。呈现着"阡陌交通、百回曲折、犬吠相闻、怡然自得"的人文风貌，展现淡泊、宁静的山村氛围。较为典型的散漫型聚落有洛阳新安寺坡山村等。

第十章　豫西古村落的公共空间

公共空间是维系社会秩序和情感交流的需要，对华夏文明核心区的豫西古村落来说更显得重要。豫西古村落中的公共空间主要可分为劳作和休憩空间、宗教祭祀空间、学堂教育空间等，这些空间，反映了古代豫西民间社会的组织、管理与交流模式，是封建秩序下必需的规划要素。

豫西古村落的公共空间中，劳作和休憩空间是最贴近村落生活的公共空间。村落的宗教祭祀空间是民间信仰的物质载体，是民俗文化活动的重要场所。庙宇、祠堂等是村落主要的宗教祭祀空间。学堂教育空间在文化传承和个人伦理道德践行方面有着极其重要的作用。

一、劳作和休憩空间

劳作和休憩空间是最贴近村落生活的公共空间。

大片的农田、起伏的麦浪、潺潺的流水、耕作的农人所构成的场景是乡村聚落常常见到的，田间是农耕聚落重要的劳作空间。磨盘、石碾等加工农产品的器具常常分布在村落的空地上，形成了一处农作物加工的劳作空间。另外，村落里的各类作坊、生产农产品和生活产品的作坊、运输货物的码头等也是劳作空间。在这些场所，人们一边进行耕作、加工、搬运等工作，一边在休息的时候进行劳作经验的交流，这些空间同时也成为休憩空间。村落的人们常常聚集在凉亭中、大树下、街巷的拐弯处，刚刚收工的农人享受着阴凉、唠着家常，农家女做着活计，孩童们追逐着、玩耍着，构成了村落人们交流、休憩的场所（图10-1-1至图10-1-4）。

图10-1-1 耕作和加工场地是劳作空间

图10-1-2 古树下是村人交流的休憩空间

○ 图 10-1-3 粮食加工的劳作空间

○ 图 10-1-4 村落街角是村民交流的公共空间，块石就是人们惬意的坐凳

二、宗教祭祀空间

村落的宗教祭祀空间是民间信仰的物质载体，是民俗文化活动的重要场所。村落的宗教祭祀空间主要包括庙宇、祠堂等。

庙宇主要供奉神祇和历史名人，是人们祈福纳祥、消灾解厄、祈求平安的宗教信仰的场所。祠堂是祭祀祖先或先贤的场所，内部常常列有宗族谱系，以达教化族人的目的。豫西村落的庙宇神祇包罗万象，既有天、地自然神祇，还有人文鬼神，反映了民间信仰的泛神崇拜。祠堂不但用于祭祀祖先，还是族内商议重要事务和家族内办理婚、丧、寿、喜等重大的事情的场所。豫西乡村的宗教祭祀空间往往是集聚村落财力、物力、人力所建，建筑质量普遍高于普通民居（图 10-2-1 至

○ 图 10-2-1 嵩县旧城乡旧县村城隍庙是祭祀城隍神的庙宇

○ 图 10-2-2 洛阳司马村祠堂内刻于石碑上的常氏谱系

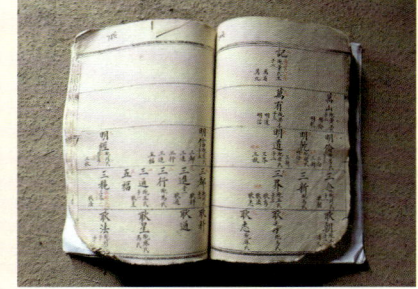

○ 图 10-2-3 洛阳司马村常氏家谱

图 10-2-3）。

通过以下宗教祭祀空间的实例来展示豫西民间信仰的物质载体。

（一）河大王庙

河大王庙坐落在河南省巩义市芝田镇益家窝村，是以祭祀洛神为主的庙宇，始建年代较早，传说三国时期曹植就是在此临望洛水，有感而发，创作了辞赋名篇《洛神赋》，自此，美丽绝伦洛神形象和缥缈迷离人神之恋深深地印刻在人们的脑海里。

○ 图 10-2-4 当年的河大王庙留存下来的建筑已经不多，主要建筑为启圣阁

启圣阁，又名春秋阁，建于清嘉庆年间，现为河南省文物保护单位。启圣阁原为河大王庙北配殿，占地面积400平方米。重檐歇山阁楼式建筑，分上、下两层，顶部为灰筒瓦铺顶。建筑宏伟壮丽，看楼观河景，洛河弯曲壮美，阁楼倒影变化，水光山色，为明清时巩义八景之一（图 10-2-4）。

（二）重阳观

重阳观位于郑州市上街区峡窝镇观沟村西，明万历四十二年（1614）迁修于此，现为河南省文物保护单位。重阳观原规模较大，有山门、三清殿、老君洞、祖师殿以及戏楼、道院等。现仅留存三清殿，道士房东、西

○图 10-2-5　重阳观

屋，广圣殿四座建筑及数孔窑洞。三清殿，坐北朝南，无梁殿式建筑，面阔三间，进深一间，单檐歇山顶，灰色筒板瓦屋面。门为拱券式，携带显著的豫西窑洞建筑风格，其上有砖雕门罩，雕刻有莲花等纹饰。屋檐下四周为砖雕檐椽和飞椽，翼角为砖挑檐，内有木质角梁。道士房东西屋，坐北朝南，二层抬梁式建筑，面阔三间，进深一间带前廊。单檐硬山顶，小青瓦屋面。重阳观是周边村落的善男信女祈福消灾，举行祭祀神灵等宗教仪式的宗教祭祀空间（图 10-2-5）。

（三）南岳庙

南岳庙位于登封市大金店老街村主街的中心位置，始建于金，后历代重修，现为全国重点文物保护单位。金兀术占领中原后，此地为金人管辖的南疆。全国五岳，金兵已占有四岳，唯独南岳衡山未达，便下令在此将府君庙改建为南岳庙，名曰"位配南岳"。庙内府君殿始建于此时，元代庙院仍供奉府君。庙院坐北面南，原有三进院落，现东西宽66.8米，南北长90.8米，存有南岳庙正殿（府君殿）、财神殿、三官殿、火神殿、龙王殿、三星殿等建筑。

府君殿为南岳庙的主体建筑，位于中轴线上，面阔三间（8.98米），进深三间（7.68米），单檐歇山造，灰筒板瓦屋面。殿内金柱采用减柱造，增大了使用面积，梁架斗栱均施彩绘。

图 10-2-6　大金店南岳庙

大殿除南面作槅扇门、窗，其余三面砌墙，墙之两端用青砖砌筑，中间筑土坯墙。这座殿堂建筑保存有金元时期的风格，具有较高的建筑历史研究价值。南岳庙是大金店老街村和周围区域重要的宗教祭祀场所（图 10-2-6）。

（四）邵雍祠

邵雍祠位于洛阳市洛龙区安乐镇安乐窝村，现为河南省文物保护单位。邵雍祠是封建帝王遣官致祭，地方官吏、百姓和邵氏后裔礼拜先贤的场所。

邵雍祠坐北朝南，四进院落，中轴线对称布局，规整有序，占地面积 3808 平方米。现存有大殿、二殿、皇极书阁、云溪洞等清代、民国时期的建筑。祠内存有清康熙皇帝及民国吴佩孚等名人题词的匾联多幅，明、清、民国修祠碑、画像赞碑等十余通碑刻。祠门外有国槐一棵，树龄在 800 年以上，为地方古树名木。

邵雍因"内圣外王"的仁者情怀和"学达性天"的智者境界而为一代理学宗师。邵雍殁后的墓和为纪念先贤的思

图 10-2-7　邵雍祠

想人格而设立的祠，成为后人祭奠和缅怀儒学先师的圣地（图10-2-7）。

（五）卫坡村北祠堂

卫坡村位于洛阳市区北5公里处的孟津县朝阳镇，现为河南省文物保护单位。卫氏家族于明洪武年间由山西阳城迁到河南济源轵城，后于清代顺治年间，卫氏始祖卫天禄率子孙由济源县西轵城迁到洛阳孟津现址。经过几代人开荒种地，家族渐兴，并在朝为官，房产田地众多。家族在村内兼有"南""北"两座祠堂以供奉祖先。

北祠堂位于古街北侧东段，坐北朝南，建于清嘉庆十八年（1813），是卫坡民居的标志性建筑。祠堂整体布局呈长方形，南北长25.58米，东西宽12.33米，建筑面积184.90平方米，占地面积300平方米，由门楼、过门、主殿及东厢房、西厢房组成。门楼坐北朝南，双坡硬山顶，嵌于东、西厢房南侧山墙之间。东厢房坐东朝西，平顶屋面，屋面四周青砖砌筑垛口墙，墙下设灰陶板瓦屋檐。西厢房坐西朝东，形制与东厢房一致。主殿坐北朝南，为"一卷一殿"勾连搭形式，前卷后殿。卷棚为过厅，后殿为祭祀厅，面阔三间，皆为硬山，灰筒板瓦屋面。在大门和后殿之间设有过门，巧妙地将北祠堂分为前后院落，增加了仪式感（图10-2-8）。

图10-2-8 卫坡村北祠堂

三、学堂教育空间

学堂和私塾对中国几千年传统文化的传承起到了非常重要的作用。村落中的学堂和私塾是乡村聚落中传播和继承中国传统文化的主要场所，是传授知识的教育空间。

学堂和私塾都是旧时对学校的称呼，其中私塾是古时开设于家庭、宗族或乡村内部的民间教育机构，以儒家思想为中心，是私学的重要组成部分。关于"私塾"一词，东汉许慎在《说文解字》中说："塾，门侧堂也。"《尔雅·释宫》曰："门之侧谓之塾。"在教育学意义上使用的"塾"字见于《礼记·学记》："古之教者，家有塾，党有庠，术有序，

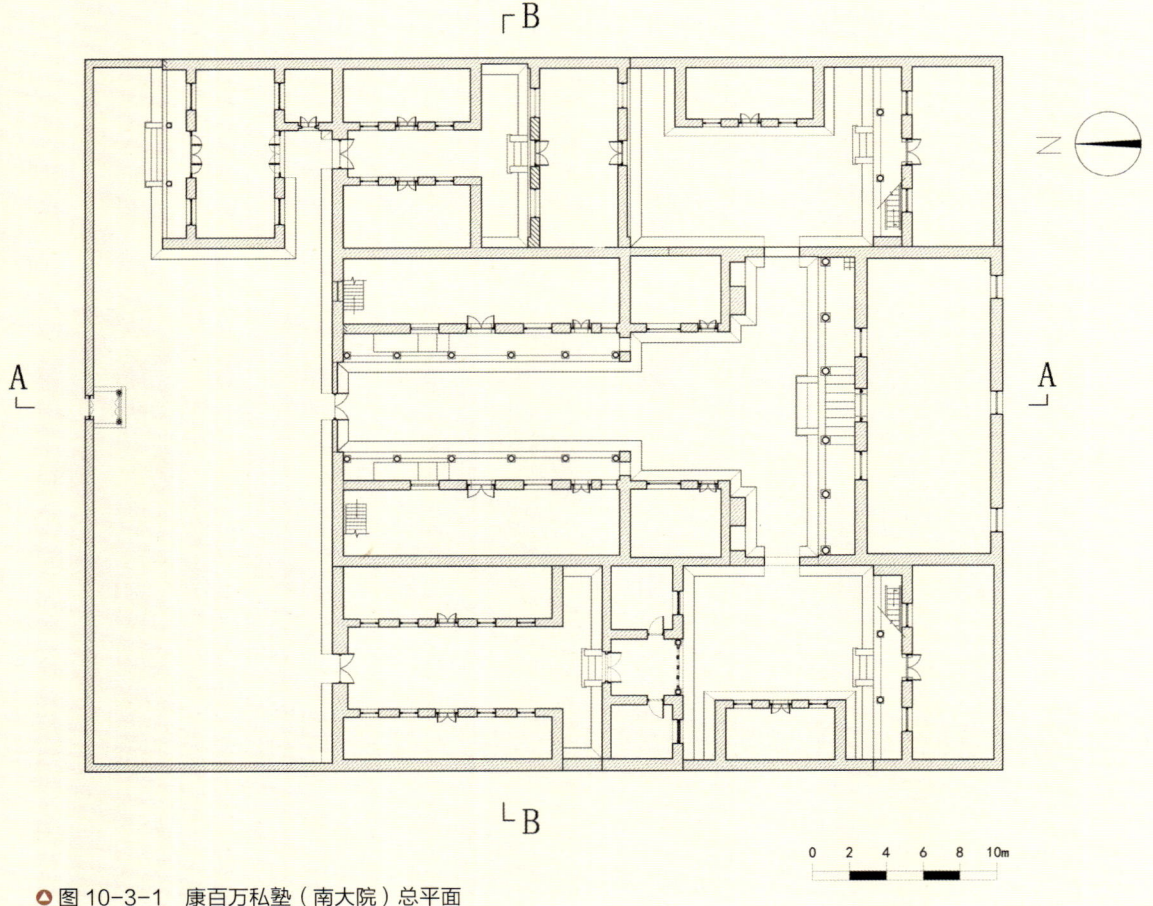

▲ 图 10-3-1　康百万私塾（南大院）总平面

国有学。"

　　豫西的乡村聚落以及庄园大院内，历史上有许多都设立有学堂或私塾，尤其是财力雄厚的家族对子孙受教更为重视，不但聘请学识渊博的塾师进行施教，还设置专门的教育机构对家族孩童集中受教。施教的内容从对儿童进行读书、习字、作文等教学，到传统文化的传播与价值观的启蒙都有涉及。"求知好学""劳谦谨敕"等积极的学风浸润在学堂教育空间的环境中，引导着传统重教重学的求知思想。遵循传统教育的基本宗旨——传道、授业、解惑，在传授文化知识的同时，将良好的家风同时传承，强调知行合一、做人为本，更重视对幼童的品德教育。

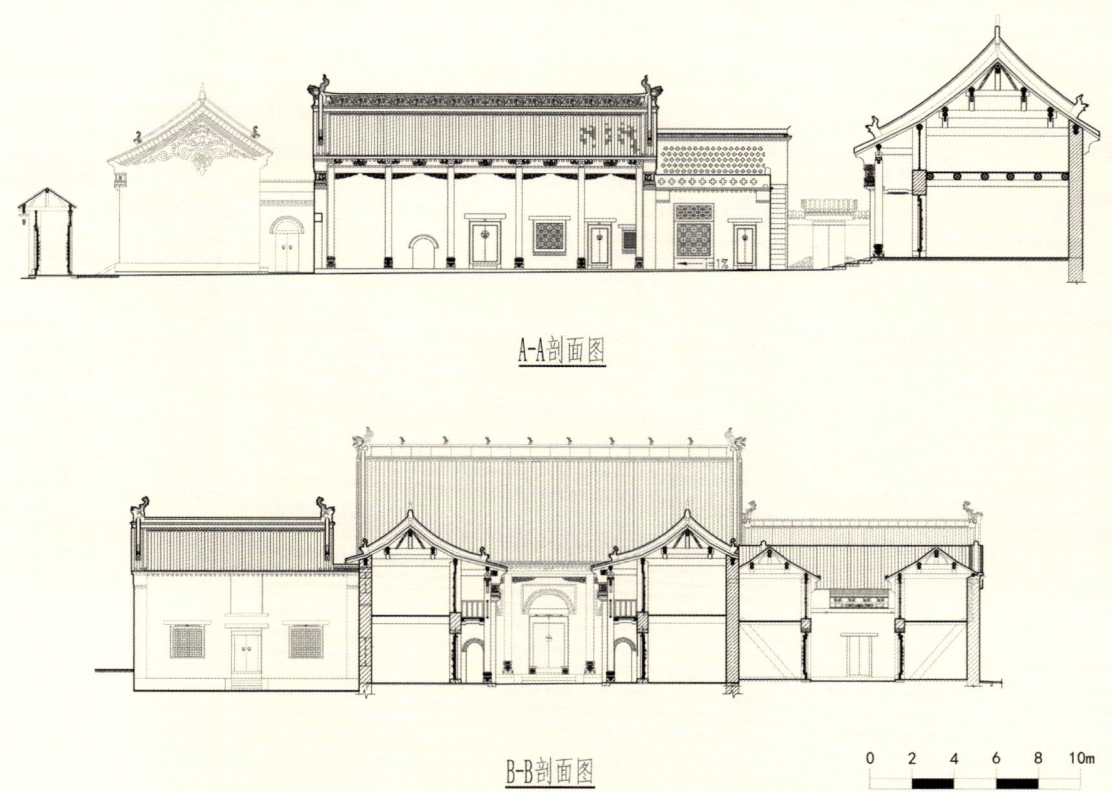

图 10-3-2　康百万私塾（南大院）剖面图

图 10-3-3　康百万私塾鸟瞰

图 10-3-4　康百万私塾西路"书带生庭"院

图 10-3-5　康百万书房

　　康百万家族繁衍昌盛了十二代，计 400 多年，成就了豫西商业大家族的传奇。康家的优良家风是其家族繁荣昌盛的重要原因。康百万南大院位于主宅院东南角的堡寨下，清代所建，南北长 146.6 米，东西宽 90 米，占地面积 3000 余平方米，是康百万庄园中唯一一座

◎ 图 10-3-6　康百万私塾中路院内景

◎ 图 10-3-7　康百万私塾中路院入口

坐南向北的宅院，也是该庄园中单体建筑体量最大的院落。南大院不但是举办族内各种活动的场所还是康氏家族子弟们读书的主要学习教育空间。康家的家训也存于南大院，时刻教导着康氏子孙："为臣以忠，为商以信，为富以仁，为人以义"以及"忠厚退让、勤俭持家、大智若愚、留有余地"等为人处世之道。南大院主院左右两侧各有别院，组成东、中、西三个轴线的布局。现保留下来的有方五丈院、书馆院（东侧院）、西侧院等。其中书馆院是康百万家族子女读书和谈史论经的学习场所。文化风土民俗的宏观背景下，教育空间中的建筑单体、小品等蕴含着传统文化的渗入和表现。南大院的建筑布局不但对学习空间的设置有所规划，在建筑的匾额、楹联等装饰上都反映了康家的品位和修养等人文风尚。"敬直义方"匾教育子女君子要以敬慎的标准要求自己，使内心正直，纠正外在的行为，使外在的行为适宜，确立了谨慎和正义的精神。东路院落的过厅是藏书楼，所悬挂的"经腴史华"匾说明康家藏书丰富，为世代书香之家。西路院落小门门额上有"书带生庭"四字，告知康家乃书香门第。楹联"依墨绕书林 求知求学求教，借章探史翰 解意解科解题"，讲的是在浩瀚如烟的书中，刻苦读书，虚心请教，探寻研究学问，解决事事难题。这些都体现了南大院这所学堂教育空间人文昌瑞、书韵飘香的氛围和诗礼传家、笃诚处事的良好家风传播环境（图 10-3-1 至图 10-3-7）。

第十一章　豫西古村落的街巷

　　街巷是构成村落形态的重要元素，街巷的脉络与走向影响着村落的整体形态。街巷容纳着人们的日常生活、邻里交往等诸多活动，其结构形态体现着人们对村落交通功能的各种要求，是村落风貌直观的表现。根据不同的特征，我们将豫西古村落的街巷归纳为"一"字带状、鱼骨状、枝状、网状、环状等几种布局形态。

218 | 豫西古村落

街巷，直为街，曲为巷；大者为街，小者为巷，本义为两排房子中间的道路。街巷将整个村落分割成块，划分为不同功能的分区，通常由街、巷两级构成。

一、街巷尺度

街巷的尺度同街巷的主要功能有直接关系。村落中主街是村落往来交流的主要通道，承担着村落重要的交通任务，或是村落同外界联系的主要道路，或是从居住地到耕作地的道路，或是村落进行商品交易的地方。古村落中主街的尺度要满足村落运输的要求，一般需要达到双向行驶马车的宽度，大致为 3~6 米。而巷是街的支路，通往宅院的道路，尺度一般需要满足单向通行马车的宽度，大致为 2~3 米。有些巷道处在两座庭院间，仅为步行进行邻里

○ 图 11-1-1　大金店老街（负粟街），东西向横穿古村落，全长约 1500 米，宽 4~5 米

交往的通道，较为狭窄，甚至不足 1 米，仅仅容纳一人通过（图 11-1-1 至图 11-1-6）。

街巷除交通功能外，还把相对独立的住宅建筑群体有序的串联起来，行使着村落的公共空间功能，容纳着人们诸多的日常活动，维系着村落邻里的感情，成为村民进行信息传递和交流的场所。在古村街巷交叉处或拐角处常常会设置一些石桌、石凳等休息设施，闲暇的时候，村民们或端着饭碗或拿着活计聚在一起聊聊天、拉拉家常，交换着劳作和生活的经验。

图 11-1-2 石场村街巷，块石铺就，宽约 3 米

图 11-1-3 寺坡山村马家大院前的街巷，是各院落唯一的出行道路，宽约 2 米

图 11-1-4 赵沟村窄巷，宽不足 1 米，仅仅容纳一人步行通过

图 11-1-5 荥阳石洞沟村两所宅院间的巷道，宽 1 米余

图 11-1-6 义马石佛村古街，宽 3 米

二、街巷形态

街巷把生活和生产等居民的活动行为联系起来，其形态体现着村落环境和人们活动区域的关系，是村落风貌直观的表现。豫西古村落多地处山区，每个村落所处的地形地貌各不相同，进行优化后，呈现出"一"字带状、鱼骨状、枝状、网状、环状等不同形态的街巷布局。

（一）"一"字形街巷

"一"字形街巷是指村落主街仅为一条，呈带状贯通整个村落，村落中民居院落和功能性设施都围绕在主街旁侧，呈"一"字形街巷肌理特征。比较典型的"一"字形街巷的村落有洛阳孟津的卫坡村、登封的柏石崖村等（图11-2-1）。

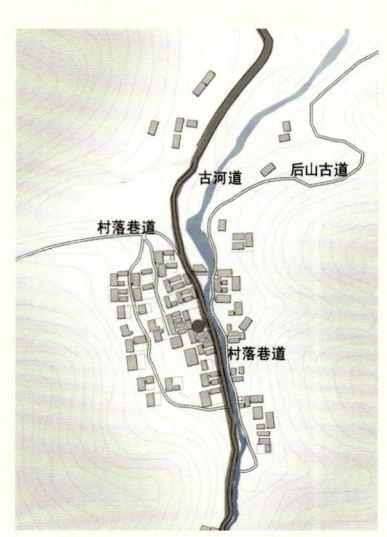

○ 图 11-2-1　"一"字形街巷

洛阳孟津的卫坡村是卫氏宗族聚居而形成的血缘型聚落。主街为东西向道路，卫氏家族的院落沿主街南北而设，南北院落朝着主街皆开有院门。过去主街东西两端设有东、西寨门，在兵荒马乱的年代，关闭东西寨门后，整个建筑群就处在一个相对封闭的环境中，没有其他街巷可以进入，犹如坚固的堡寨。主街的东端为卫氏祠堂，是家族聚议祭祀的场所。祠堂前相对开敞的空间同祠堂一起构成族人的集聚场所；主街中段北侧是卫氏的重要几所院落，主街西段除了西寨门还有瞭望的望楼和狭长的通道通往出逃的后门。主街完全承担起了整个宅院区通行、聚集、生活联系、安全防御等诸多职责。

登封的柏石崖村位于大熊山沟谷地带，村落建筑围绕沟底溪流而建。溪流是村落生活的重要资源，主街紧邻溪流并基本平行于溪流，形成了"一"字形主街贯通村落南北的形态。溪流东西两侧的院落大门都朝向主街而设，突出主街的交通联系的重要功能。

（二）枝状街巷

山地的村落因整体高差有别，宅院会顺地势选择平坦的地方而建，而主街往往是由低至高的一条贯通性的街道，各宅院连通主街的巷道也会出现朝向一致的"拐巷"，而使整体村落的街巷形态呈现"枝状"。豫西古村落中拥有比较典型的枝状街巷格局的村落有城村、苏羊村等（图11-2-2）。

城村位于洛阳市洛宁县河底镇西南部，地处丘陵，东侧和南侧都为深沟，整体地形西北高、东南低。城村建筑都是坐北朝南，每栋合院都为长方形，家族根据门支，或二院、三院或四院横向排列铺展开来，共分七排，前后错落。受整体地形和院落建筑布局的影响，联系村落南北的主街以及连通各个院落的巷道和支巷呈现"枝状"的街巷格局。

苏羊村位于洛阳市宜阳县张坞镇，东、西、北三面环沟，村落位于台地之上，是典型的土塬上的古寨。村寨呈椭圆形，设南、北、西三个寨门，其中南面同苏羊塬相连，北侧连通古道，整体地形南高北低。受台地地形的限制，南北主街并非正南正北方向，与石羊街相交的地方向东折后又向南直通南寨门方向。北寨门外的道路古时为官道，村落主街犹如大树主干从北寨门贯通至南寨门，承担着村落同外界的联系作用，各院落前的巷道如枝干纷纷向主街连接，共同构成了"枝状"村落交通系统。

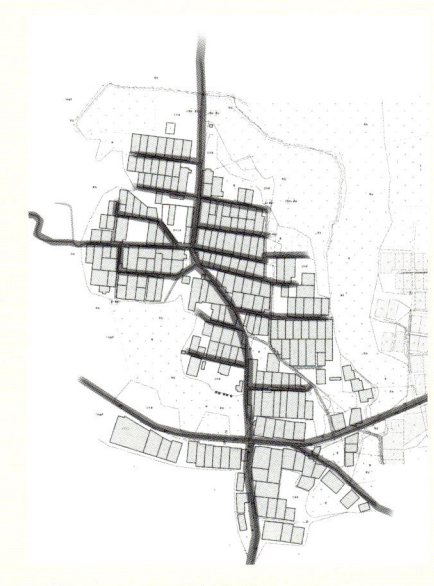

▲ 图11-2-2　枝状街巷

（三）网格状街巷

拥有网格状街巷的村落一般处在地形地势较为平坦、宽阔的河谷或冲积平原地带。地势较为平坦的地方街道平直，居住用地较为宽松的地方民居宅院间有横向和纵向发展的空间而容易形成纵横的网格状。在豫西拥有比较典型网格状街巷形态的村落有苏秦村、大王庙村等（图11-2-3）。

苏秦村位于三门峡市渑池县城西南12.5公里处较为宽阔的河谷地带。村落已有2300多年的历史，是身佩六国相印的大纵横、外交家和谋略家苏秦的故乡。古村

▲ 图11-2-3　网格状街巷

落格局保存完整，保存着大量清代和民国时期的民居建筑群。村落早期为沿着河流分布的古村落，一条主街同河流平行，主街两侧分布着古老的民居院落，历史久远的文武阁坐落在街道中心。经过历史的繁衍生息，村落逐渐扩大，在原来的中街南北又开辟了南路和北路，并石板铺就。南北向的巷道垂直贯通于东西向三条街道而形成网格状的道路格局。

大王庙村位于洛阳市栾川县潭头镇北部。村东、村北千亩良田连为一体，文曲河呈西北-东南向穿村而过，古官道从北向南形成村落的主街，串联着古庙、古井、古民居和三座古桥。村落地势较为平整，利于院落布置。村落向东、向西跨越文曲河在北岸连成片状，道路纵横相交形成网状道路格局。

（四）鱼骨状街巷

鱼骨状街巷形态的特点是由一条主街和与主街连通的枝巷组成，枝巷均衡排列在主街两侧形如鱼骨状。拥有比较典型"鱼骨状"街巷的村落有登封大金店老街村、义马石佛村等（图11-2-4）。

○ 图11-2-4 鱼骨状街巷

大金店老街村贯通东西的主街——老街，又名负黍街，连通古官道，东起应箕门，西至瞻洛门，全长约1500米，路面宽4~6米。老街南北侧各有巷道三条，宽为2~3米左右。巷道在当地方言叫拐儿，南北巷道自东向西，先南后北，分布有崔家拐儿、南拐儿、北拐儿、蔡家拐儿、庙拐儿、西北拐儿共6条。老街和巷道将大金店老街村分割为几个片区，根据片区内居住的人家的财力和从事的行业不同而划分为富人区、贫民区以及商业区、作坊区。老街东起东寨门至崔家拐儿和老街西起西寨门至西北拐儿为贫民区；崔家拐儿至南拐儿多为富人区；南拐儿以西至西北拐儿以东为商业区；作坊区散布在村落边缘地带。其中，贫民区百姓多以种菜和打短工为生；富人区以宗族大户为主；商业区则集中了各类老字号的商铺30余家。

义马石佛村位于义马市东侧15公里处，村落南依崤函古道和涧河，整体呈带状分布。村内以东西向石佛古街为中轴，院落南北向布局，南北两侧院落间的巷道连通主街形成"鱼骨状"的道路体系。主街北侧是李家大院主宅区的五组四合院以及旁边的西侧院、南侧院等别院，主街南侧分布着李家的东侧院、西侧院等院落。

（五）环状街巷

环状道路系统的村落一般拥有向心的布局特征。村落因地形坡度受限宅院多依等高线分层而设，结合地形的环形等高线特点，使村落呈现"环状"道路系统。巩义的海上桥村和洛阳嵩县石场村拥有环状、半环状的街巷格局。

图11-2-5　环状街巷

海上桥村位于巩义市市区东部，大峪沟镇西北，西距巩义市东区约4公里处，是以王姓为主的居住地，以血缘为纽带而聚居形成的村落。村落位于黄土丘陵地带，北高南低，东、西、北三方皆为高峻土岭，岭上修有寨墙、寨门，宅院民居位于三面环山的坡地。

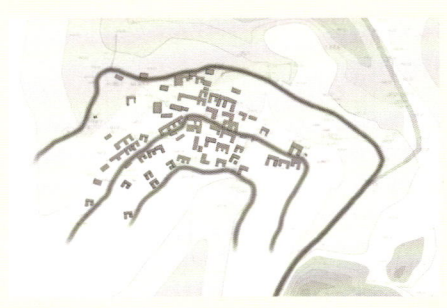
图11-2-6　半环状街巷

因村落位于黄土丘陵地带，常年降水量偏少，且时空分布不均。村落中心古井位于村落低洼处，是唯一的水源地，非常珍贵。王氏各家宅院围绕古井随坡度而建并且向心性较为明显，民居宅院随等高线分层坐落，从而形成村落"环状"的道路系统（图11-2-5）。

石场村位于洛阳市嵩县九店乡东北，地处嵩县、汝阳、伊川三县交界处的浅山顶部。村落整体呈中间高四周低的地势。明洪武年间，有柴起龙、柴起凤兄弟二人带领家族从山西洪洞县迁至此处繁衍生息，渐成村落，距今已有600余年历史。兄弟二人所建的宅院位于村落中部地形较高的地方。其中柴家保安楼位居制高点，处在村落的中心位置，主要为瞭望和防御功能。村落街与房连，房与街齐，规划有序，"五街六巷十八胡同"，围绕村落中心柴氏家族的院落分层而设，形如半环装（图11-2-6）。

（六）无明显街巷

地坑院位于地平面以下，各院间地面上没有建筑物围合成为街巷而是开敞的空地，呈现村落无明显街巷的形态。这种类型在三门峡陕州区黄土塬上的地坑院村落较为常见。

第十二章　豫西古村落的院落

豫西为河南省山地最为集中的地区，从西向东有山地丘陵、黄土台塬、黄土沟壑、河谷盆地、冲积平原等丰富的地形地貌，不同的自然资源和地理环境所产生的民居院落的平面形制与布局各不相同。既有地面建筑相围合而形成的各类合院，又有山区随坡就势的敞院，还有独具特色的地下四合院和依靠崖体进行竖向组合的靠崖窑院，类型繁多。

一、豫西地上合院

营建一处宜居之所，于居所中传承修身齐家之道是中华民族的传统文化理念，这种理念体现并融合在建造家园的活动中。深受传统礼制思想的制约，沿承传统的聚族而居的形式，合院式的民居无疑是传承传统文化的适宜之所，也是豫西民居最常见的布局形式。

乡村聚落中的院落不仅仅为居住之需，往往还是生产、劳作的场地。在自家的院落中种植蔬果、晾晒谷物、磨米磨面、进行农副产品加工都为常见。进入院落的大门就进入一个家庭，院落中的建筑物、家庭的成员、圈养的牲畜、劳作生活的物品、丰收的农产品以及这处人家的生活情趣、相互情感等都被院落所容纳。

豫西合院中，地上四合院的围墙相对规整，一般使用青砖砌筑，将建筑与建筑的后檐墙相连接从而构成一个封闭的合院，较为高大并围合紧密，既利于安全防御，还容易保持冬暖夏凉的小环境。其他类型的院落围合形式相比四合院就较为随意，围墙高矮不一，从4米余的高墙到半人高的矮墙，筑墙的材料种类较多，有青砖、块石、卵石、土坯等，不管何种形式都能够起到院落空间界定的作用。

根据院落中构筑物围合的状态，豫西合院分为四合院、三合院和两座建筑围合的"L"形院落以及仅有一座建筑同周围墙或栅栏构成的院落。下面介绍几种豫西典型的院落形式（图12-1-1）。

（一）四合院、三合院

四合院，又称四合房，"四"指的是东西南北四面，"合"是合在一起，其格局为一个院子四面建有房屋，从四面将庭院合围在中间，故名四合院。四合院典型特征是外观规矩，中线对称，对外较为隐秘，内部庭院空间的布局和建筑体现了中国传统的尊卑等级思想以及阴阳五行学说。中国传统观念历来重视主次、尊卑，合院中的建筑格局受封建礼制的约束，基本遵循礼制，而少有逾制，沿袭传统民居建筑文化中所谓"北屋为尊，两厢次之，倒座为宾"的布局。院落中，根据家庭尊卑长幼分别居住在院落中不同的建筑当中，不仅满足了家庭居住的需要，更体现了中国传统伦理道德观念。一进四合院基本构成元素主要有：宅门和倒座、正房、东厢房、西厢房以及院落。经济实力丰厚的家庭因为财力的支撑、家族人口和仆役较多的需要，会在一进院落的基础上在进深的方向发展为二进、三进、多进合院以及横向多路的并列院落。豫西地处北半球黄河流域，受亚热带季风的强烈影响，房屋建筑面向南方最为适宜，北侧后檐墙一般封护较为严实，以抵御冬季凛冽寒风，南侧开设门窗，易于接受和煦的阳光。根据所处的气候环境和风水习惯，豫西四合院中"坎宅巽门"的布局最为常见。四合院一般坐北朝南，大门设在院落的东南处，"坎宅巽门"中的"坎"为北，坐北朝南的房子称作"坎宅"，而"巽"指东南方位，东南风又称"巽风"，大门开在院落东南，有利东南暖湿气流进入宅院。还有一些宅门会开在院落其他方位，如"坎宅坤门""离宅乾门""兑宅艮门""震宅坤门"，分别是以院落中主建筑和宅门方位的不同而对应不同的称呼。

三合院即三面建有房屋，另一面仅为围墙和宅门相围合的院落。院内的建筑主要为正房、东厢房、西厢房、宅门。一般情况，正房坐北朝南，东西厢房分列左右，宅门不大，位于院落南侧或居中或位于东南而设（图12-1-2）。

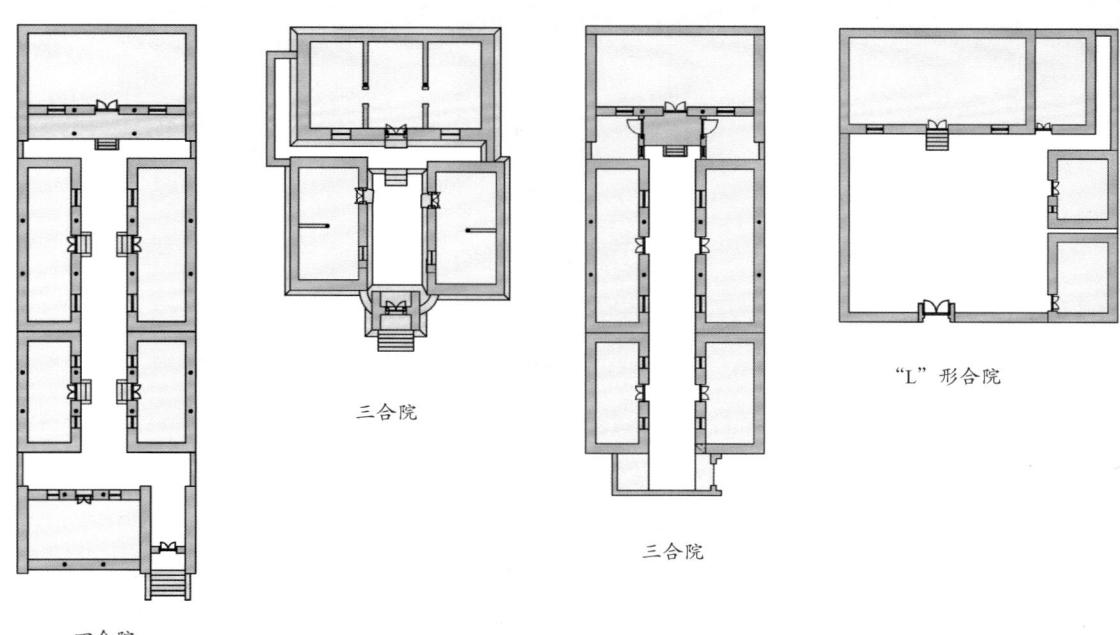

● 图12-1-1　豫西地上合院形式

◐ 图 12-1-2　豫西三合院

（二）"L"形院落、"一"字形和敞院

乡村聚落中普通百姓居住的合院一般都不大，独门独户居多。一般农户多建一面或两面的单坡厢房，形成"一"字或"L"形的院落。

"L"形院落的构成一般为：院落中仅有正房和配房两座建筑，周以围墙围合。根据院落大小和场地特点，配房可居正房东侧，也可居西侧而建，正房三间主要用于居住，配房三两间，一般较为低矮、简陋，多作储藏和厨房之用。

敞院，又称"野院子"，在豫西山村经常看到，往往仅建有一座或两座房屋，周围没有围墙围合造成院落空间不闭合而形成一种开敞的院落形式。但是没有闭合的院落并不代表敞院缺失院落空间，常常见到的情景是院落边界使用柴火、磨盘、石碾或其他劳作工具来界定。这样的人家一般人口较少，建筑不多能够满足基本的居住需要（图12-1-3）。

图 12-1-3 敞院

（三）特殊合院

豫西山地较多，山区院落的布局不如平原地区规整，往往在遵从主建筑取得较好朝向的前提下根据地形并随从村落街巷的分布，灵活地进行宅院布局。这样形成的院落中轴对称的格局并不明显，所形成的合院平面布局的形态不一。

（四）豫西窄院

"窄院"即面阔较窄的四合院，是指东西两厢房两檐对峙，相隔仅为两三米的狭长院落，是对院落两厢房前檐墙间距仅为正房明间面阔或小于明间面阔的狭窄型四合院的称呼。

豫西，北隔黄河与山西晋南毗邻，崤函古道贯通东西直达陕西关中地区，自古就同山西、陕西来往频繁。在这些互通互融中，豫西居住建筑的形式也受到一些影响。一方面，受"晋南窄院""关中窄院"院落布局和建筑风格的影响，"窄院"逐渐成为豫西合院中较为常见的格局形式。另一方面，豫西气候干燥，冬季寒冷、夏季炎热，也是形成"窄院"布局的原因。窄院中向外的檐墙修筑的较为高大以抵御冬季寒风,院落内两厢房间距较小以获取更多的阴影使夏季较为凉爽。

洛阳市洛宁县河底镇城村的张姓一族为明洪武十五年(1382)至明永乐年间大移民时从陕西大荔县东埝桥村辗转迁移而来,凭借高超医术,家业渐兴,清康熙之后成为"田过千顷、年租万石"的豫西首富。现城村内张家大院尚存三四十座建筑。每个院落由大门和倒座、东西厢房、正房组成,虽都为一进院落,但建筑质量上乘,工艺讲究。承袭"关中窄院"的建造风格,每个院落通进深达30余米,而通面阔不足8米,东西厢房间仅有2米余,使整个院落进深颇为狭长,为豫西窄院的实例。

另外,位于商贸中心的村落,建筑用地较为紧张也是形成"窄院"的因素之一。义马的千秋村、登封的大金店老街村是以商贸为主发展的聚落,自古为豫西地区"重要驿站"和"商业重镇",商业主街两侧乃寸土寸金之地,各个商号都为挣得临街一席之地的门店而造成庭院的面阔被压缩得十分窄小。这些宅院往往以商业经营为重点,从而形成前店后寝的形式。大金店老街村临街的房屋卸下门板就成为进行交易的店铺,狭长后院的房屋为居住、生产以及存放货物之用。因为院落面阔的狭窄,厢房作单坡,进深仅2米左右。尽管如此,窄院仍然沿袭着中轴对称、厢房东西分立的传统格局(图12-1-4)。

▲ 图12-1-4 单坡顶厢房组合的窄院

二、豫西地坑院

豫西有广泛的黄土资源，在黄土塬地上形成的地坑院是豫西别具特色的院落形式。地坑院保存最为集中、相对完好的地区是在三门峡市陕州区台塬地貌区。

地坑院，又称地阴坑、天井院、土坑窑、窑院等。巩义当地将地坑院称为"天井院"或"地阴院"。在洛阳和三门峡两市辖区内，"地坑院"的称谓较为普遍，应该是古陕州一带沿袭下来的对这类窑洞的叫法，十分形象、准确。

陕州区的三大塬区黄土层堆积深厚，塬面区域广大，四周坡势平缓。先民首先依崖建造靠山窑居住生活，后来向阳的崖面受限不能够满足居住需求，就开始在平整的黄土塬面上向下挖深6~8米的深坑，然后在坑的四壁挖窑洞。地坑院就形状而言，有正方形或长方形两种，其构造犹如一个大的竖穴，再向四壁挖横穴，坑壁四周都为窑洞，其布局形式大体与北方合院式民居基本相同，四壁围合形如四合院，所以又被称为"地下四合院"。坑的四壁一般挖十孔至十四孔窑洞，按照功能分为：主窑、客屋窑、厨窑、中窑、柴草窑、粮窑、井窑、磨窑、牲口窑、车窑等。既有舒适的居住窑洞，还有厨房和贮存粮食的仓库，就连牲畜都有专门的栏窟，完全符合农耕社会的各方面使用功能。

地坑院一般为独门独院，由一孔窑洞内的一条斜坡通道拐个弧形或直角通向地面，形成一个

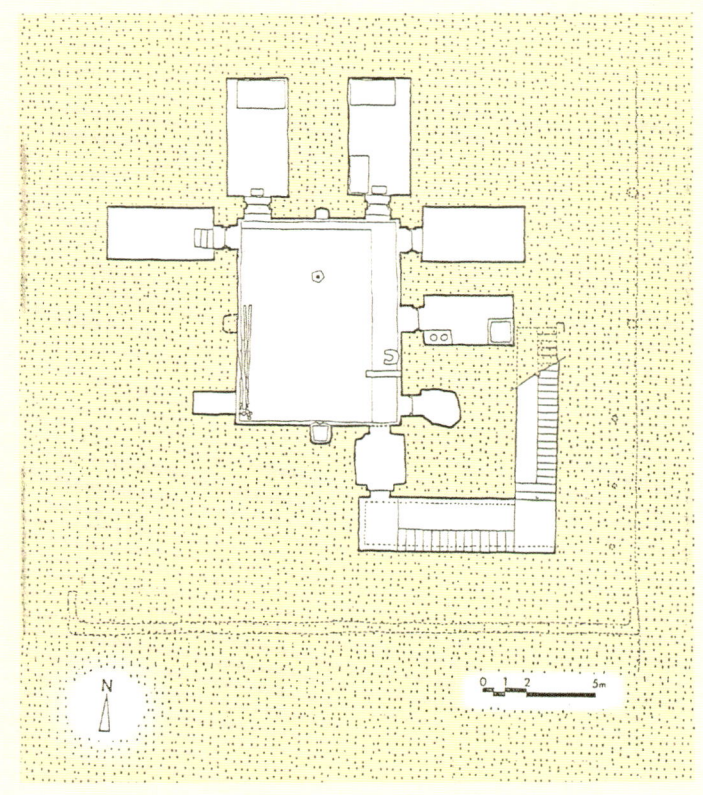

○ 图12-2-1 洛阳地坑院平面图

相对独立和闭合的院落空间。因地处地平面以下，有效地躲避了凛冽的寒风，形成冬暖夏凉的居住环境（图12-2-1）。在三门峡的庙上村等村落中也有通过挖通的窑洞将两个、三个地坑院相连的形式，非常便于大家族的生活。

三、豫西靠山窑院

靠山窑院是将窑洞建筑和地面砌筑的建筑融合在一所院落中的组合方式，是根据山地丘陵地带自然地形地貌特点，依靠黄土崖体挖筑窑洞，在崖体周围修建地面建筑并围合形成的院落。这种组合既能降低建造成本并保持传统合院的布局形态，还可将窑洞冬暖夏凉和瓦房采光性良好的优势合二为一。由窑洞和木构民居相结合组合的窑房院在洛阳北部新安、孟津、偃师至郑州西部巩义、新密等地都较为常见。

豫西村落中普通人家的"靠山窑院"多为一进院落，有财力的大户会在地形允许的情况下营建二进院落，甚至依崖建成二层、三层并逐层退台式空间布局的院落（图12-3-1）。

（一）合院式

合院式的靠山窑院是结合单面山体，靠崖面挖窑，在其前的开阔空地上建造左右对称的硬山瓦房建筑作为厢房。在厢房的前端建造院墙、门楼，或建倒座、大门来围合出一个完整

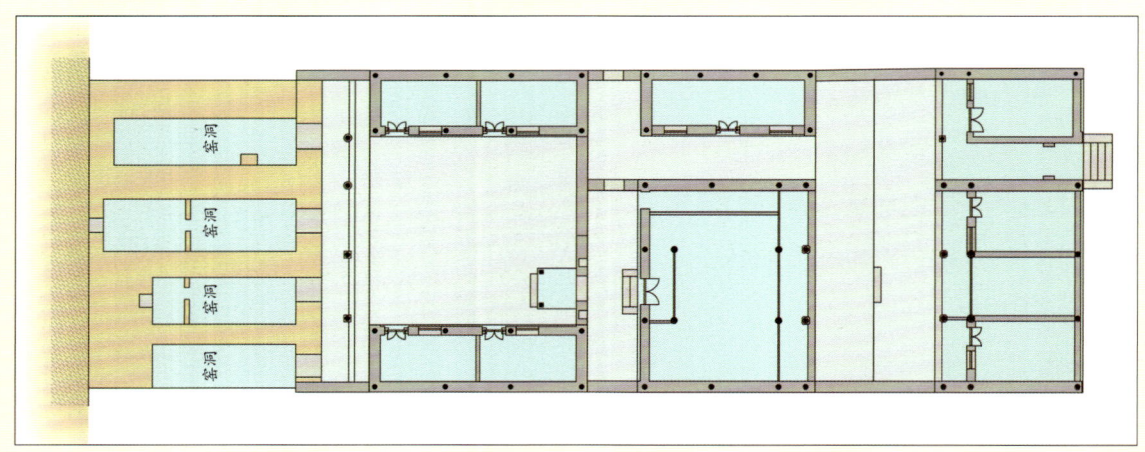

图12-3-1 卫坡村的靠山窑院平面图

的院落空间。整个院落布局如传统的四合院和三合院一般，布局上强调"中轴线"的概念，是空间序列感较强的一种布局。

豫西窑洞类型丰富，所形成的窑洞和瓦房相组合的院落形式也较为多样，除了有靠山窑与瓦房相组合的院落，还有靠山窑和箍窑相组合的院落、箍窑和瓦房相结合的院落。

靠山窑与瓦房相组合的院落：靠山窑为正房，瓦房为厢房较为常见，如洛阳的石碑凹村就是如此；还有瓦房为正房，靠山窑为厢房，这种类型一般窑洞所依的崖体不朝南，以保证正房朝南的传统形式，根据地形条件灵活利用。

靠山窑和箍窑相组合的院落：往往靠山窑为正房，箍窑为厢房。

巩义的几大庄园整体建筑群气势恢宏，多为靠山窑院的组合形式。康百万庄园主宅为依崖而建的合院式靠山窑院，其中多路为二进院式的靠山窑院。靠山窑内部使用棚板将窑洞分

图 12-3-2　张祜庄园的靠山窑院

隔出上、中、下三层，构筑成为独特的"窑楼"。康百万庄园内共计73孔窑洞，均为靠崖窑，窑洞与地面建筑相结合，形成了错落有致的四合院式靠山窑院。各个院落由门廊通道相互连通，形成了功能齐全、布局有序的一个完整的建筑群。刘镇华庄园依山就势而建，主宅区建在神都山半腰，多为窑洞和瓦房相结合的院落，其中寨下院之西院北为靠山窑，东西厢房为中西结合的二层硬山砖木结构建筑，东南"巽"位为院落入门。布局不仅沿袭中国传统院落形式，还结合地形地貌科学营建。张祜庄园的一、二、三号院为前院后窑的合院。选择黄土层较厚的地方根据山势将山体修整成台地，开挖三层窑洞，砖石作券，采用层层退台的形式。二层卷棚歇山式的厢房相对分列，大门位于院落东北，倒座三间，为一层硬山建筑（图12-3-2至图12-3-4）。

（二）半包围院式

半包围院式的靠山窑院通常位于山坳处，利用山势条件首先对山体进行修整，形成两面土体或三面土体围合的半包围空间，在两面山体或三面山体均开挖窑洞，其他方位盖房屋或者垒院墙。如陕州区官寨头村的靠山窑院落和巩义康南村部分靠山窑院（图12-3-5、图12-3-6）。

图12-3-3 康百万庄园的靠山窑院

图12-3-4 刘振华庄园的靠山窑院

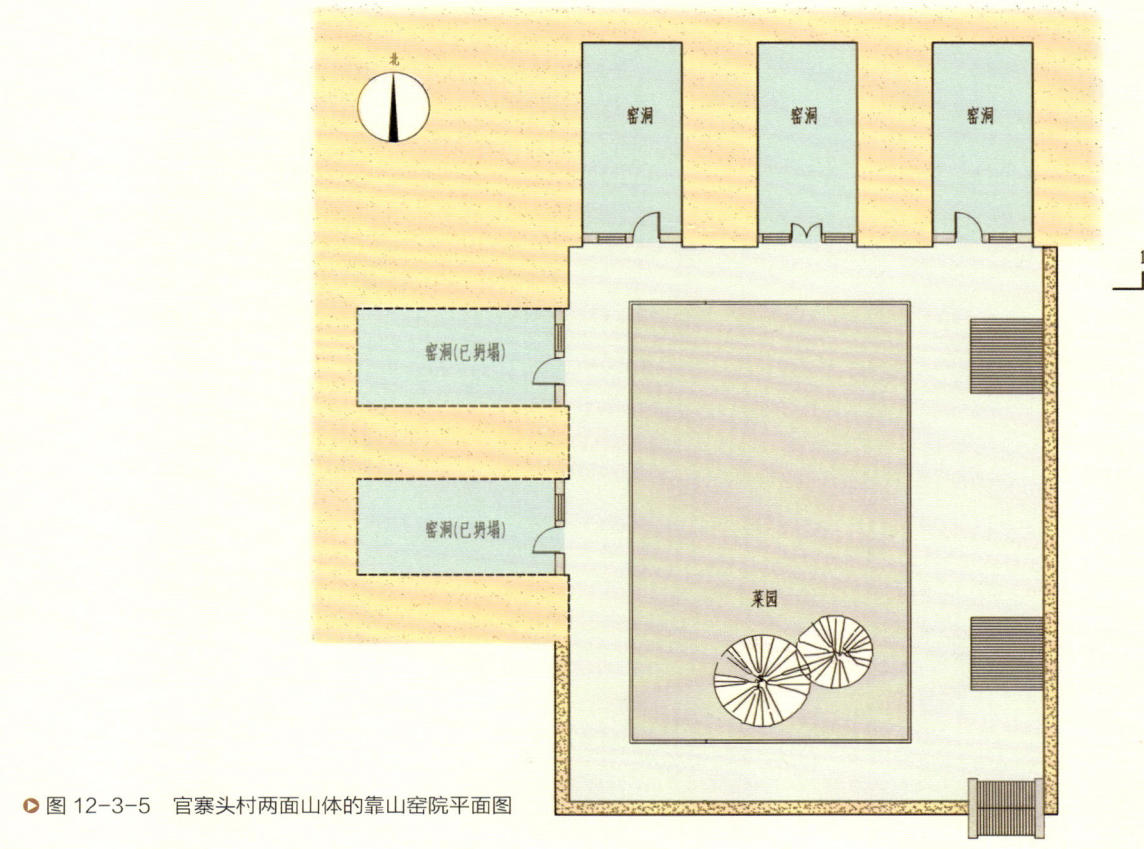

图 12-3-5　官寨头村两面山体的靠山窑院平面图

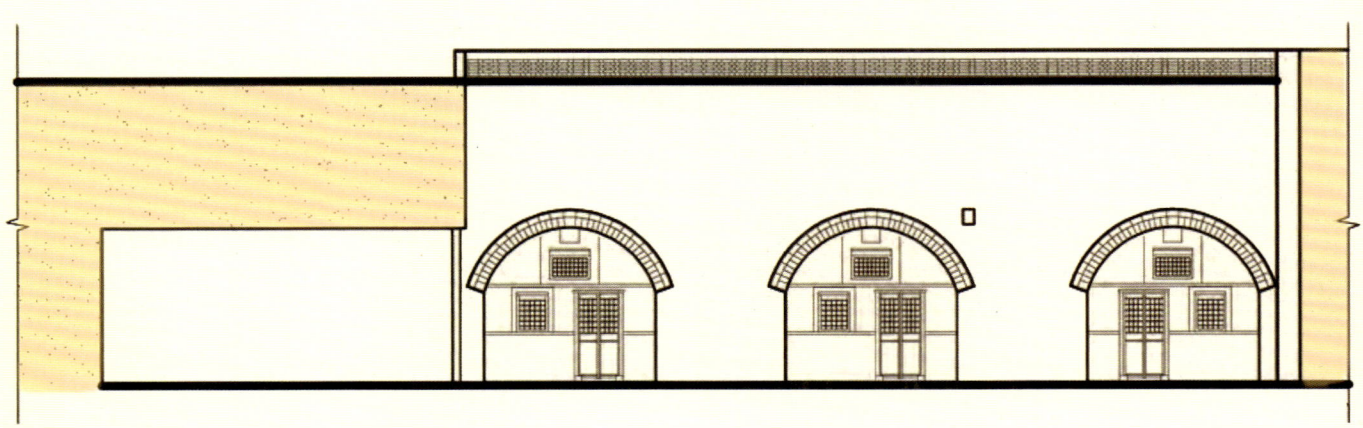

图 12-3-6　官寨头村两面山体的靠山窑院剖面图

第十三章　豫西窑洞民居建筑

　　豫西的北部是中国黄土高原东端，高原东部不仅是历代图霸天下的统治者们的盘桓之处，同时也是中国古代生土建筑——窑洞分布的东端。这些生土建筑低能耗、低成本，并与周边环境融为一体，被后来的研究者称为"绿色建筑"。其中，三门峡市陕州区为地坑院较早的发源地和持续传承地区，为研究中国窑洞的发展演变提供了丰富的资料。三门峡市陕州区的"庙上村地坑窑院""地坑院营造技艺"分别被国务院、文化部列入全国重点文物保护单位和国家级非物质文化遗产保护名录。

窑洞式建筑在豫西分布较广，是豫西典型的民居形式，故单独述之。

一、豫西窑洞的分布

豫西地处我国黄土分布区东边缘，地下水位较低，一般在 30 米以下，黄土层堆积深厚，土壤结构呈垂直节理，壁立而不易塌陷，物理性能好，这些都为"地下挖坑，四壁凿洞"的窑洞民居的建造提供了得天独厚的条件。豫西四季分明，属于半干旱暖温带大陆性季风气候。干燥的气候保持了当地土壤的干燥和坚固，对生土建筑防寒惧水的特征有利，使窑洞建筑经久耐用。一年四季温差较大，更能体现窑洞"穴居"冬暖夏凉的优势，所以衍生了众多"穿土为窑"的村落。窑洞民居使人们通过简单的方法得到与不利的气候相隔绝的、舒适的室内空间，长期成为当地民居类型最适宜的选择。豫西的窑洞民居分布较广阔，主要集中在郑州以西、伏牛山以北的黄河南岸。具体为郑州市辖区的荥阳市、新密市、巩义市；洛阳市辖区的洛阳近郊、偃师市、伊川县、孟津县、新安县、洛宁县；三门峡市辖区的陕州区、渑池县、灵宝市等地。其中又以巩义市、洛阳近郊、孟津县、新安县、陕州区等地的窑洞数量最多。

黄土塬、黄土梁、黄土峁、黄土沟壑是豫西窑洞分布区主要的地貌特征。由于土质状况的差异，不同区域有不同类型的窑洞民居分布。豫西的黄土层厚度从西到东呈逐步减少的趋势。三门峡市的陕州区是豫西地坑窑最集中的地方，这里黄土塬地开阔高敞，地坑院建筑构成"浅掩型"村落一个连接着一个，构成了"进村不见村，树冠露三分，麦垛星罗布，户户窑院沉"的地下村庄风貌；洛阳和巩义地区多为黄土丘陵地貌，整体地形变化丰富且剧烈，崖面高差较大并且较为陡峭，大量可以直接利用崖面为靠山窑的建造提供了条件；而箍窑多分布在土质疏松不便利用、基岩外露的山上和河谷地带（图 13-1-1）。

图 13-1-1 豫西窑洞民居分布图

二、豫西窑洞的历史

窑洞民居起源于原始社会的穴居。窑俗作"洞",同"穴""窨"同义。《说文解字·穴部》云:"烧制陶器的灶,俗作窑。""窑从穴,穴,土室也。""窑,北方谓地孔,凭借地孔用作土室,用作洞窟。"先民们在与自然生存过程中,开始是依靠自然形成的岩洞和地孔而居住,随着生产力的发展,不断地将自然洞穴进行改造并利用,直到主动性地挖掘和建造窑洞,从而成为人们真正生活的住处,即所谓"土室、土屋"。不再遭受野兽袭击,生活安定,安居才有乐业,农业渐渐发展起来,窑洞便是农耕家园。

图 13-2-1 德国汉莎公司飞行员武尔夫－迪特·格拉夫·卡斯特尔－吕登豪森在中国工作期间（1933～1936）从飞机上拍摄大量照片，这些图片如实地记录了 80 年前三门峡陕塬的地坑院村庄风貌

从百万年前的原始穴居到五六十万年前的人工穴居，以及随后出现的仰韶文化、龙山文化、新石器时期的半穴居形式都是属于原始社会人类居住的形式。距今 8000 年的裴李岗遗址发现的陶窑，可以推断黄河流域的人类最迟在新石器时代就已经具备挖掘人工洞穴的能力。

《诗经·大雅·绵》载："陶复陶穴，未有家室。"陶穴，即下沉式地坑庄；复穴，即坡崖半敞式窑洞庄，说明西周时"陶复陶穴以为居"，就已经产生了下沉式和靠崖式的窑洞形式。2005 年在三门峡发掘一座 300 多平方米、结构独特的汉墓，墓呈"U"形，三面分布多个墓窑，墓顶为穹隆形，窑洞建造得颇为讲究，全部由青砖砌成，洞内设置有灶台，并有烟洞构造。开凿于北魏的义马鸿庆寺石窟和巩义石窟寺，都证明了当时对洞窟开凿技术的娴熟。南宋时任秘书少监郑刚中所著的《西征道里记》里记录了绍兴九年（1139）他去河南、陕西等地安抚时，途经河南西部一带的所见到的风土人情："自荥阳以西，皆土山，人多穴居。"描述了豫西的地貌和民居形态。明清时期，豫西窑洞的挖凿技术更加完备、完善，现存的窑洞民居实例充分说明了这一点。清末三门峡凡村村志曾有记载，当地地坑窑有较强隐蔽性从而成为备受推崇的防止匪患民居建筑形式（图 13-2-1）。

20 世纪 50～70 年代，因为窑洞民居宜居、易建、省工省料等特点，被推崇为豫西黄土覆盖区主要的民居建筑，从而构成豫西独具地方特色的窑洞聚落景观。80 年代末至 90 年代初，随着城镇化建设的加速和现代交通工具、现代家电设施的进入，地坑院的设施较为落后不能满足现代生活需要，人们逐渐摒弃了窑洞建筑而在地面上建木构民居居住。自此，豫西窑洞民居开始走向衰败。直至2005年前后，豫西窑洞民居迅速衰败的迹象被学界及社会所关注，一系列相关研究及保护工作逐步开展。2011年11月，三门峡市陕县的"地坑院营造技艺"被文化部列为第三批国家级非物质文化遗产保护名录。2013年5月，"庙上村地坑窑院"作为古建筑类型遗产，被国务院公布为第七批全国重点文物保护单位。

三、豫西窑洞民居建筑的类型

窑洞是利用弧形构造传递重力的拱券形洞穴式建筑。豫西各地海拔、气温、降水量、湿度以及黄土层厚度有区别，自然条件和地形存在一定的差异，居民因地制宜，营造出不同形式的窑洞民居。

窑洞可以分为靠崖式窑洞、下沉式窑洞、砌筑式窑洞三种类型。其中靠崖式窑洞、下沉式窑洞多为生土建筑，是在黄土层上挖掘而成，利用生土的致密质地与弧形券顶支撑来传递上部重力。砌筑式窑洞是使用土坯、砖、石等材料垒砌的窑洞样式的地面建筑，又称箍窑。

（一）靠崖式窑洞

靠崖式窑洞又称"靠山窑""庄窑""崖庄窑"。为就崖壁之势，挖掘窑洞而居的窑

图13-3-1　靠崖式窑洞

洞形式。人们利用山形地势，"依山为宅，藉崖为窑"，有避湿就干、避低就高、避阴就阳的特点。为获取充足的阳光，利于取水和便于交通，靠山窑洞多选在向阳、向沟、向路的地方（图13-3-1）。

靠崖式窑洞宽一般3~4米，深一般5~8米，有些甚至可达10多米深。根据崖面的条件和家庭的需要挖窑，通常为一庄三窑或一庄五窑，也有多于五窑的情况，这种在地面以上的窑洞通常被称为"明庄窑"。有时由于挖凿窑洞的崖面高度不足，需要向下挖深几米后再挖掘横穴，这时就会形成半地下的院落空间，这种类型被称为"半明半暗庄"。

（二）下沉式窑洞

下沉式窑洞都位于地坑院内，是地面以下的窑洞。地坑院内各个窑洞分别为主窑（长辈居住）、下主窑（客人居住）、侧窑、角窑、门洞窑、茅厕窑、牲口窑等。有的窑里还挖有小拐窑，增加使用面积，多用于储藏杂物。主窑坐北朝南，与偏窑有类似正房与厢房之间的

图13-3-2 下沉式窑洞

图13-3-3 下沉式窑洞效果图

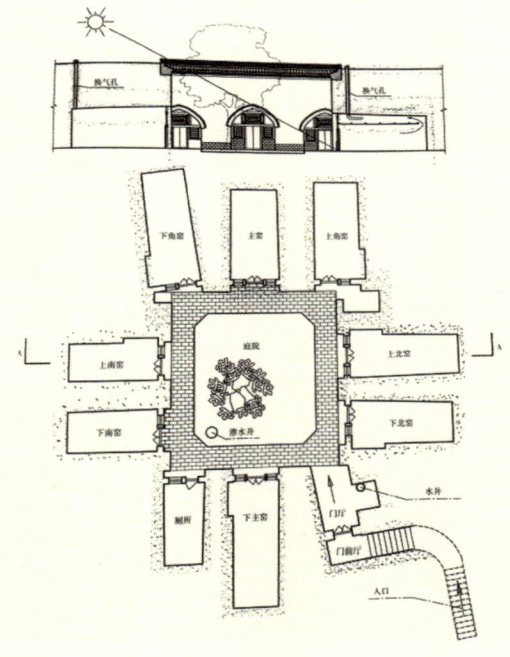

图13-3-4 下沉式窑洞平面、剖面示意图

主次关系。地坑院一般尺寸为 9 米 ×9 米或 9 米 ×6 米，也有达到 12 米 ×12 米和 8 米 ×12 米的大尺寸。一般一个地坑院能开挖 7~11 孔窑洞，且单孔窑洞的平面尺寸构造形式与靠崖窑类似，一般窑洞宽 3.2~3.5 米，主窑高 3~3.2 米，侧窑高 2.8~3 米，深 8~12 米。窑洞 2 米以下的墙壁为垂直，2 米以上至顶端为拱券形。因窑洞位居地下，防风沙效果较好，"冬暖夏凉"的"绿色建筑"特点更为显著。豫西的下沉式窑洞 80% 集中分布在三门峡市陕州区，那里黄土层堆积一般在 100 米左右，挖凿窑洞，坚固耐用，年代最早的下沉式窑洞已经 300 年以上（图 13-3-2 至图 13-3-4）。

（三）砌筑式窑洞

砌筑式窑洞又称"箍窑"，是在地面上用土坯、砖、石等材料建造的独立式窑洞型建筑。砌筑式窑洞多出现在不便挖窑的地方，如山坡平缓，黄土层薄，土崖高度不够或基岩外露的地方，因门窗为窑洞式的券形，给人造成"看似房，实是窑"的错觉。箍窑因为是使用建筑材料砌筑的窑洞式建筑，不受地形地貌等条件的限制，构造和布局的形式多样，可以建为单层，也可建成为楼房。若上层也是箍窑即称"窑上窑"；若上层是瓦房则称"窑上房"。因

△ 图 13-3-5　登封小红寨村砖石砌筑的箍窑

为箍窑需要建筑材料砌筑，是窑洞中造价最高的一种。

豫西地区既有土坯箍窑还有砖石箍窑。土坯垒砌的箍窑因为土坯耐久和耐水性的缺点，现存数量较少，仅出现在豫西雨水较少的地区，三门峡市陕州区的官寨头村存有土坯箍窑，是研究该材料类型的珍贵实例。以砖为主要材料砌筑的箍窑在巩义地区较多，以石材为主要砌筑材料的箍窑大多分布在石材便于开采的山区。山区石材较多，村民就地取材利用石材建造窑洞，其结构体系为石拱承重，实例见登封柏石崖村的石箍窑。使用砖、石两种材料结合的箍窑较多，一般石材砌筑箍窑房基和墙体下部，砖砌筑箍窑的墙身部分，实例见登封小红寨村的箍窑民居（图13-3-5）。

四、豫西窑洞民居建筑的营造技艺

豫西窑洞营造技艺体现着因地制宜、顺应自然、经济实用、朴实含蓄的设计法则。传统建筑工艺、手工艺制作反映了豫西山区人民在恶劣的环境下充分利用自然资源构筑宜居居所的智慧。

（一）靠山窑的营造

靠山窑的营造往往顺应山势，依据地形而建。挖凿窑洞的方位相对比较自由，但由于窑洞自身采光相对欠缺，朝向以选取向南的崖面为佳。

靠山窑开始建造时，先将崖面削成垂直的平整面，然后请师傅放线，按照放线确定的窑洞券型后向崖面里开挖，先挖50厘米左右整理出窑门，再继续向内挖平行于地面的横穴，逐渐至所需深度。挖出窑洞雏形后，再根据理想形态反复剔窑进行修整。土质较差的，窑顶还需要进行支撑处理。

窑洞成型后要在窑洞内设置烟囱、火炕等，同时进行内面的粉饰和细部处理，使用泥浆、石灰砂浆或混合砂浆进行抹面处理，较讲究的人家用砖或石在洞内砌筑砖石拱券使窑洞更加坚固和美观。收尾时候在窑洞口预留的位置装上木质门窗即可居住。

（二）下沉式窑洞的营造

下沉式窑洞有就地取材、省工省料，抗压防震、坚固耐用，防风隔音、安全清静，冬暖夏凉、环保节能四大优点。

宋绍兴九年（1139），朝廷秘书少监郑刚中写的《西征道里记》描述了当时挖地坑院的方法："初若掘井，深三丈，即旁穿之。"又说，在地坑院中"系牛马，置碾磨，积粟凿井，无不可者"。"初若掘井"就是开始挖地坑院的时候像挖井一样，"深三丈"是向下挖的深度，"三丈"约7米，同现存的地坑院的深度较为接近。"既旁穿之"，是从坑旁边向院内挖的出入口。这些简洁的文字勾勒出当时地坑院营造的主要施工过程。

豫西现存地坑院民居在三门峡市陕州区最为集中，随着地坑院营造技艺被文化部列为国家级非物质文化遗产保护名录，相关研究也逐渐加强。地坑院的营造首先是择地、相地，选址一般要求是黄土层要厚、地下水位要低、主位要高，后边有靠山为好，按"高一寸为山，低一寸为水"的理念，按地势与水流去向选定基址。

地坑院方位的选择深受传统风水理论影响，按照主窑所处方位不同称之为"东震宅""西兑宅""南离宅""北坎宅"四种。当地的营造师傅使用着传统的工具按照营造的顺序严谨的组织施工。营造地坑院的基本流程为：策划准备—择地—相地—定向—放线—挖天井院、渗井—挖入口坡道、门洞、水井—挖窑洞—砌筑窑脸—下尖肩墙、檐口、挡马墙及散水等—修建散水坡—加固窑顶—修建窑顶排水坡、排水沟—扎窑隔—安门框、窗框、粉墙—地面处理—砌炕、砌灶—制作、安装门窗—装饰细部。挖窑洞顺序一般为：先挖上主窑，再依次挖左边上窑、右边上窑、牲口窑、角窑、厕所窑等。

根据宅基地的地势、面积，按八卦确定窑院的坐向，要求"正窑后有靠山，前不蹬空"，确定正窑。正窑确定在八卦中的哪个方位的字上，就称其为什么宅院。北坎宅一般为长方形，凿窑八孔至十二孔，门走东南方，厨房正东；西兑宅又称西四宅，一般正方形，凿窑十孔，东西各三孔，南北各两孔，门走东北方，厨房设在西北；南离宅一般为长方形，共凿窑八孔至十二孔，门为正东方，厨房设在东南；东震宅一般为长方形，凿窑八孔，南北各三孔，东西各一孔，门为正南方，厨房设在东南。主窑高3～3.2米，可安一门三窗，其余为偏窑，高为2.8～3米，一门二窗，窑洞径深7～8米，宽3.2～3.5米（图13-4-1）。

先挖一个10米左右见方、深度7米左右的矩形（或方形）大坑，在坑的四面垂壁上挖出水平状的窑洞和斜坡状的坡道（或台阶）入口。地坑院的建造者巧妙利用地形，设计出各

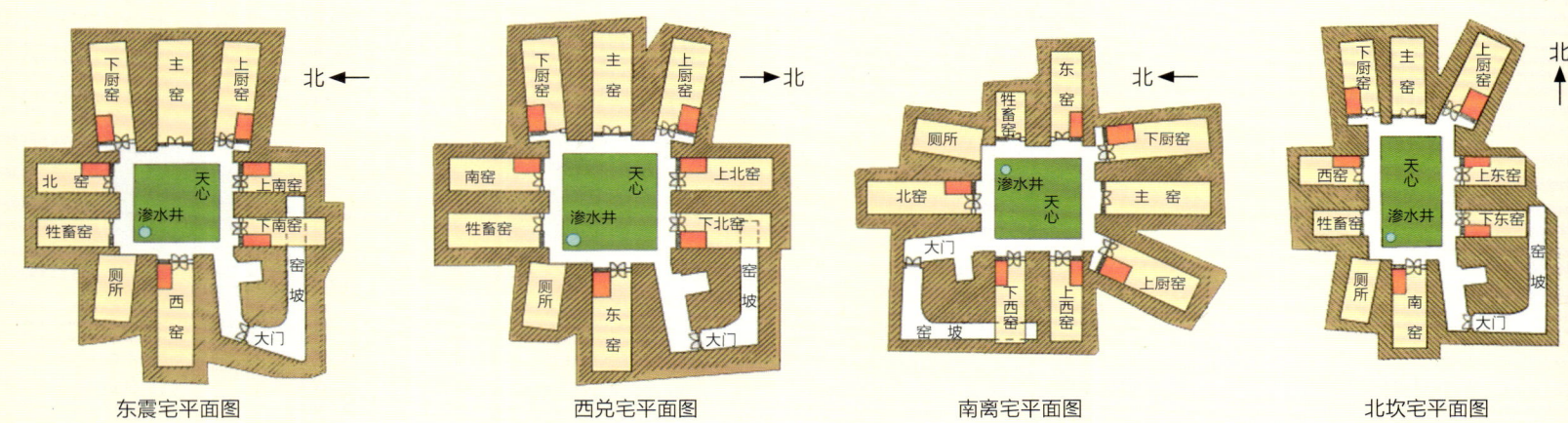

○ 图 13-4-1 "东震宅""西兑宅""南离宅""北坎宅"

种不同入口布置方式，从平面布置上可分为曲尺形、回转型和直进型三种，前两种较为常见，直进型因为相对占地，较为少见。入口进入地坑院的地方设置双扇门，即宅院大门。将挖出的土垫于拦土墙外地面表层，垫高 1 米左右，形成散水坡，以防止地表水灌入地坑内。在矩形大坑的上部砌一道 30～50 厘米高的拦马墙（也称女儿墙），女儿墙主要的作用一是防止地面上的人畜跌落地坑院内发生意外；二是阻止雨水灌入地坑院内；三是可以界定下沉式窑洞院落的形状并产生一定的装饰作用。为保护崖壁，避免雨水对窑脸和窑洞下部的侵扰，地坑院窑洞上方一般还会砌出挑檐，上覆青瓦；窑腿底部用砖沿周边砌起勒脚。

地坑院通往地面的坡道用青石、碎石平铺或青砖铺成踏步，有的把踏步两边做成坡道，便于自行车和人力架子车的上下。宅门前厅之外的沟道由外到内逐渐变宽，亦为"聚财"（图 13-4-2）。沟道顶部一般都敞开。地坑院的门洞窑多数只有一道大门（也叫锁门），有的做两道门，分称为大门和二门，也有在入口处建小门楼，使入口更加醒目。

院内地面分为窑门前路面和院心地面。路面用砖铺装，宽度为 1.5～2 米。院心地面低于路面 20 厘米，主要用于排渗院内雨水，院心还可种树、栽花、种菜。每座地坑院还设有一口水井和一处渗水井。水井设在门窑中的拐窑里，位置非常固定，井深 30～40 米，能够

图 13-4-2 地坑院回转型入口

图 13-4-3 窑洞通风孔

解决一个家庭人畜吃水问题。渗水井设在院内地面一角，主要用于排渗院内雨水、污水，一般深 15～20 米，口径 0.6 米左右，进深处直径会放大，以便收纳更多的水。三门峡地区常见降水量为 500 毫米，季节分配不均，夏季雨量大，一般每年的降水量靠这口渗水井的排污不成问题。主要窑洞内设有通风换气的气孔，气孔直径 5～10 厘米，可有效解决窑洞内空气循环问题（图 13-4-3）。

窑顶的地面做压实处理，丰收的季节是晾晒谷物、打场的地方。在存放粮食的窑洞顶部会设置一个通往地面的小洞，称为"马眼"。"马眼"是十分智慧的设计，经过晾晒、脱过壳的粮食可以从"马眼"处直接流进粮窑的粮囤里，节省了上下搬运的麻烦。

（三）箍窑的营造

箍窑是人们利用建筑材料在地面上营建的拱券形的窑洞建筑，不受地形限制，平面布局比较自由。箍窑建筑材料较为多样，有土坯箍窑、砖箍窑、石箍窑以及多种材料结合砌筑的箍窑。

大多数箍窑使用砖石砌筑。是使用砖石发券构建的窑洞房屋，坚固耐用又具备窑洞建筑冬暖夏凉的优点。

砌筑箍窑的第一步是确定方位，包括确定箍窑平面的尺度、窑口位置；第二步是挖地基，挖出墙基的厚度，预留出窑口；第三步是砌窑墙，施工时需要支模架，先砌出箍窑的侧墙，上部以拱券形式结顶，再将后部用砖石封堵，在拱身修筑完成之后开始在上面覆土，进而完成整个拱形窑顶。拱券内部一般会做粉刷处理，多为白灰抹面和草泥抹面。砖石拱券的多用白灰抹面，土坯拱券的多用草泥抹面，找平修饰后就算完成了。最后在门券内安装门窗。

三门峡市陕州区官寨头村现存有一处土坯箍窑，建造年代为清。位于村落中部偏东的台塬上，是在背靠山坡的平地上以夯土墙作窑腿，在窑腿上使用土坯砌筑拱券，四周再夯筑土墙，屋顶形式为掩土夯实做成平顶。整个窑院呈"L"形布局，东、北两面各有三孔窑洞，周以高约 1.5 米高的土坯围墙和宅门半包围状围合形成一处院落。因土坯箍窑存留非常少，这是一处珍贵的研究实例（图 13-4-4）。

图 13-4-4　三门峡官寨头村土坯砌筑的箍窑

五、豫西窑洞民居建筑的特点

（一）窑洞外立面特点

窑洞的外立面称为窑脸，窑脸按材质可分为土窑脸、砖窑脸、石窑脸以及不同材质组合而成的窑脸。不论哪种材质的窑脸均由下部的窑腿，中部的门窗、窑券，上部的护崖檐等组成。窑腿一般使用青砖砌出勒脚，以防止雨水溅损窑腿。窑洞的门窗是窑洞内光线的来源，窗扇多为镂空格子栅，有多种造型图案，疏密有致，整体格栅榫卯结构，不使用钉子。护崖檐即为挑檐，一般是青砖叠涩出檐，上覆青瓦，起着雨水对崖面浸淋的防范作用。

窑脸反映了拱形结构科学的受力技术以及门窗装饰艺术，是窑洞民居重要的视觉中心。因为是"面子"工程，成为窑洞人家极力进行装饰的重点。窗为方形或长方形，透光的白色糊窗纸上贴有特色的剪纸；门多为一门双扇或板门或槅扇门。三门峡一带窑洞门窗较大，门的上方和左右都开有窗，通常有一门三窗、一门两窗两种形式。主窑通常采用一门三窗，其他窑采用一门两窗，茅厕窑只有门没有窗。洛阳、郑州以西的窑洞门窗稍小，有的旁边开一个小窗，甚至无窗（图13-5-1至图13-5-3）。

靠山窑和地坑窑多数的门是镂空的，称为阳扇，采用槅扇形式。槅扇的门窗利于通风和采纳阳光。山区砖石的箍窑多为"一门一窗"的形式，且开窗较小，主要是冬季保暖之需。门窗的木材多用柳、杨、榆、椿、槐等。三门峡地区窑洞的门窗色彩多为黑色带红边线油饰，洛阳和巩义等地多为棕色油饰。

巩义的张祜庄园为民国年间所建，对传统的窑洞进行了适当革新，不仅在拱券的形式上结合了西方建筑的拱券，而且窑洞开大窗，占满了整个拱形曲线，可以充分地接纳阳光。窗下有槛墙，窗的轮廓跟随着拱的形状大小而变化（图13-5-4）。

康百万庄园主要营建时期是明朝中叶到清，门和窗均为传统的半圆形拱。庄园依山而建，院落多为靠山窑作为主窑，两旁对称盖有瓦房的厢房。因主窑地位突出的，在门洞上方特别地砌有垂花帐帘砖饰以凸显其特殊的地位（图13-5-5）。

（二）窑洞拱券和布置特点

窑洞的门窗被洞口的拱形曲线所框定，一般窑洞高3米左右、宽4米左右、深8~12米，

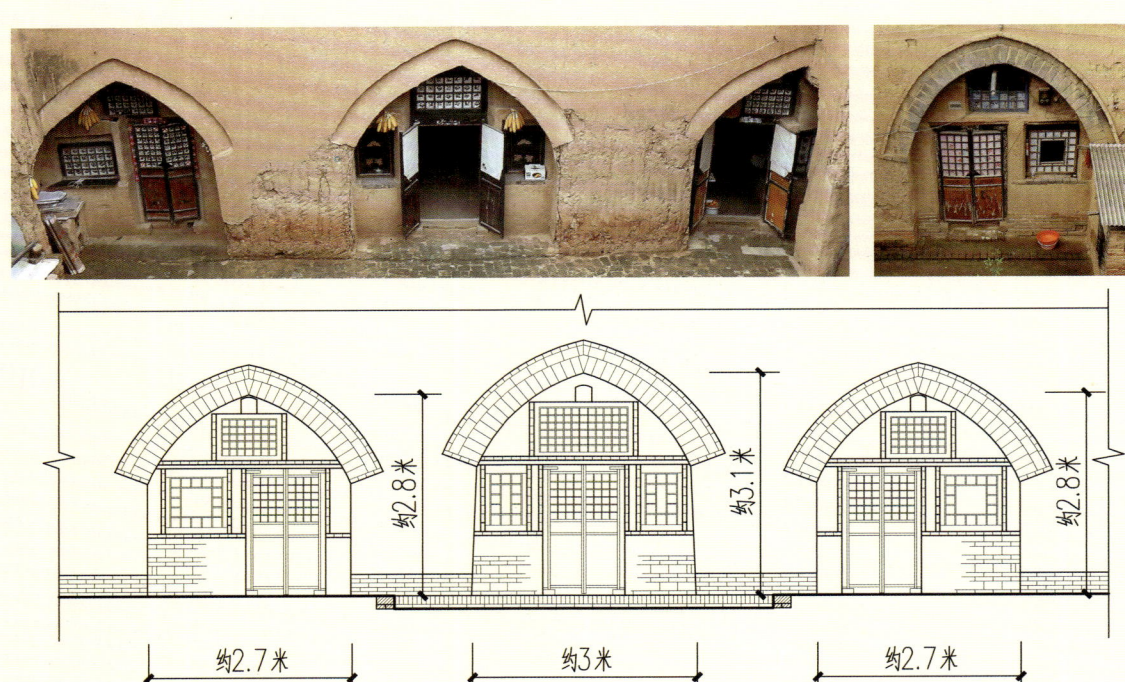

图 13-5-1　三门峡地区窑洞门窗

图 13-5-2　洛阳地区窑洞门窗

图 13-5-3　郑州新密吕楼村窑洞门窗

图 13-5-4　巩义张祜庄园窑洞门窗

图 13-5-5　巩义康百万庄园窑洞门窗

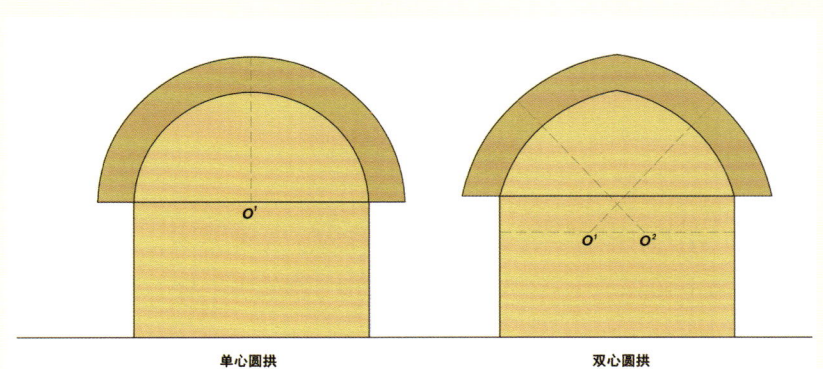

图 13-5-6　单心圆拱和双心拱示意图

窑洞 2 米以下的墙壁为垂直，2 米以上至顶端为拱券形。拱顶受力合理、承重能力较强，窑洞采取拱券顶更加稳固。豫西窑洞民居常见的有双心拱和单心圆拱两种拱形的样式，单心圆弧拱身立面为一单心圆弧；双心圆弧拱身立面由同半径不同圆心的两个圆弧相交组成，这样形成的拱身受力更合理，稳定性更高。三门峡地区双心拱而形成的尖券窑较为常见，洛阳和巩义等地区半圆拱较为常见（图 13-5-6）。

图 13-5-7　砖券窑洞内部

图 13-5-8　石券窑洞内部

豫西冬季寒冷，三门峡地区的窑洞内都设有火炕，火炕一般设在进门旁的门窗下，能够在居住和室内干活的时候充分得到光线和温暖。殷实的家庭会使用砖券窑洞内部，但寻常百姓多使用麦秸泥刷饰一层，或是使用白泥灰涂抹。洛阳、巩义窑洞建筑的内部十分简单清雅，内多置木质家具，窑洞建筑空间相对单一。石材易取的地方，窑洞的内壁还会使用块石券窑，十分坚固（图 13-5-7、图 13-5-8）。

（三）女儿墙和护崖檐的装饰特点

地坑窑院的拦马墙（女儿墙）位于地面上，是地坑院范围和形状的重要界标，也是地坑院民居装饰的重点部位。地坑院的拦马墙是地面下的院子于地面的四周所砌的一圈矮墙，通常有砖墙、夯土墙、夯土和瓦作结合、砖和瓦作等材料结合多种类型。一般主窑上方墙高 0.5 米，其余 0.3~0.4 米。拦马墙的主要作用有三：一是为了防止地面雨水灌入地面下的院内；二是为了保障人们在地面劳作活动和儿童的安全以及牲畜等的安全所设；三是地坑院边界的界定和建筑装饰的需要。

青砖所砌的女儿墙，有青砖平摆层层砌筑的和使用青砖和瓦件摆放出镂空花纹的两种形式。青砖平摆的女儿墙往往院内的窑脸也是使用青砖来砌，材料统一，较为坚固，防水性能较强。使用青砖等瓦件摆放出镂空花纹的女儿墙是利用青砖长、宽尺寸的不同和尺寸模数的特点进行叠放，装饰特征突出。常见的形式有单纯使用青砖一种材料摆放出十字镂空的图案，有墙砖十字镂空的图案和青瓦相扣叠放所做的图案相结合的形式，还有使用整体烧制的花式瓦件镶嵌在镂空花墙的多种形式。拦马墙（女儿墙）墙头的形式也各有不同，有墙头平直的，也有墙头砌成曲线的花墙形式（图13-5-9）。

淳朴的乡土民情，造就了朴实无华的窑居建筑装饰艺术，使整个地坑院看起来美观协调。

图 13-5-9　地坑院的女儿墙和护崖檐的装饰

第十四章　豫西木构民居建筑

　　豫西木构民居是扎根于特定的环境，适应特定的地质、地形，特定的气候、生态，符合当地的习俗和人文环境，充分利用地方性的建筑材料和乡土技艺，所建造出的朴实、真率、生活化的建筑。豫西的西部和南部，小秦岭、崤山、熊耳山、外方山和嵩山分列盘踞，石材和木材等建材资源较丰富，所建造的石木民居建筑各具特色；豫西的盆地和河谷地带，是交通便利和经济相对发达的地方，在传统建筑文化和周边相关区域文化的影响下，合院建筑规制完善，大量的砖木民居建筑建造精美。不同的木构民居建筑无论是从构造方式上，抑或是从建筑材料的使用方面都各有独到之处，能够因地取材，因地制宜地建造丰富、宜人的居住空间。

木结构建筑是以木材构成各种形式的屋架或者框架作为整个建筑物的荷重主体，是中国具有代表性和典型性的建筑构造体系。木构民居建筑指建筑结构以木结构体系为主的民居建筑，一般特征为建筑内部用木构梁架，屋面使用灰瓦覆顶，在我国从南到北都很普及。

豫西现存传统的木构民居建筑大多分布在河谷平原以及浅山地区，多为清代及民国所建的建筑。清代的国家政治、经济中心在京城（北京），豫西地区合院建筑在建筑布局上和建筑形式上受官式建筑制度化和模数化特点的影响，又受周边山西、陕西地区建筑手法的影响。民居建筑的建造和装饰通过工匠手口相传的方法传承，既有建筑规制的共性，同时又有因地区和工匠差异而产生的个性。

巩义康百万庄园的大部分建筑、孟津卫坡村的卫氏宅院、洛宁丈庄村的程家大院、洛宁河底镇城村的张氏旧宅等都是豫西木构民居建筑的杰出代表，这其中既有皇家封赐而名扬天下的地主庄园，又有"田过千顷、年租万石"的豫西首富宅第，这些豪宅阔院中的木构建筑民居建材精良、砌筑科学、装饰精巧。

一、豫西木构民居建筑平面

木构民居建筑平面多呈长方形，以"间"为单位构成单座建筑。中原地区自封建社会早期便有了较为明确的三开间的平面形式，唐宋以后逐渐明确了建筑的等级制度，平民建屋不得超过"三间五架"，三开间便成为普通民居建筑的法定形制。因

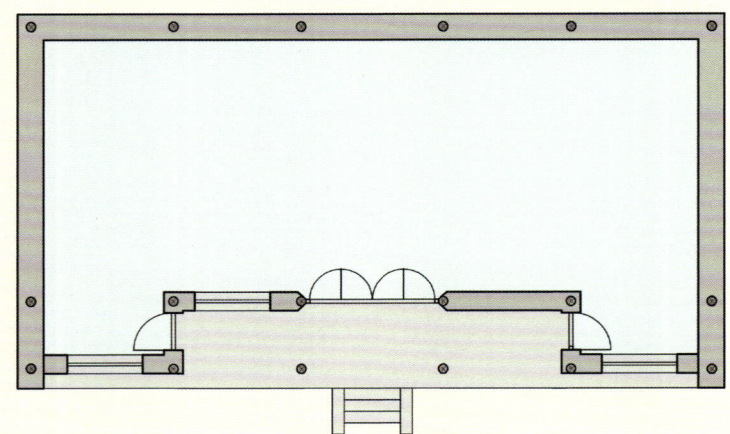

○ 图 14-1-1　上戈村乔家大院"明三暗五"的正房平面

三开间的建筑面积与家庭人口单元相适宜，结构合理，利于院落空间组合而普遍适用。院落建筑基本为单数开间，以保持中轴线对称布局，平面布局除了常见的三开间外，五开间的建筑在豪门阔院中也会出现，但多以"明三暗五"的形式出现，以防僭越礼制（图14-1-1）。

图14-1-2　民居内部的五梁架

木构民居建筑最常见的木构架形式是五架梁，这种构架的建筑既能布局适用的空间尺度，又能够满足檩在屋架上分布合理而形成屋面优美的举折弧线。另外，在五架梁前加一步架，形成带前廊的建筑也较为常见。带前廊的民居不但丰富了建筑形式，又多了一处半开敞空间，丰富了庭院的空间层次，在实际生活中更为实用（图14-1-2至图14-1-4）。

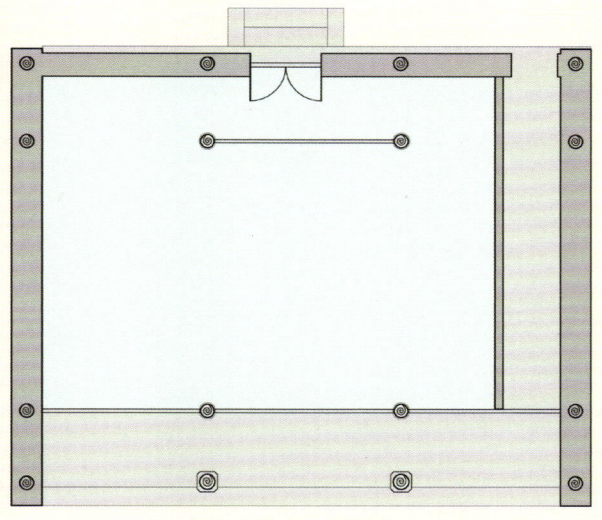
图14-1-3　带前廊的厅堂——卫坡村卫家厅堂平面

图14-1-4　卫坡村卫家厅堂

△ 图 14-1-5　六间二所的厢房

为达到对院落土地的充分利用，有些庭院中的厢房还出现偶数的开间。例如崤函古道旁的李家大院位于豫西浅山丘陵地带，院落面阔窄而纵深长，厢房常出现有五间二所、六间二所的布局，厢房较长，室内作隔墙分隔空间以便于使用。因院落面宽过窄，倒座也出现两开间的情况，厢房往往只能为单坡建筑。这些都显示出豫西传统木构民居建筑单体平面灵活多变的特点（图14-1-5）。

二、豫西木构民居建筑的结构体系

木构民居建筑分为纯木结构和混合结构两种承重结构体系。

（一）纯木结构民居

纯木结构是我国传统建筑的构架体系，其承重与围护结构分工明确，屋顶重量由木构架来承担。以立柱和纵横梁枋组合成各种形式的梁架，使建筑物上部荷载经由梁架、立柱传递至基础。墙壁只起围护、分隔的作用、不承受荷载。外墙起遮挡阳光、隔热防寒的作用，内墙起分割室内空间的作用。由于墙壁不承重，所以具有"墙倒屋不塌"的特点。

木构建筑由柱、梁、檩、枋等木构构成富有弹性的框架，有抬梁、穿斗、井干三种不同的结构方式。抬梁式是在立柱上架梁，梁上承接檩、枋、椽等木构架，所以称为"抬梁式"，由梁、柱构成支撑体系，并形成传力系统。柱上搁置横梁，梁上搁置檩条，檩上置椽，梁上再用矮柱支起较短的梁，如此层叠而上，抬高屋架。穿斗式又称立贴式，做法是用穿枋把柱子串联起来，形成一榀构架，故称作穿斗式，是檩柱支撑体系。每柱上设一檩，檩条直接搁在柱头上，在沿檩条的方向，两榀构架间用斗枋把柱子串联起来，形成一个开间。

豫西传统民居主要为"抬梁式"，现存实例中仅发现有少量山墙使用"穿斗式"或"抬梁式"和"穿斗式"相结合的形式，没有发现"井干式"建筑。"穿斗式"做法用在山墙中能够增加抗风能力，在豫西山区偶会见到，也是当地居民日积月累总结的可贵经验（图14-2-1）。

图14-2-1　豫西山区民居存在抬梁式和穿斗式相结合的承重结构

在豫西黄土资源和煤炭资源丰富或经济相对富庶的地区，采用木构承重、青砖砌墙、灰瓦覆顶的民居较为常见。如丈庄村程家大院的建筑、上戈村山西乔氏后人所居的乔家大院都是木构架为承重体系的纯木结构民居建筑。这些民居建筑质量上乘，现多保存较好，为我们研究豫西木结构民居建筑提供了范例。

（二）混合结构民居建筑

混合结构民居建筑从某种程度上是中国传统木结构体系适应性发展的体现。混合结构的建筑梁以上仍为木构，梁、檩、枋等木构承托屋架，梁下的木柱由檐墙替代承重。

混合结构建筑和纯木结构建筑的区别是，前者是屋面荷载由水平受力的木梁枋等木构传导给墙体承重，后者是梁枋等木构将屋面荷载传递于柱子承重。豫西乡村现存传统民居多为清至民国时期建造，这个时期混合结构建筑大量出现，一方面因为人口急剧增加，居住建筑需求量大，造成木材相对短缺，而砖产量的不断增加为建造业提供了丰富的建筑用材；另一方面是民居类建筑多进深尺度不大，一般为五架梁搁置在前后檐墙上，檐墙能够承接屋面荷载，并且混合结构建筑更易于施工的原因。

现存实例中，豫西混合结构民居建筑不仅有砖、石砌体和木梁架相结合的承重形式，还有大量土坯墙和木梁架相结合形式，但是这种承重体系强度较弱，建筑整体质量不高。

三、豫西木构民居建筑的屋面

木构民居建筑的屋面是建筑的围护结构之一，应满足排水、防风、保暖等技术性需求。

（一）脊

脊按所处的位置可分为正脊、垂脊、戗脊、角脊等。因豫西民居多为硬山、悬山式建筑，所以常见的仅为正脊和垂脊。正脊处于建筑屋顶最高处的一条脊，在屋顶前后两个斜坡相交的位置。垂脊是屋面与山墙相交形成的脊。硬（悬）山屋面的垂脊俗称"排山脊"，如做排山沟滴则称为"铃铛排山"。

硬山、悬山、歇山三种屋面形式可以做出尖山式还可以做出卷棚式。所谓尖山式，屋顶的剖面轮廓为人字形。人字交口处压着正脊，起着封山尖口的作用。尖山式硬山建筑是双坡五脊，正脊居中，两端设吻兽；沿山墙设垂脊，脊上饰以仙人、走兽等。圆山卷棚式没有正脊，垂脊随着圆弧的顶部前后坡贯通，被称作"箍头脊"或"罗锅卷棚脊"。还有些简单的民居无垂脊，仅作梢垄。因卷棚式两坡相交处不作正脊，由瓦垄直接卷过屋面形成弧形的曲面，形如元宝的弧线，所以又称元宝顶。卷棚式梁架结构多采用双数架，如四架、六架、八架等，平梁上用双瓜柱，上用罗锅椽或平椽。但也有采用单数梁架，用苫背层做出弧形曲面。卷棚顶不像尖山式那样庄重，给人以温和柔美之感，一般用于院落的厢房、耳房、小过门等建筑中。

（二）屋　面

木构民居的屋面多使用灰瓦覆顶。瓦在商代或更早就已出现，使"茅茨土阶"的建筑走向更高的阶段。河南洛阳东周故城遗址中，发现了大量板瓦、瓦当，说明了瓦在当时建筑中已被普遍使用。瓦的使用在汉代到达鼎盛时期，西汉中晚期吉语文字瓦当被大量使用，在河南省内黄县三杨庄汉代聚落遗址考古发掘所揭示的三处宅院遗存中，主房屋顶均使用大小、形制相同的板瓦与筒瓦覆顶，其中二号庭院主房前檐屋顶还出现有"益寿万岁"文字瓦当，通过瓦当文字的内容，标示记事、记姓氏，还通过"长乐未央""与天无极""千秋万岁""延年益寿"等为主要内容的吉语祈福吉祥。瓦的普遍使用使中国传统木结构建筑得到较快发展（图14-3-1至图14-3-3）。

豫西木构民居大多是硬山式、悬山式两种屋面形式，仅有个例为歇山式。硬山顶同悬山

图 14-3-1　三杨庄汉代聚落遗址屋面　　图 14-3-2　三杨庄汉代聚落遗址屋面"益寿万岁"瓦当　　图 14-3-3　三杨庄汉代聚落遗址屋面文字瓦当

顶的区别是，前者室内的檩条被包砌于山墙之内，后者室内的檩条伸出山墙之外后使屋面也向两山延伸。

硬山顶是豫西民居最常见的屋顶形式。明代及以后制砖技术逐渐成熟并产量发展较快。砖用于建筑檐墙的砌筑能够起到较好的防火、防水、恒温和保护木构架的作用，所以硬山屋顶的形式被广泛使用在民居的建造上。硬山建筑的檩条搭在两端山墙上而不悬挑出墙外，山墙用砖封檐，砖的防水性能较好，能够很好地保护木构件。

悬山顶的建筑因木檩露出山墙外，所以又称为"出山""挑出"。为保护山墙伸出的木檩，常设博风板。豫西传统民居中悬山顶建筑较少见，山区一些山墙为土坯砌筑的民居，会使用悬山顶的形式，多是利用悬山建筑两山屋向外伸出较大能够较多地遮挡雨雪的侵袭而保护土坯山墙的目的。

歇山顶为中国传统建筑屋顶样式之一，在规格上仅次于庑殿顶。歇山顶共有九条屋脊，即一条正脊、四条垂脊和四条戗脊，所以又称"九脊殿"。整体来看，歇山顶上半部分为悬山顶的样式，而下半部分则为庑殿顶的样式。因建筑等级较高，工艺相对复杂，在民居中比较少见。豫西民居中偶有使用卷棚歇山，既富于变化又线条柔美。实例见巩义张祜庄园的卷棚歇山顶厢房（图 14-3-4）。

在豫西的木构民居中不仅有双坡屋面，还有单坡屋面的形式。"半边盖"的房屋在豫西窄院中较为常见，多位于院落厢房的位置。豫西民居中常见的单坡硬山顶有两种形式：一种

图 14-3-4 张祜庄园歇山厢房

是有独立正脊,脊后留有一小段坡,形成类似不等坡的屋顶(图14-3-5 至 图 14-3-7)。另一种是与邻近的院落厢房共用后墙,一院作脊,另一院紧接其后檐建房,两厢房共用正脊,宛若一栋建筑。

(三)屋面的做法

传统木构民居屋面的构造层次自下而上依次为木基层(椽子)、苫背垫层、苫背层、黏合泥层、瓦面层。椽子直接承受屋面荷载,并将荷载传递给檩及下面木构。苫背垫层用来承托苫泥,豫西民居中常见的苫背垫层根据选用材料的不同,可以分为三种做法:第一种是用望砖或望瓦(图14-3-8)。为防止上部望砖、望瓦下滑,铺设前首先在屋檐处固定望板。望砖是一种较薄的矩

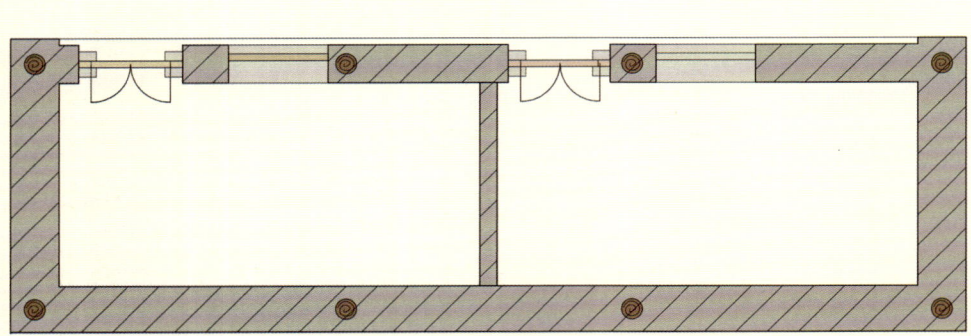

图 14-3-5 半坡顶民居——卫坡村院落厢房平面

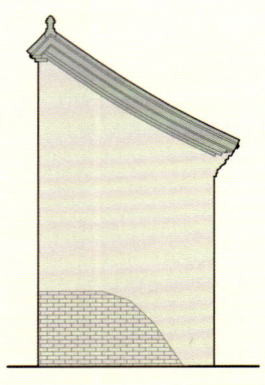

图 14-3-6 半坡顶民居——卫坡村院落厢房侧立面

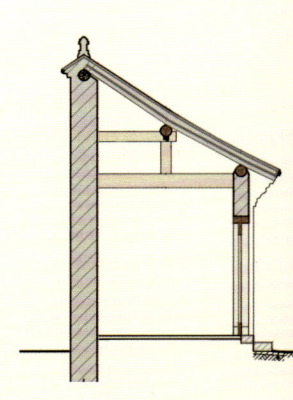

图 14-3-7 半坡顶民居——卫坡村院落厢房剖面

形砖。使用时直接铺在椽子上，砖缝之间要勾抹白灰膏。铺设望砖的室内效果较铺设望瓦更为平整，还可以通过望砖的铺设组合成其他图案，优化室内视觉感受。第二种是使用望板。在椽子上铺设条形的木板为望板，望板的铺设可采用顺望板或横望板，上承托屋面的苫背和瓦件。第三种是在椽上覆苫

图 14-3-8 铺设望砖的民居

席、苇箔、木片、高粱秆、藤条等廉价材料作苫背垫层，再覆以黄泥作为黏合泥层，这种做法材料易取，造价较低廉，常见于豫西山区一般百姓人家的民居中。

豫西民居的屋面多为灰瓦屋面，常被称为黑活屋面。灰布瓦断面为新月状，半径较大，圆心角为 60°左右。常见的形式有干槎瓦屋面、合瓦屋面和筒瓦屋面。

干槎瓦屋面

干槎瓦屋面是豫西民居最为普遍的屋面做法。灰布瓦凹部向上，垄和垄之间间距非常紧密，仰瓦上下相互错缝搭接放置，层层相压，在两瓦交界处，以泥封实。通常上下瓦之间搭接密度为"压六留四"至"压七留三"，即上瓦压住下瓦的 6/10 或 7/10，以使层层瓦片不易松动。干槎瓦屋面的特点是只有底瓦而无盖瓦，瓦垄紧密地结合在一起。这种屋面重量轻、省材料，平民百姓家的屋面较为常用（图 14-3-9）。

图 14-3-9 干槎瓦屋面

合瓦屋面

合瓦屋面是用灰布瓦按一正一反的方式排列，瓦的凹部向上为底瓦，凸部向上将两底瓦相盖的称作盖瓦。底瓦应窄头朝下，从下往上依次摆放，通常屋面大部分上下瓦之间搭接密度为"压六留四"，即每三块瓦中，第一块与第三块能做到首尾搭头。在檐口和靠近脊的部位会采用"稀瓦檐头密瓦脊"，檐部的三块瓦做成"压五露五"，脊部的三块瓦通常达到"压七露三"。合瓦屋面因为有盖瓦相扣，雨水被引导入底瓦快速流走，较好地隔断水下渗，相比干槎瓦屋面更不易漏水，视觉中线条的肌理感更强（图14-3-10）。

筒瓦屋面

筒瓦屋面一般用于大式建筑，属于黑活屋面中级别较高的一种，豫西民居中仅见于一些庄园阔院的大门、垂花门、影壁以及家庙宗祠中的正房建筑。

筒瓦屋面是半圆形的筒瓦为盖瓦，弧形片状的板瓦为底瓦。盖瓦凸面朝上将下面铺设的有一定间隔的底瓦的缝隙扣住。做盖瓦的筒瓦断面为半圆状，半径较短。筒瓦屋面重点的做法是"捉节夹垄"，"捉节"就是筒瓦之间勾缝处理，"夹垄"就是使用灰把底瓦垄和盖瓦垄之间抹严（图14-3-11）。

图 14-3-10　合瓦屋面

图 14-3-11　筒瓦屋面

四、豫西木构民居建筑的墙体

传统木构架建筑的墙体只起围护与分隔的作用,具有"墙倒屋不塌"的结构特点。清代及以后豫西的许多民居为梁架搁置在前后檐墙上的做法,所以墙体成为民居建筑重要的承重结构。

豫西民居建筑墙体在材料使用上是相当自由的,通常就地取材。根据墙体材料的不同,可分为砖墙、土墙、石墙、混合墙等。

(一)砖 墙

砖的发明是中国建筑史上的一次飞跃。砖墙具有防水、耐磨、坚固等特点,由于制砖工艺相对复杂,成本高,经济基础好的人家多会选用青砖砌筑宅院建筑的墙体。现保存较好的官员府邸、豪宅大院多为青砖砌筑。民居建筑的用砖量也是户主经济实力的象征。豫西民居使用的青砖大致为长 30 厘米、宽 14.5 厘米、厚 7 厘米。砖墙厚度在 30~70 厘米之间。因为冬天寒冷的缘故,檐墙较厚能够起到保温、御寒的功能。砖墙砌筑有很多形式,大致为顺

图 14-4-1 青砖砌墙的民居

砖错缝砌筑几层后施丁砖一层或一层顺砖一层丁砖交替砌筑，砖与砖之间使用白灰浆作黏接材料（图14-4-1）。

（二）土　墙

土作为建筑材料，方便易取、成本低廉、具有良好的隔热、保温性能。豫西有充足的黄土资源，土墙因此被广泛用于民居之中。土墙主要有夯土墙和土坯墙两种类型，夯土墙是将具有一定湿度和黏度的生土放入木模中夯实而成，为了提高强度，在生土中加入少量石子。

图 14-4-2　苏羊村的夯筑寨墙

图 14-4-3　土坯墙民居

○ 图 14-4-4　土坯墙民居

○ 图 14-4-5　土坯墙民居

夯筑是较为耗财费力的，因生土夯筑结实耐久，使用夯土工艺所筑的多用于寨墙，在民居中较为少见。唐杜甫有《泥功山》一诗："朝行青泥上，暮在青泥中。泥泞非一时，版筑劳人功。"描绘出了人们版筑操作过程取土运土辛苦的劳作场面。寨墙坚固、高额，墙外周以寨壕，起到了强有力的防护作用。如苏羊村的寨墙、城村的寨墙都为生土夯筑而成。苏羊的寨墙高 10 米余，厚达四五米，经历了 2000 余年的风雨侵袭仍然有部分保存。

土坯墙是把生土制成块状的土坯砖后再砌筑建筑，可就地取材，施工十分方便。天然的、干燥的土坯砖是由黄土、草泥胶合在一起通过手工在砖模中制造而成。土坯易于施工，建造技术相对成熟，在豫西乡村的民居中被广泛使用。豫西民居使用的土坯砖大小不一，根据自制的磨具来确定。由于土坯墙有不防潮、不防水的特点，墙下部常砌一段青砖或石材作为墙基，防止水的侵袭以提高墙体强度。土坯墙整体强度较弱，易受自然力的侵蚀，风吹雨淋后容易被剥蚀，不利于建筑的持久保存，因此现存的土坯墙民居残损情况较为突出（图 14-4-2 至图 14-4-5）。

（三）石　墙

豫西地区多山地，易得石材。山区居民根据周围环境条件就地取材，使用石材砌筑房屋。有使用天然毛石、粗加工的块石砌筑的，也有开采后经过细致雕琢后使用整齐的石块砌筑的，

◎ 图 14-4-6 块石砌筑的民居

◎ 图 14-4-7 块石砌筑的民居

还有直接使用大小不一的卵石同泥土混合砌筑的等。石材致密坚硬不易受风雨的侵蚀，除了卵石砌筑的墙体因材料的稳定性较弱而保存一般，大多块石所砌墙体的民居保存较好。

豫西比较典型石墙民居有黛眉山的寺坡山村、嵩县外方山余脉的石场村、大熊山高山密林中的柏石崖村等。这些村落多处山地基岩裸露地区，周围有较丰富的石材并易于开采，民居建筑从墙基到屋檐下的墙体，均由石材垒砌，有的在块石间用黄泥或白灰作黏接材料并勾缝，有的完全使用块石垒砌，间以较小的片石填缝以保证上下左右砌石间的稳定性，虽然没有使用黏接材料，稳定性加强了，仍然很坚固。使用石材砌筑墙体形成粗犷朴实的风格，极具特色。石构建筑依势而建，错落有致，人工构筑物同环境相协调，形成充满野趣和自然的村落风貌（图 14-4-6、图 14-4-7）。

（四）混合材料的墙体

就地取材和材料的多样化是豫西民居墙体的特点。混合材料的墙体是使用砖、石和土坯等材料相结合、充分发挥各种材料自身的优势，砌筑出经济适用、美观、保暖性强的墙体。石材坚固耐磨，往往被使用在建筑台基、墙基、踏步等处；青砖平整并稳定性较好，往往被使用在檐墙的砌筑；土坯造价低廉，易于制作并恒温保暖性较好，往往被使用在墙体上部和

图 14-4-8 卵石同泥土为墙的民居

图 14-4-9 块石为基，砖、土坯、小碎石等混合砌筑的民居

墙体内侧或夹在里外砖砌体之间。

豫西民居利用建材材质、肌理和性能的不同，经过巧妙的组合和构筑技法的精心安排，砌筑出不同立面形态、不同风格的墙体。常见到的混合墙体多是下部为青砖或石材，上部为土坯墙，并用泥草抹面。有的民居的门窗周围、墙体转角部、前檐墀头等位置使用青砖，其他的墙体大范围使用土坯砌筑。这样的做法既能使建筑关键承重部位增加强度和防水性能，又节约建材成本并产生较强肌理对比，粗料精作，效果别致，装饰和实用作用合二为一，形成了别具一格的地方手法。有的墙体外部使用青砖，内部使用土坯，还有的把土坯加在砖墙芯里，既内外展现了砖材料平整的美观效果，又突出了土坯保暖和造价低廉的特性。

除了常见的块石、片石、卵石，一些民居使用本地出产的料姜石作为砌筑墙体的材料。料姜石常被使用在山墙位置，能够起到一定的防水隔水作用。还有一些民居就地取材，采用当地烧制陶瓷的匣钵或瓷缸等手工业产品废弃物砌筑民居墙体，别具特色。混合墙体的民居因材施用，将各种建筑材料之优点利用在民居建造上，是豫西乡民聪明智慧的体现（图14-4-8、图14-4-9）。

第十五章　豫西民居的装饰艺术

　　豫西民居的装饰内容反映了华夏文明核心区的中国传统文化的礼制道德，注重建筑主要部位的艺术装饰效果，采用砖雕、石雕、木雕、彩绘等形式，使用植物花草、飞禽走兽、吉祥器物、文字书法和人物故事等多种多样的装饰题材，以象征、比拟、喻示和谐音的表现手法，表达吉祥富贵、长寿幸福、趋邪纳祥等的寓意，意将安定、幸福、美满、和谐的精神境界代代相传，寄托着宅院主人对美好生活的向往和追求，具有丰富的文化内涵，实现了建筑技术与艺术的完美统一。

一、院落入口处的装饰

民居宅院的入口，界定了宅院的内外，在功能上起着通行和防卫的作用，同时也是地位、财富、文化品格的象征。形态不同的门枕石、寓意深刻的匾额、工艺精湛的门铍或兽面以及各种精美的雕刻等装饰彰显着主人的财力、尊崇和品位。

（一）门的形式和装饰

宅院大门是一户人家的"脸面"，所以普遍受重视。在封建社会，门堂之制是礼制最重要的组成部分。大门作为人们进出宅院的必经之地，在宅院建筑中占很重要的地位，往往处在多级台阶之上，给人一种高高在上的感觉。正脊一般高于倒座，也有采用和倒座为同脊的形式，但装饰内容都多于院落的其他建筑。大门为两扇对称的板门，门上的装饰也为左右对称，或简单地使用线条装饰门框，或将一些功能性的构件（铺首、门簪等）做成不同的造型进行装饰，或在大门左右内壁使用砖雕纹饰来修饰入口的空间等。雕刻、彩绘等是最常采用的装饰手段，雕刻的手法有浮雕、透雕、线雕等。雕刻题材有植物、动物和人物故事等，一般是寓意吉祥、富贵、平安，能够表明主人心志的内容，显现着浓郁的文化气息（图15-1-1）。

● 图 15-1-1　大门的装饰

图 15-1-2　过门的装饰

豫西较大型的宅院除了入口的大门，还有二门或其他过门等，都是进入不同院落的枢纽。二门是庭院中很讲究的门，多位于东西厢房之间，是内宅和外院的分界线，客人可以引入外院倒座的会客厅，而内院是自家人生活起居的地方，较为私密。

庭院内的门有多种形式，建筑顶部有尖山的也有卷棚的，有墙垣式的"小门楼"，还有一殿一卷式的垂花门等，虽体量小巧但也是宅院建筑的装饰重点。门的主体是门框，不管是以墙作框，还是附加在墙上的木门框，门框的造型和装饰表达的心意也是各有千秋。有方形门框、"拱券"形的门框、圆形门框等。门框的材质有木、砖、石多种。方形门框有全木材、全石材以及砖头立柱石头为横槛等样式；而拱券门框和圆形门框则有全砖、砖石结合以及全石材结构等样式。这些内宅门的装饰位置和内容丰富多样，多结合建筑不同的造型进行装饰（图15-1-2）。

（二）门枕石

门枕石是支撑门框和安装门轴的一个石质构件。因门置其上，所以叫门枕石，俗称门礅、镇门石等。将门枕石雕刻精美，有助壮门望之用。门枕石一头在门外，一头在门内。门外的部分较大，门内的部分稍小。门外的部分通常雕刻一些中国传统的吉祥图案，简单的为方形，

图15-1-3 门枕石

雕刻花草吉纹；复杂的雕成狮子、石鼓等形状。因狮子性情凶猛，常用作护卫大门的门兽；雕成石鼓形状的又称抱鼓石，传说是取"尧设谏鼓，舜立谤木"之据，引申为欢迎来人之意。门内的中间有一凹窝，被称"海窝""铁鹅台"，是放置门轴的地方。门轴上有连楹下有门枕固定门扇，使门扇开启稳固（图15-1-3）。

（三）匾额和楹联

匾额和楹联有置于建筑外檐的也有置在建筑内部的。匾额多为横匾，置于建筑外檐的多位于门的上方，楹联悬挂在门两侧。匾额置在建筑内部的多悬挂在厅堂正中，楹联分别悬挂

图15-1-4　匾额

图 15-1-5　楹联

在东西内柱上。

匾额和楹联的书法多为书法家之作，常以楷书、行书、草书、隶书、小篆等书体的形式出现，笔酣墨饱、高雅大气，其中不乏书法精品。匾额受外框的限制，在文字内容周边常饰以缠枝纹、竹节纹、博古纹、梅花纹等或雕刻动植物相配，装饰效果较强。作为主人家精神志趣的载体，书写内容文化内涵深厚，以"耕读传家""诗书传家""谊重桑梓""慎行节用"等优秀的传统思想为主题。除了装饰作用，同时还具有警示与教育家庭成员的作用。匾额和楹联采用书法、绘画、雕刻等多种艺术相结合的形式，具有较高的艺术和文化价值（图15-1-4、图15-1-5）。

（四）影壁的装饰

影壁也称照壁、屏、影墙等。根据在庭院的位置不同可分成"独立影壁"和"座山影壁"。因"独立影壁"多位于院落中轴线中央，需要院落较为宽敞，而豫西的合院多为"窄院"，所以较少采用。"座山影壁"多位于东厢房山墙上，不受院落面阔尺度的影响，是"坎宅巽门"布局的宅院最常见到的影壁形式。

进入院落，影壁能够起到缓冲和遮挡院内景致的作用，初进院落者因影壁的遮挡难知庭

图 15-1-6　独立影壁

图 15-1-7　座山影壁

院虚实，同时也将视线汇集于影壁。影壁一般由壁顶、壁身和基座三部分组成。壁顶一般采用屋顶的造型，上覆筒板瓦；壁身又称壁心，是运用砖石雕刻的手法、采用不同装饰主题的重点装饰部位；民居影壁的基座往往是造型简单的台基座。"座山影壁"因位于山墙，也有的省去壁顶和基座，简化到只做壁心的装饰。影壁中心部位常常饰以取意吉祥的"福"字或佛龛，旁侧饰以吉纹等（图 15-1-6、图 15-1-7）。

二、建筑外立面的装饰

（一）屋脊的装饰

屋面的装饰主要为脊饰。豫西传统民居多为硬山建筑，正脊和垂脊的端头有置放吻兽的，

▲ 图 15-2-1　整体烧制的脊筒

还有没有吻兽而简化到仅用瓦件做个造型的。豫西多数民居正脊为两端稍稍起翘的造型，同其他地区平直的正脊相比增加了灵动之感。正脊的主体有采用烧制的脊筒、有使用小青瓦一层层相叠的，还有使用小青瓦摆放成各种镂空图案的，形式较多。烧制成型的脊筒有素面的和有雕花纹饰的两种，具有整体性强、厚重坚实的特点。使用小青瓦一层层相叠和使用小青瓦摆放成各种镂空图案的形式易于施工，形式活泼，特别是小青瓦摆放成各种镂空图案的脊饰不但空透轻灵，还有抗风阻的特点（图15-2-1至图15-2-3）。

● 图 15-2-2　小青瓦相叠的镂空脊

● 图 15-2-3　脊饰

（二）门窗的装饰

豫西院落内民居建筑的门多为木质，主要有实板门和槅扇门两种形式。门窗多为矩形，受窑洞民居拱券形式的影响，门窗外框也有做成拱券的造型，特色突出。实板门造型简单，大致由门框、门扇、门槛组成，门扇上有连楹下有"海窝"固定，后有门插可在室内关闭，前有锁扣可在外出时锁门。槅扇门、窗设在檐柱之间，有四抹、五抹、六抹之分，主要装饰部位是裙板、绦环板和槅心。裙板、绦环板用线条或作出混线，或作出如意头装饰，复杂的

图 15-2-4　槅扇门

图 15-2-5 窗

有木雕花鸟、人物、八宝等纹饰，显得更为精美。槅心部位是使用木棂条组成各式花纹进行装饰。

窗有木质的也有砖、石材料的。豫西民居建筑砖、石材料的窗造型简单，多为竖向的楞窗，因为砖石窗的直楞空隙较大，内侧多有木制的实板窗扇；木质的窗造型丰富，主要表现在窗扇的造型上。窗有可以开合的槅扇窗、支摘窗等，也有不可开启的平棂窗。豫西冬季寒冷，普通民居的窗扇一般不大并不可开启，在窗扇上糊上白色的窗纸，窗的采光功能大于通风功能。

门窗的槅心部分由木棂条进行不同的组合而构成不同的纹样。棂花多为寓意吉祥的几何图案，有步步锦、八角锦、灯笼锦、一码三箭、卍字纹、回字纹等。除了几何纹饰，讲究的门窗槅心装饰还将雕刻的花卉、植物等图案进行结合。比如雕刻"梅兰竹菊"四君子，寓意君子清高品德；雕刻"松竹梅"岁寒三友，表达对高洁品格和忠贞友谊的敬慕和赞誉。这些都体现了豫西民居人文特点突出的传统装饰理念（图 15-2-4、图 15-2-5）。

（三）墀头的装饰

墀头是指硬山顶建筑山墙突出两端檐柱以外的部分，处于整个建筑立面边框的位置，用以支撑前后出檐。豫西宅院的建筑多为硬山建筑，墀头为使用砖石逐层精细垒砌，分为三个部分：下碱、上身和盘头。盘头的位置往往是装饰的重点，运用荷叶墩、半混、炉口、枭、盘头等分件直至挑檐。盘头中部的炉口是装饰的主体，形制和图案有多种式样。多采用砖雕的形式，雕刻植物、动物、器物、人物等造型，不但使建筑正面和侧面都具有较强的装饰感，更是表达了主人祈福崇德的精神志趣（图15-2-6）。

图 15-2-6　墀头的装饰

（四）柱础的装饰

柱础置于木柱下，一般都为石质，是承受屋柱压力的垫基石。石材质地坚硬，耐磨性与耐腐蚀性较好，能够隔绝水汽上升，保护木柱不易碰损和不易腐蚀。豫西的大多民居因体量不大，进深多为一间或带前廊的建筑，柱础多位于廊柱和檐柱之下。柱础的造型可以归纳为两大类：一类是单层式柱础，多为鼓式；另一类是多层式柱础，是由二种以上不同形式的单层式柱础重叠而成，造型和纹饰丰富（图15-2-7）。

图 15-2-7　柱础

（五）山花和博风的装饰

豫西古民居多为硬山，为丰富建筑山墙的装饰感，受歇山式建筑山花和悬山式建筑悬鱼做法的影响，有些采用灰塑的手法塑造出形似山花和悬鱼造型。采用灰塑装饰民居的山墙，常见的是用白灰加入麻刀直接在青砖山墙上抹出图案，做法简单，经久耐用。讲究的使用石灰、砂子、蚌壳调制成灰膏塑出有立体感的图案，质地细腻，做工考究还非常坚固。通过山花的装饰，在简素的灰砖山墙上形成舒卷、优美、鲜明的装饰图案，对硬山建筑相对呆板的山墙部分起到了明显的装饰作用。

豫西民居对于山花部位的装饰也常常结合砌筑材料来完成，有沿袭悬山博风板的造型采用砖质博风板起到丰富山墙层次的作用；也有使用不同的建筑材料来修饰山面的，一些地方出产料姜石，使用这种特殊的石材装饰山花，起到了独特的装饰效果（图15-2-8）。

● 图 15-2-8　山花、博风的装饰

（六）檐部木雕装饰

豫西民居建筑的雀替、挂落等檐部装饰都为木雕，多施以图案饱满、造型优美的吉祥图案，寓意平安吉祥和家族昌盛。

雀替通常置于建筑横材（梁、枋）与竖材（柱）相交处，由拱形替木逐渐演变而来，可以减少梁枋与柱相接处的向下剪力，具有稳定和装饰的功能。豫西民居中雀替的装饰有动物和植物等题材，常见的有卷草、花鸟、卷云、夔龙等纹饰，采用透雕和浮雕较多。

挂落又称花牙子，没有力学上的使用价值，纯粹的装饰构件，常制作为镂空的木格或透雕的花板，是建筑中重要装饰构件。

除了雀替和挂落，在豫西民居的挑檐檩和平板枋之间常置木雕构件，装饰特色也很突出。有靠近柱头的，也有位于枋中心位置的，既起到装饰作用，同时具有一定辅助承挑的作用（图15-2-9 至图 15-2-11）。

图 15-2-9　檐部木雕

图 15-2-10　雀替、挂落

图 15-2-11　雀替

　　豫西民居的装饰特点是古拙厚重、遵循礼制，注重文化传承。通过形式不同的装饰手法，使宅院显得生活情趣浓厚和充满活力。普通人家宅院建筑的装饰特点是注重实用，贴近自然，简单而不乏装饰效果；殷实人家和豪门大宅的宅院建筑装饰特点是精选材料、工艺考究，装饰手法丰富多彩。

　　豫西民居各种传统纹饰多以象征前途似锦、象征富贵绵长、象征力量和安全等的美好寓意，烘托出家园吉祥、平安、幸福的喜庆氛围，寄托着人们美好的祝福和愿望。装饰形式别具风采，具有丰富的视觉效果，并蕴含了我国古代哲学中人生及自然的规律，寓意深刻。

　　豫西民居的装饰形式繁多，纹饰造型丰富，选取材料地方特色突出，具有较高的艺术水平和浓厚的生活情趣，承载了豫西的民俗文化和审美意趣，是华夏文化核心区民间装饰艺术水平的集中呈现。

主要参考文献

一、古代文献

1. 龚崧林修，杨建章等纂：《（重修）直隶陕州志》，清乾隆十二年刊本。

2. 周淦等修，李镜江等纂：《灵宝县志》，清光绪二年刊本，成文出版社，1977年版。

3. 甘扬声修，刘文运纂：《渑池县志》，清嘉庆十五年刊本，中州古籍出版社，1995年版。

4. 徐光灿、赵擢彤、宋缙等纂修：《孟津县志》，清嘉庆二十一年刊本，成文出版社，1976年版。

5. 贾毓鹗、车云编等撰：《洛宁县志》，民国六年刊本，成文出版社，1969年版。

6. 龚崧林编修：《洛阳县志》，清乾隆十年刊本，中州古籍出版社，2014年版，第46～63页。

二、论著

1. 刘敦桢：《中国古代建筑史》（第二版），中国建筑工业出版社，2008年版，第183～190页。

2. 陆元鼎：《中国民居建筑》（上卷），华南理工大学出版社，第2003年版。

3. 许顺湛：《豫晋陕史前聚落研究》，中州古籍出版社，2012年版，第1～5页、第13～14页、第30～31页。

4. 左满常、白宪臣：《中国民居建筑丛书–河南民居》，中国建筑工业出版社，2012年版，第150～153页。

5. 王军："中国民居建筑丛书"《西北民居》，中国建筑工业出版社，2009年版，第53～59页、第165～167页。

6. 王金平、徐强、韩卫成：《中国民居建筑丛书—山西民居》，中国建筑工业出版社，2009年版，第125～126页、第157～158页。

7. 杨焕成：《中国古建筑时代特征举要》，文物出版社，2016年版，第272～274页、第277～279页。

8. 王徽、杜启明、张新中等：《窑洞地坑院营造技艺》，安徽科学技术出版社，2013年版，第5～7页、第15～17页、第46～49页。

9. 孙大章：《中国民居研究》，中国建筑工业出版社，2004年版。

10. 孙大章：《中国古代建筑史》（第五卷）《清代建筑》，中国建筑工业出版社，2002年版。

11. 侯继尧：《窑洞民居》，中国建筑工业出版社，1993年版。

12. 王卢生：《大河丝路》，中州古籍出版社，2016年版，第96～97页、第171～172页。

13. 王其亨：《风水理论研究》，天津大学出版社，1992年版，第121～124页。

14. 张怀银、贺兰君、王宝林：《三门峡史迹》，中州古籍出版社，1999年版，第52～56页、第91页、第154～156页。

15. 刘大可：《中国古建筑瓦石营法》，中国建筑工业出版社，1993年版，第117～119页、第161～162页。

16. 河南省文化厅编：《河南省非物质文化遗产科研课题成果汇编》，河南人民出版社，2016年版，第426～430页。

三、论文和资料

1. 王巍：《聚落形态研究与中华文明探源》，《文物》，2006年第5期。

2. 杨林、裴安平、郭宁宁、梁博毅：《洛阳地区史前聚落遗址空间形态研究》，《地理科学》，2012年第8期。

3. 业祖润：《传统聚落环境空间结构探析》，《建筑学报》，2001年第12期。

4. 严文明：《关于聚落考古的方法问题》，《中原文物》，2010年第2期。

5. 毕硕本、计晗、陈昌春、杨鸿儒、沈香：《地理探测器在史前聚落人地关系研究中的应用与分析》，《地理科学进展》，2015年第1期。

6. 杨振威、王安坤：《世界文化遗产崤函古道及其价值探析》，《河南省文物建筑保护研究院建院 40 周年文集》，中州古籍出版社，2018 年版，第 51 ~ 58 页。

7. 单之蔷：《黄河：从"天上来"到"入海流"》，《中国国家地理》，2017 年第 10 期。

8. 单之蔷：《黄河日记》，《中国国家地理》，2017 年第 10 期。

9. 郑东军、张玉坤：《河南地区传统聚落与堡寨建筑》，《建筑师》，2005 年第 3 期。

10. 张东：《中原地区传统村落空间形态研究》，华南理工大学博士学位论文，2015 年。

11. 张爽：《从平城到洛阳：北魏丝绸贸易与佛教兴盛关系略论》，《四川师范大学学报》，2017 第 3 期。

12. 李中翔：《鸿庆寺石窟保护研究》，《中原文物》，2003 年第 1 期。

13. 刘余力、周明霞：《丝绸之路上的关庙与关公文化传播》，《洛阳日报》，2017 年 7 月 14 日第 10 期。

14. 袁维春：《三门峡市历史文化积淀地理环境因素分析》，《信阳师范学院学报》，2002 年 7 月第 3 期。

15. 李红光、张东、刘宇清《河南陕州区地坑院民居及其营造技艺》，《四川建筑科学研究》，2013 年第 1 期。

16. 苏健：《洛阳与"丝绸之路"》，《中原文物》，1981 年第 3 期。

17. 陈洋：《明清豫西民间信仰研究》，华中师范大学博士学位论文，2016 年。

18. 胡燕、陈晟、曹玮、曹昌智：《传统村落的概念和文化内涵》，《超市发展研究》，2014 年第 1 期。

19. 赵海星、张毅海：《康百万庄园——中原古代民居的典范之作》，《中国文化遗产》，2005 第 1 期。

20. 渠滔：《河南巩义康百万庄园的营建技术探析》，《河南大学学报（自然科学版）》，2010 年第 1 期。

21. 上篇《形态篇》部分村落内容参考历史文化名村保护规划和传统村落保护发展规划。

22. 附录部分图纸参考相关村落保护规划、维修保护方案图纸绘制。

附 录 | FULU

附录一　豫西古村落历史调查简表

附录二　豫西古村落现存遗产调查表

附录三　豫西古村落所属流域调查表

附录四　豫西部分典型民居宅院图

附录一

豫西古村落历史调查简表

序号	村落名称	村落简史	备注
1	孟津县小浪底镇乔庄村	乔家祖籍山西，明朝初年迁居洛阳铜驼巷，后其分支又迁往多处。当时，迁往孟津会盟一带的乔允升，为乔庄乔姓人的七世祖，曾官至刑部尚书。至清代乾隆年间，这支乔氏才把家搬到乔庄。乔庄人世代以耕读为生，勤俭治家使家族不断兴盛。此外，乔庄人世代热衷医道，几百年来，这里成长起多位中医名家，因此乔庄还被周围百姓称为"大夫窝"	河南省第五批历史文化名村；第一批中国传统村落
2	孟津县朝阳镇卫坡村	明末清初洛阳北邙是战区，人烟稀少，土地荒芜。明洪武年间，卫氏一族由山西阳城迁到河南济源织城。清代顺治年间，朝廷为发展经济，诏谕奖励垦荒。卫氏始祖卫天禄率子孙由济源县西织城迁到洛阳，在邙岭半坡上修建宅院。经过几代人开荒种地，家族渐兴，拥有了大量的耕地，当时有"东至平乐，西至始祖庙，方圆三十里，不走他家路，解手不肥别家田"的说法，可以了解到卫氏家产的丰厚。卫氏三世孙卫天禄与邑侯魏公（洛阳地方官）素有往来，又同朝为官，魏公错以为同魏同宗，多有照应，后来户书造册、书束往来均以魏字为之，魏公奏请朝廷，使得卫家受诰封4人，圣旨皇封匾额，具称魏氏，加上卫、魏同音，也就沿袭下来，以至于祠堂、匾额、墓碑皆写成"魏"。卫家兴旺的100多年间，出过20多位七品以上的官员、4位诰命夫人。清乾隆年间，开始大规模营建卫氏老宅，至道光年间，卫家坡已经形成了建筑面积约25500平方米，房屋567间，靠山窑28孔，天井窑院8所，集祠堂、私塾、绣楼、南北老宅于一体的较完整的家族宅院群。清末，卫坡村开始衰落	河南省第二批历史文化名村；第二批中国传统村落；魏家坡民居为河南省第四批文物保护单位
3	孟津县常袋镇石碑凹村	石碑凹村古称宣武村，宋代开国元勋石守信埋在这里，子孙卒后也埋葬在先人附近，逐渐形成了规模庞大的家族墓地，因碑高大而多，村名改为石碑凹村。石碑凹村现有张姓253户，房姓1户，王姓1户。张姓系明洪武年间大移民时由山西省洪洞县迁至孟津县朝阳镇官庄村，清嘉庆元年（1796）又迁至石碑凹村。清道光年间，张姓族人就势而建、逐步建成防御体系完善的古寨。张氏家族世代耕读传家，多人在朝为官，据记载庠生以上者有20余人，四至六品的大小官员9人，还有多人受到过清帝的封赐，如承德郎、云骑尉等	第二批中国传统村落
4	孟津县城关镇大阳河村	大阳河村曾叫"大杨河"，以村西河岸上曾有三株九丈九尺高的大杨树而得名。该村大多数人家都姓贾，七世祖贾之彦，康熙辛未年间（1691）中进士，做过甘肃会宁邑侯。康熙五十五年（1716），他辞官回归故里，在村中建立义学，亲自启教后生。今村子南边、瀍河左岸，义学旧舍尚存。村中仍存有许多清代贾氏建造的宅院，多为三进院落	第五批中国传统村落

续表1

序号	村落名称	村落简史	备注
5	孟津县会盟镇扣马村	扣马村名称的由来，与中国历史上一个著名的历史事件——武王伐纣有着非常密切的联系。公元前1025年岁末的一天，伯夷、叔齐在孟津渡拦住武王的马头劝阻谏道："父死不葬，爰及干戈，可谓孝乎？以臣弑君，可谓忠乎？"周武王经过劝谏，毅然率军横渡黄河，挥师北上，经过牧野之战，最终完成了伐纣的全胜，建立起西周王朝的统治。《史记·伯夷列传》记载，天下归周后，伯夷、叔齐"耻之"，义不食周粟，隐于首阳山，采薇而食之。最后饿死在首阳山上。伯夷、叔齐的言行，被世人视为忠顺的楷模，大加赞颂。司马迁评价他们曰："末世争利，维彼奔义；让国饿死，天下称之。"后世，人们在孟津渡附近修建了规模宏大的夷齐祠、天意阁、武王庙等建筑，对周武王和伯夷、叔齐一同进行祭祀。由此形成的扣马村，不仅成了商贾云集、舟车辐辏的大镇，还成了历代达官显宦、文人骚客瞻仰凭吊的圣地。清朝同治二年（1863），为了抵御兵灾匪患，扣马村人自发修起了一座扣马寨，周长约2公里，寨有四门，北为"迎恩门"，南为"长赢门"，东为"春旭门"，西为"宝城门"。目前，整个古寨的寨墙损毁殆尽，仅剩下南寨门	第一批河南省传统村落；扣马长赢门（扣马村南寨门）为市级文物保护单位
6	孟津县横水镇横水村	古时横水不仅是战略要地，同时也因特殊的地理位置，从清朝乾隆年间开始，一直作为豫西商贸重镇而存在，延续有两三百年的历史。历史上，横水东有洛横大道直达洛阳，西有狂口、西沃等黄河上重要的水运码头，本身又是山西、河南南来北往的渡口。在公路不发达、水运是交通命脉的古代，横水独特的地理优势极为明显。村以韩、赵、杨姓居多，基本上都是明末清初从山西迁来。清康熙、乾隆年间，曾涌现出韩嘉美、韩用九、乔世英等多位进士、举人。横水村村名多有变更，如洪水、洪州、横州、横水店、古横州等，辛亥革命后才改为横水，沿用至今。村西的古横州大桥建于清乾隆五年（1740），由村人赵世璧、杨廷弼、王九思等捐银捐料而建；村东的东大桥始建于乾隆七年（1742），由太学生赵世藩一人捐白银117两兴建；再往东边的东沟石桥，根据《赵氏宗谱》记载，为乾隆八年（1743）由该村赵家门中的牛氏捐资兴建	第一批河南省传统村落
7	汝阳县蔡店乡杜康村	相传夏朝造酒大师杜康在此造酒。《直隶汝州全志·伊阳（今汝阳县）古迹》载："杜康趴，城北五十里，杜康造酒处，有杜水，《水经注》名康水。"该志卷九又载："杜水涧，城北五十里，因杜康造酒于此，故名。"清顺治、康熙、乾隆、道光时期修的四部《伊阳县志》关于杜康村的记载同此。民国以来，人们在杜康村先后发现了6处古酿酒作坊遗址，其中东周酿酒遗址一处，汉代酿酒遗址一处，明、清酿酒遗址各2处，出土的古酒器有新石器时代的陶制酒器，夏商周三代的铜爵、铜尊等青铜酒器和明、清瓷质器酒等。杜康墓，冢周长30多米，高3米，冢前有清康熙二十八年（1689）的石碑，石碑上刻"酒祖杜康之墓"	河南省第五批历史文化名村；第一批中国传统村落；杜康墓为市级文物保护单位
8	汝阳县小店镇圣王台村	相传商汤当年在此替民求雨，村落地势较高，商汤当登此高处替民求雨，故名圣王台村。因村中有观音寺，又称"下寺"，又因老村主体地势较高，环顾群下，故又称"寨上"。清代，村民在凤凰山祭坛的四周构筑寨墙，现遗留下来的寨墙断面呈梯形，下宽上窄，下部的截面大约宽7米，上部大约宽4米。1986年，村中观音寺被公布为河南省文物保护单位	河南省第五批历史文化名村；观音寺为河南省第二批文物保护单位

续表 2

序号	村落名称	村落简史	备注
9	新安县石井镇寺坡村	清代，王、马、张三姓先后迁来，依山建起石房，繁衍生息，逐渐形成了由三片居住区组成的自然村	第三批中国传统村落
10	新安县石井镇东山底村	明代，先后有杨、王、于、赵等姓在此落户。村庄逐步形成中为杨姓，东为王姓、于姓，西为赵姓四姓家族分布排列的格局	第三批中国传统村落
11	新安县北冶镇甘泉村	甘泉村（曾叫碗窑岭）始于五代。甘泉村之名源于村中的一个泉眼，因其水比周围其他地区的水甜，所以命名为"甘泉"。五代时期，甘泉村烧制的瓷器已经出现窑变和冰裂纹。宋元时期甘泉村制瓷业达到顶峰，明清时期黑瓷尤为盛行。历史上曾是豫西地区最主要的日用陶瓷生产基地，是一个远近闻名的"古陶村"。最早落户到甘泉村的是一户姓丁的人家。甘泉村的土质适宜烧瓷，丁家就把瓷业作为发展的重点，围绕着沟中的磁窑逐渐形成了村落——丁家沟。所烧的瓷器主要是粗瓷，包括瓷碗、瓷盆、瓷罐以及建筑用砖等生活用品，销路较广，不仅满足了附近百姓的需求，有的还远销到了商丘及安徽各地。大量到甘泉来购买瓷器的人不仅拓宽了甘泉村的经济来源，还给甘泉村带来了各地的特产，甘泉逐渐成为一个交易市场。因此，甘泉所在的岭被称为"碗窑岭"，甘泉也获得了"小洛阳"的美称	第四批中国传统村落
12	新安县仓头镇孙都村	孙都村是一个古老村庄，但村名来历未详，仅有现存的中孙都遗址和在耕作、打井等发现砖瓦建筑构建上有"中孙都"三字。孙都村王氏家族之始祖王安道于明洪武二年（1369）从怀庆府济源县南瑶村迁至，围绕村中古井居住，逐渐形成村落	第四批中国传统村落
13	新安县铁门镇土古洞村	土古洞村在新石器时代即是人类祖先活动的地区，从这里的仰韶时期文化和龙山时期文化遗址来看，这里文明开化甚早。汉函谷关作为古时雄视八方、逐鹿中原的险道雄关，是关内主要屯兵的地方，白超利用东、西郁山居高临下的天然障碍和石默溪充足水源，占据有利地形，屯兵、垒墙、筑寨、打土洞、挖战壕建成堡寨防御体系，是汉函谷关军事防御体系的重要组成部分。屯兵洞位于土古洞村落老宅院后窑洞内，因地制宜，洞洞相连，大小洞环套。土古洞村也因这些地下土窑洞而得名	第五批中国传统村落
14	新安县铁门镇薛村	新安吕氏的远祖是北宋宰相吕蒙正的第六子吕居简，吕居简官至殿中丞、广州知府。其后代主要居住在山西。到明朝初年，后裔吕俊举家从山西洪洞迁至河南新安，到第九世吕维祺于万历四十一年（1613）考中进士，官至南京兵部尚书。他修身齐家，垂范子弟，有口皆碑。明末李自成攻破洛阳城吕维祺保卫洛阳城，跟随福王赴难。薛村吕氏老宅建于康熙二十五年（1686），是清廷安抚人心，为吕维祺的后人而建。自吕维祺开始，新安吕氏家族功名鼎盛。历经明清朝代更迭，依旧保持声望不坠，绵延兴盛至清乾隆年间，成为跨越明清两代、甲于全豫的中原望族	第五批河南省传统村落；吕氏故居为市级文物保护单位

续表3

序号	村落名称	村落简史	备注
15	洛宁县上戈镇上戈村	上戈村的居民多为明初大移民时由山西迁移此地。明洪武十四年（1381），山西乔家第十一世子孙乔万升由山西祁县迁至上戈经商并安居下来。乔万升之子乔登朝靠卖油馍发了家，凭着为人厚道、童叟无欺，赢得了良好口碑，积蓄渐多后开始置地建房，并将宅院连续扩建。家境建兴的乔家重视教育，从乔万升第三代开始，乔家子弟读书入仕的多了起来。清末安徽巡抚乔指南为乔家第十五世子孙，就是从这里走出去的。乔指南学识过人，为官清正，被时任浙江巡抚的左宗棠引为知己，并且和左宗棠结为儿女亲家。左宗棠对乔指南既欣赏又佩服，还赠给他一副对联："诰落古今成一体，风流儒雅亦吾师。"乔指南把此联镶到了宅院前堂屋门上。到民国时，乔家仍有人做官，比较著名的是上戈乡乡长乔明成。上戈乔家大院在解放战争时期曾为洛卢灵边区政府所在地。洛宁解放后，宅院多分给村民农民居住	第二批中国传统村落
16	洛宁县河底镇城村	城村张族，祖籍陕西大荔县东埝桥村，于元朝末年为避战乱移居河南洛宁县大明村。明朝后期，张氏第十一代嫡裔光全公由大明村迁至城村，为城村张氏始祖，立祖于村西北400米处"橡子坟"为祖茔。自此，城村张氏家族各支系生息繁衍，丁溢桑梓，振振绳绳，至今已传衍至二十六世，3000余口，分居于城村、南河、刀环、河底等村。张氏旧宅于清乾隆末年开始兴建，在清嘉庆年间继续扩建，成于同治八年（1869）。清朝同治初年，贼匪猖獗，扰乱洛宁县，村民没有防御的屏障，安危不保。城村第十八世子孙张凤泉，为了保护城村张氏安全，带领族人围村筑寨，设有寨墙、寨壕。墙固如城，便是城村之名的由来	第二批中国传统村落；张氏旧宅为第四批河南省文物保护单位
17	洛宁县东宋镇丈庄村	北宋时，丈庄村叫郑家庄。明正德年间，程颐的第十二代孙程仕谦从嵩县田湖迁来，郑家庄遂改名为程家庄，1949年后，改为丈庄村。清康熙年间，丈庄村出了两任官员：一是程湛，时任兵部武库司郎中。二是程福亮，字大功，程氏二十二世孙，曾任兴汉挂印总兵，在康熙十二年（1673）被封骁骑将军，后调京任提督总兵。程福亮有5个儿子，长子程忆，时任代州知府；二子程可，时任始训导；三子程懋，任淮安知府18年，为官清正，政绩卓著，相传为清十大清官之一；四子程田，时任内阁中书；五子程性，时任候选知县。据说现存的程家大院，就是康熙皇帝为淮安知府程懋划定的宅院。宅院区宏大，并设有祠堂	第二批中国传统村落；程氏旧宅（含二程祠）为第四批河南省文物保护单位
18	洛宁县底张乡草庙岭村	清乾隆年间，唐汾阳王后裔郭氏家族迁居到草庙岭村，他们注重农桑，辛勤劳作，崇尚孔孟之道，饱读诗书，经过十几年的奋斗，郭氏家族日渐殷实。武举郭雄远近闻名，文举郭儒才华横溢，历任永宁府儒学正堂，后被上司器重，赐"通经夺席"匾以示表彰。郭家大院始建于清康熙年间，先祖郭兴因经商有道，家境富足，开始修建郭家大院。大院分前、后两处，中留通道，4处宅院、88间住宅，共占地14亩。后随家业扩充又建群房23间供佣人、劳工居住。为使郭氏族人兴旺发达，传承百年，郭家人在大院外南侧修建圣母庙供奉神灵，以求子孙兴旺，源远流长。根据庙中古碑记载，圣母庙约建于元至顺元年（1333）前后，当时只是个小草庙，草庙岭的村名由此而来。随着该庙香火日盛，远近闻名，郭氏族人又大兴土木，请神扩庙，起会通商。每逢清明节庙会之日，十里八乡举家出动，有祈福进香的，有赶会经商的，有看戏娱乐的，有呼朋唤友聚会的，熙攘热闹	第二批中国传统村落；草庙岭圣母庙为市级文物保护单位

续表 4

序号	村落名称	村落简史	备注
19	洛宁县下峪镇后上庄村	明代，陕西西安府王氏一族因穷困潦倒逃荒至后上庄村，生活拮据，以卖豆腐为生。后传，王氏先人在山中意外发现李自成藏宝银库，从而大兴土木，在此建造王家大院。自此，王家人丁兴旺，传世十四代，历经300余年。王家大院全盛时期从村西绵延到村东，庭廊相连，约占村内近1/3的面积，较为庞大	第四批中国传统村落
20	嵩县田湖镇程村	嵩县田湖镇程村的两程故里是北宋著名哲学家、思想家、教育家、宋明理学奠基人程颢、程颐的故宅。公元1103年，宋徽宗将司马光等人之所谓罪行刻碑为记，立于端礼门，称为元祐党人碑。程颐被列入元祐党人名单，宋徽宗要销毁他所写文字、著作。为躲避朝廷党禁的迫害，程颐将家迁居到田湖程村。故宅始建于北宋崇宁二年（1103），公元1107年九月，程颐在程村溘然长逝。公元1085年，程颢也病逝于洛阳履道坊的家中。明景泰元年（1450）皇帝下诏名其为"两程故里"	第三批历史文化名村；两程故里为第六批全国重点文物保护单位
21	嵩县阎庄村（万氏佳城及故居）	万选才（1892—1930），出生于嵩县阎庄镇，由于贫穷，入伙为匪，后被镇嵩军收编，1927年追随冯玉祥。北伐战争中，万选才表现英勇，被冯玉祥赞"真是常胜将军"。1930年，冯玉祥联合阎锡山反对蒋介石，万选才打下开封后，被任命为河南省政府主席。不久，万选才被镇嵩军出身的刘镇华之弟刘茂恩扣押并押往南京。蒋介石劝降万选才，万选才没有答应。1930年8月，万选才被枪杀于南京雨花台，时年38岁。万选才死后，他的部下、时任河南省政府财政厅厅长的张竹亭设法买通监狱长，将他的尸体偷偷运出并护送到洛阳。1931年，冯玉祥和阎锡山厚葬万选才，为他专门建了一处墓园为万氏佳城	万氏佳城为第四批河南省文物保护单位
22	嵩县九店乡石场村	明洪武年间，有柴起龙、柴起凤兄弟二人带领全家由山西洪洞县迁至此处，繁衍生息，渐成村落。因此地出产青石，故名石场村	第二批中国传统村落
23	嵩县白河镇下寺村	下寺村由云岩寺分为上下云岩寺而得名，云岩寺由唐代自在禅师所创，兴于唐，毁于明末。因李自成起义坑杀了当地所有河南人，现居住居民全由山西及其他难民至此居住，逐渐形成村落。	第五批中国传统村落
24	嵩县白河镇大青村	大青村名因村落地貌而来，大青沟长12公里，沿沟河流下面一片青石，并与两边山石相连，全部呈青色，故村名"大青"。据村史记载，大青村魏、谢、张、潘、詹、黄姓于明朝洪武年间由山西迁入。后因躲避明末清初战乱、灾荒，其他各姓均由周边地区陆续迁入。刘姓最多，另有杨姓、王姓、王姓、谢姓、李姓等	第五批中国传统村落
25	嵩县白河镇白河街村	村落地处伏牛山核心区，据传说从明朝洪武年间，有大批的村民从山西洪洞大槐树迁徙而来，因此地的森林资源丰富，风景宜人，便落户于此，延续至今。中华人民共和国成立前，白河叫龙王庙街，因南山下有一山长相像似龙头，在龙头上建有一庙取名龙王庙，求神拜雨灵验，香火很旺，后因"除四旧，立四新"把龙王庙街改名为白河街，因村委会居住白河镇政府中心而得名	第五批中国传统村落
26	嵩县白河镇火神庙村	宋代，唐、马、孙、李、张氏从山西迁来，现已1000余年的历史。人们安居乐业，后自发筹资建庙。庙供奉火神庙爷，保一方平安，从此取名火神庙村	第五批中国传统村落

续表5

序号	村落名称	村落简史	备注
27	嵩县九店乡王楼村洼口村	明朝末年，杜姓人氏从洛阳龙门迁居于此，开荒辟地，取石造房，繁衍生息，逐渐形成了长达400余年的以石建筑为主体的古村落。由于地势较高，西面为悬崖，遂取名洼口，并沿用至今。目前，大部分居住的依然是石头屋舍，共有石头民居40余座、210余间，且集中连片，依地势而建，纵横交错，自成一体	第五批中国传统村落
28	栾川县潭头镇大王庙村	栾川县潭头镇古称"潭州"，是豫西著名的文化名镇。村中自古读书中举者多，所以村名及穿村而过的小河都被冠以"文曲"之名。后来村内大王庙香火旺盛而渐渐被称为"大王庙村"。村庄曾在明末之乱遭兵燹而毁。明末清初，李姓一族从山西洪洞县迁居至此；孙氏则是清顺治年间自嵩县县城迁至此地。清末，大王庙村因"劫皇杠"一案，本应全村连坐受刑，后因钦差观大王庙民风淳朴，文风甚浓，上书请求赦免。1939年，因豫东被日军侵略，河南大学师生于从开封辗转迁移至潭头镇。大王庙村民热情接待，无偿送上瓜果蔬菜，让出8间房屋为河大农学院使用，并辟出30亩良田为农学院专用试验田，村中甘露寺捐赠万亩荒山给农学院森林系做专用林场。大王庙村民倾其所有厚待河大师生，使河大师生极为感动。在之后的科研和教学中，他们培育出"河大H-1、H-2、H-3"三种小麦良种。1944年5月15日，日军分两路突袭潭头镇，河大师生慌乱向北山转移，恰与一股日军骑兵遭遇，日军开枪扫射，6人身亡，20余人被俘，制造了"5·15"潭头惨案。惨案发生后，大王庙村村民冒着生命危险营救河大师生，并为师生带路送行，还偷偷运回农学院显微镜、植物标本等归还河大。中华人民共和国成立后，河南大学仍与大王庙村保持密切联系，常为大王庙村村民捐款捐物，支持当地教育事业，并把这里作为河南大学的红色教育基地。现文曲河源头山坡上建有"潭头惨案纪念碑"，警示后人不忘历史	第三批中国传统村落
29	栾川县三川镇火神庙村抱犊寨	抱犊寨，因牧童食灵芝草，抱牛犊飞升登仙的神话故事而得名。从明至民国，豫西山区匪寇猖獗，经常绑架富户，敲诈钱财，嵩县、卢氏、西峡、洛宁和当地的巨绅富户惶惶不可终日。乱世向山，几经勘察发现，抱犊寨顶地势平坦，风光秀美，更有抱犊仙人的神奇传说，于是选中此地，纷纷避居抱犊寨上。据山筑寨，逃苛捐苦役，避兵匪战祸。久而久之，这里成了附近富户豪绅的"避风塘"。随着几十年的群落聚集，迁来的人越来越多，特别是有些富户还带上家眷，形成了相当规模的群体。为了满足需求，山寨不断的扩建，为防兵匪侵袭，又在山寨的东、西、南、北四个隘口筑起寨墙，扎上寨门，形成了一个集防御、衣、食、行、居为一体的群落。三川匪霸谢润玉据此天险，修筑工事，占山为王，祸害人民。中国人民解放军三打抱犊寨，先后伤亡战士500余人，全歼匪众，抱犊寨宣告解放	第三批中国传统村落
30	偃师市山化镇游殿村	游殿村已有600余年历史。宋徽宗年间，因皇帝到巩县宋陵祭祖，休憩于寺沟会圣宫。一日游览莽山风光，龙颜大悦，地方官吏为纪念皇帝北莽之行，在洛河和黄河之间的地方，分别建了两座样式相同的行宫，以方位命名，在北方的叫北游殿，在南方的叫南游殿。南游殿隶属偃邑，其位于邙山之巅，坐北向南。至明洪武年间，滑、朱、邢三姓相继由晋迁入，依山崖建宅，在沟边崖下坐北向南挖窑洞过着男耕女织的穴居生活，后陆续入村达二十七姓。随着人口增添，地坑院落群应运而生，隆庆六年（1572）村落已成规模，改村称镇，村中形成三里长街。为祈求平安，寄托精神需求，在村中建牛王庙，庙中碑文记载为"油店镇"。清代，先后建有土地庙、观音堂、宏兴观、榕花寺、五道庙、玉皇阁等，为填补本村西高东低的地势，道光年间创立文昌阁	第四批中国传统村落

续表6

序号	村落名称	村落简史	备注
31	宜阳县张坞镇苏羊村	约1万年以前的原始社会晚期，在洛河的滋养下苏羊就有人定居生活，被誉为云中坞。伏羲时代，良好的绵羊品种在此培养成功，从苏羊遗址出土大量的石器陶器证明了原始社会时期此地的农耕文明，因历史悠久，文化底蕴深厚，被称为"河洛第一村"。苏羊村形成于元代以前，现在的苏羊人大部分是在元末明初从外地迁徙而来	第三批中国传统村落；苏羊遗址为第二批河南省文物保护单位
32	陕州区西张村镇庙上村	庙上村是一处古老的村庄，"庙上"之名是因为原来村里庙宇多，以前村里只有300来口人，却有山神庙、马神庙、关帝庙、岳飞庙、文昌阁等十几座庙宇。庙上的祖先们首先利用槐花沟侧之崖壁开挖靠崖窑洞，形成沿沟而居的窑洞村落形态。清乾隆年间经济较为繁荣，人口增加幅度越来越大，沿沟向阳的崖面受限不能满足挖凿更多靠山窑的需求，一部分村民从沟壑内向塬面上转移，并在黄土塬面挖凿地坑院居住，从而形成地坑院风貌的村落	第五批历史文化名村；第一批中国传统村落；庙上村地坑院为第七批全国重点文物保护单位
33	陕州区西张村镇南沟村	据资料记载早在三四千年前，南沟村的槐花沟内已有人居住，夏朝始就形成聚落。因夏朝崇黑，今南沟村剪纸艺术仍然盛行黑色剪纸。元朝末年，因连年灾疫和兵燹使南沟村成了一个没有人烟的荒村。明末清初，有村民从今西张村镇营前村迁入定居，逐渐繁衍形成南沟村的村落居住格局	第二批中国传统村落
34	陕州区西张村镇丁管营村	据村志记载，清朝在丁管营村驻扎有军营，由丁、管两个人领导，故而得名丁管营。后伴随周围村落居民迁入，逐渐发展起来	第三批中国传统村落
35	陕州区张汴乡刘寺村	刘寺村始建于汉代，相传最早由刘姓定居于此，后又有他姓相继迁入。村庄最初的选址同现在的刘寺村并不在一处。当时村民在东北方的高原乡靠近水源的沟壑内安家，利用黄土塬崖壁开凿靠崖窑洞，形成沿崖的窑洞聚落。明代之后，村落逐渐由东北高原乡向小刘寺、大刘寺迁移，居住形态也由原来的塬崖壁开凿的靠山窑逐步发展到在塬面平地上开挖地坑窑的村落格局	第三批中国传统村落
36	陕州区张湾乡官寨头村	官寨头村的村名源于村落西侧一处较高的土台。土台被当地人称作"官疙瘩"，传说是虢国时期某帝王的墓葬，形状酷似棺材。因当地方言中"棺材"与"官寨"同音，故取"官寨头"之名。早在元代，官寨头的先民就在苍龙涧沟壑北侧临崖凿洞而居。到了清光绪时期，村落的杜氏家族最繁盛强大，其次有王、程、路、曹四姓人家，主要分布在程家门、周家门、沟地和后院头几处安家置院居住。20世纪60年代初，村子除农业外，多种经营共同发展，被原陕县政府命名为"红星村"。"文化大革命"结束后，应村民要求，恢复官寨头村之名	第四批中国传统村落
37	陕州区张汴乡曲村	据曲家家谱所记，曲姓原居住此地并冠以曲村之名。明朝，曲姓为了逃避战乱，而迁至距离曲村4公里左右的范家洼定居。李姓于明末从十里外的李洪坡迁入曲村，卢氏也随后迁居曲村。李姓、卢姓在曲村勤劳本分，耕读为业，世代相融共生。晚清至民国，本村实行保甲制度，南北曲村时而分为两保，时而合并为一保，保里由保长、财粮、警卫等人组成	第五批中国传统村落

续表7

序号	村落名称	村落简史	备注
38	陕州区原店镇新建村	新建村原称为"五百张湾",是历史悠久的古村落。相传在西汉末年,刘秀被王莽追赶,逃到该村,因饥饿难忍,从树上摘下500个小沙梨充饥。不料,王莽率兵又追来了,刘秀无奈,只好带上梨逃到罐煮(现在张湾乡罐煮村),用瓦罐将梨煮熟充饥。后刘秀将摘梨的地方取名五百梨,张湾人后来就称"五百张湾",一直流传至今。现村落格局形成于明末清初,张胜华、张胜宇、张胜德兄弟三人因躲避战乱来到此地。查此处地理地形俱佳,为宜居之地便定居下来。经过几代人的苦心经营、辛勤劳作,土地不断扩展,财富反复积累,成为远近闻名的富裕村落。20世纪60年代,该村被命名为张湾大队,1978年,地名登记调查时,因与本县张湾乡重名,根据当时村里新修宅院较多的实际情况,改名为新建村	第五批河南省传统村落
39	陕州区西张村镇人马寨村	清末以后澄泥砚主要产自人马寨村的王氏家族,出现了王玉瑞、王士瑞、王治瑞、王福堂、王玉堂等一批制砚能手,当时的"玉瑞堂""永兴堂""永兴泰""永兴和"等制砚作坊也震誉四方。王玉瑞还创办了"陕州工艺局",富甲一方。1915年参加在旧金山举办的巴拿马万国博览会上的中国名产澄泥瓦当砚展品就为该村所产。民国25年《陕县志》载:"按此砚今产于人马寨,王玉瑞制造有年。实取土于土门村……昔清乾隆皇帝宫内保存数方,足证其价值云。"现存于各藏家手中的古澄泥砚,落款为"陕州工艺局王玉瑞造""陕州人马寨村某某造""永兴堂造"等就是这一段历史的产物。可惜后世因战乱等原因制作质量已不如前,中华人民共和国成立后曾一度停产,名声渐无。人马寨村制陶历史悠久,村北的古寨墙旁,废弃的古陶窑遗址仍举目可见,是该村制陶历史的见证	第一批河南省传统村落
40	陕州区西陕县观音堂镇石壕村	石壕村地处崤函古道,是洛阳通往西安、咸阳的必经之路。历史上的崤函古道战乱不断,沿途百姓民不聊生,深受其苦。石壕村更是古道中多灾多难的村庄之一,也是封建社会战乱的一个缩影。"暮投石壕村,有吏夜捉人。"这是杜甫千古流传的名篇《石壕吏》诗中的句子。为了纪念杜甫,村里重修了《石壕吏》的石碑。村名叫石壕倒是名副其实,除了村子西南山坡上有条石壕沟外,村子里到处可见石头、石房、石窑、石墙、石桥等	第一批河南省传统村落
41	灵宝市朱阳镇朱阳村	朱阳镇属灵宝市下辖镇,北魏时曾设郡立县。朱阳古城址在今朱阳村西北,断崖处留存有夯土城墙墙基。朱阳村坐落在灵宝至陕西商洛地区的交通要道上,村落的发展同此地蕴含着丰富的矿产有直接关系。朱阳山一带有含量达30%的铁矿和丰富的硫、铜、锡、铅、金、银等矿产,朱阳镇是灵宝地区最早的黄金开采地。从朱阳镇沿西河而上,几十公里的两岸山脉,储存有大量的黄金,其中的枪马金矿便是产金重地。丰富而珍贵的矿藏、便利的交通以及生态宜居的环境,使朱阳聚居了较多开采和经营黄金矿产的商人,并在此地营建了较多工艺精美的住宅。朱阳山区是革命老区,20世纪30年代初,红二十五军长征在陕南庾家河与当地地方武装遭遇,战斗中有上百名将士牺牲或受伤。为了不影响长征的进程,将伤员护送到烟火崖郭家大院里进行疗养,郭家大院为革命作出了较大贡献	第二批中国传统村落

续表 8

序号	村落名称	村落简史	备注
42	灵宝市尹庄镇杨公寨村	杨公寨古称杨洪寨，传说是宋代杨家将杨洪的练兵场地，后人为避战乱，建房移居于此，历经700多年风风雨雨及历史上的战乱和土匪骚扰，寨子原貌发生很大变化。根据关帝庙庙北基石所载文字推算，村落距今有600多年的历史，如今的杨公古寨是清代由尹庄镇岳渡村两位杨氏兄弟为避匪患合力修建	第一批河南省传统村落
43	灵宝市朱阳镇王家村	明末清初，为躲避战乱王姓家族迁居于此，即起名王家村。后经历史变迁，张姓家族渐兴并构建居住建筑形成现村落规模	第四批河南省传统村落
44	灵宝市朱阳镇犁牛河村	汉代，犁牛河村已有村民居住并形成村落。犁牛河村之名源于一个传说：相传，老子经函谷关时突然望见西南有片祥云缭绕，便骑青牛沿着宏农涧河西行，小憩朱阳后，走南河大峡谷，打算探其源头。当他穿越狭窄的许家坡峪口，来到河谷处的王家村，眼前豁然开朗。此处山清水秀，绿水环绕，竹树掩映，村舍炊烟袅袅，鸟雀喧鸣，于是陶醉此景，乐不思蜀。老子骑的青牛也帮助村里人耕地劳作，不知疲倦，后因年老体衰、力不从心，独自来到宏农涧河源头河岸边，面朝东方，化作一块青石。后来，人们称这块石头为犁牛石，犁牛河的名称也由此而来。抗日战争和解放战争时期，犁牛河村为卢灵洛县政府下辖的犁牛河区，在此时期发生了较多的红色事迹	第五批中国传统村落；烈士纪念亭为县级文物保护单位
45	卢氏县朱阳关镇杜店村	古代，朱阳关盆地林木繁茂，灌河水流细小，河床靠近盆地东北山脚，形成西高东低地势。今之朱阳关街，被人称为龙潭。此处村落，先在杜店形成出现，随着时代推移，逐渐向东发展，城子、王店，以至朱阳关街才陆续出现。民间有"先有店，后有关"之说。朱阳关集市清代逐渐趋于形成。康熙年间，广德典当铺在朱阳关东街（巡检署在街东北）；盐商、钱铺在杜店；骡店在王店；集市在王店大路之南。杜店村为古道店居之地，村落古时社戏抬垛驰名，当地正月十五出社火时喜于出垛（垛是一种社火名），曾取名"垛店"，久之转音为"杜店"	第二批中国传统村落
46	卢氏县文峪乡大桑沟村	原始社会就有先民在大桑沟生存，住土窑和石窑，秦汉之后相继发展为草房、石室、瓦房，在元代之前已形成村落。据清故处士祖茔合葬碑记载："张氏者，邑之望族也，自始祖进昌公于清初由山西洪洞县迁居邑东南石河之大桑沟，生从顺公，从顺公生坤公，坤公生东有、（西）才公……"由此得知，张姓迁往大桑沟的历史已有400余年。1932年，贺龙率领红三军团来到卢氏，曾转战于大桑沟村。1934~1936年，红二十五军曾转战于大桑沟村。抗日战争时期，曾有1000余人为躲避日军枪杀，逃到世外桃源般的大桑沟村，成功躲过了日本人的劫难	第五批中国传统村落
47	渑池县段村乡赵沟村	赵沟村原名十家庄，在现在村落北部，主要为黄氏家族聚居。北宋，欧阳修的学生、渑池县令徐无党《小龙门记》："有野人十余家……问其人之姓氏与其年几许，皆不能道也。又问今何年，云亦不能知也。"徐无党笔下所说"野人十余家"如世外桃源般的村子，指的就是十家庄。据村中《赵氏族谱》记载，宋代，山西垣曲县陈村赵嗣荣为躲避战乱携儿抱女来到此地，寻平坦地势建住宅，于村落四周开垦阶梯状农田，逐渐落户生根，安居下来。"赵沟村"之名与赵氏有关	第五批历史文化名村；第二批中国传统村落

续表9

序号	村落名称	村落简史	备注
48	渑池县段村乡赵坡头村	赵坡头村位于中关村东侧，有记载的历史可追溯到明嘉靖二年（1523），赵氏三兄弟之一赵志君从山西洪洞县迁徙至此。由于村落建于山坡头上，又是赵氏族人所建，因而得名赵坡头村。从明至清，逐渐形成村落基本格局	第二批中国传统村落
49	渑池县张村镇苏秦村	苏秦村至今至少有2350多年的历史，是春秋战国时期佩六国相印的苏秦（前337—前284）的出生地。苏秦村原名季子村，宋熙宁元年（1068）以前就改为苏秦村，有龙耳寺石碑上所刻"敕渑池县苏秦村龙耳寺为圣寿院"的记载可印证	第四批中国传统村落；龙耳寺为第五批省级文物保护单位
50	义马市东区办事处石佛村	石佛村之地古称"轵谷"，因村西为鸿庆寺石窟，窟内造像较多，1949年之后更名为石佛村。村中绝大多数居民为李姓，间有焦氏等他姓。据《李氏家谱》记载："为元末避乱，始祖从善公从母潘氏，弟从德公、堂弟从道公自亳州亳县顺河湾八里集迁至河南府渑池县治东轵谷村"。当地流传着："初来渑池三昆弟，始去亳州五百年。"李氏家族在石佛村定居后，繁衍生息逐渐强大。李家广积家产，鼎盛时期有田产6000多亩，从义马到新安县铁门镇都有李家的田产，家业十分雄厚，当地曾有"从义马到铁门不踩二家地"之说。历史上李家子孙多人入朝为官，多人在清朝担任武信骑尉、武德骑尉、布政司理问、太学生等职。清咸丰九年（1859），敕赠儒林郎、布政司、盐运使司知事李一元同儿子武信骑尉李景阳开始大规模在村里建院筑宅，逐步修建了五所院落。李家至十三代以后逐渐衰落，中华人民共和国成立后除部分房屋调整给其他村民居住之外，大部分仍由李氏后裔居住，传承至今已是第十七代	第五批历史文化名村；第二批中国传统村落；石佛村李家大院为第七批河南省文物保护单位
51	义马市千秋村	千秋村历史悠久，在战国、秦汉时期，就在此设立"千秋亭"。崤函古道自秦汉就穿村而过，秦置新安县于千秋镇西的石河村，城东五里设千秋亭。因丝绸之路的便捷，千秋村在汉晋隋唐时期颇为繁华，商业街道上商铺鳞次栉比，明清时期达到鼎盛。民国时期仍为方圆数十里商业活动中心。中华人民共和国成立后，陇海铁路在村落南边缘穿过，交通形式的变化、新资源的开发和利用以及商业格局和模式的变迁等逐步改变了千秋村昔日军事和商业重镇的地位。现大部分居民从原千秋古村搬至北部新村	
52	巩义市大峪沟镇海上桥村	海上桥村有16个姓氏，王、张、刘、李四姓居多。据村中古碑记载，明末清初，村西河谷旁有一眼泉水，终年不涸，势若翻花，被人称为"海眼"，泉水聚于河谷池中，水色碧绿，池中有鱼虾河蚌常游，河谷上方搭一便桥，供人们种田时南北过往通行，因泉水联想到南宋诗人陆游"桥如虹，水如空，天教称放翁"的名句，反其意而咏曰"云为水，虹作桥"，虹起于海上为桥，于是"海上桥"即成为这里的地名。据《王氏家谱》记载，明万历年间王氏家族从巩县站街镇周家碾（今巩义市站街镇新沟村）迁入海上桥村。王氏族人勤于耕读、聪明贤惠、人才辈出，鼎盛时期有良田千余亩，骡马百余匹，房屋数百间，人烟阜盛、家境殷实，并同巩县上等阶层人士康百万、张诰、牛状元，两省督军刘镇华等大户结下亲缘。随着人口的不断增加，王氏家族按照宗族关系将所居住的院落分为"东院""南院""北院""当中院""里头院"共五院	第五批中国传统村落

续表 10

序号	村落名称	村落简史	备注
53	巩义市康百万庄园	康百万庄园始建于明末清初，康家始祖康守信为山西洪洞人，明初迁巩，以农桑为业。清康熙和雍正时期，家道渐兴，乾隆、嘉庆、道光和咸丰时期已呈鼎盛。康家慈善，经常赈饥捐庙，影响一方，康曾受道光帝赐匾"义周仁里"，庄园建筑主要是这一时期所建造。清同治、光绪时期，因太平军、捻军与清军的数次打击，渐成衰势。民国时，康家彻底衰败。现存的康百万庄园建筑群格局完整，是豫西地区保存较好的庄园之一	康百万庄园为第五批全国重点文物保护单位
54	巩义市张祜庄园	明朝隆庆年间，柏茂先祖张氏因避兵乱从安徽凤阳移民至巩，定居在县城东街，嘉靖癸丑年（1553）因县城被水淹就举家搬迁到琉璃庙沟，同时开始营建宅院。清道光年间，张家主营钱庄并为钱庄起字号为"柏茂"。随着财力逐渐雄厚，又增开煤窑，经营煤矿，因善于发明并积极引进新设备、新技术，煤矿规模越做越大，效益显著，当时能够供应巩县、汜水、荥阳等周围百姓的烧煤之需。十九世张诰时任伪保长，因打煤窑出名并支持抗日有功名声远扬，张祜是张诰之父，周围民众习惯称张家宅院为张祜庄园。清光绪二十三年（1897），张家聘请当时上海的建筑设计师，在柏树崖下增修了庄园，形成了庄园初期的规模。民国时期，张诰发家后扩建了庄园	张祜庄园为第七批全国重点文物保护单位
55	巩义市刘镇华庄园	刘镇华庄园是民国时期有着"一门双督军，兄弟两主席"声誉的刘镇华和刘茂恩两兄弟在位执政时所修建、居住的宅院。1909~1929 年，刘镇华兄弟与其父辈两代人，共修建庄园建筑面积达 1 万平方米。整座庄园背依神都山、面临洛河，坐北向南。房屋建筑自上而下依次由寨堡、上院、下院、仿重庆大厦和祠堂、马厩、临街商铺等部分组成，清末至民国时期，一直为刘氏家族居住、办公使用。1949 年初，刘氏家族部分移居台湾及海外后，逐渐空置出来。中华人民共和国成立以后，这里曾驻扎过防疫大队、日本子弟学校、开封地区干部疗养所，以及解放军第五十四军驻地、神北村大队等。1987 年被公布为文物保护单位后开始管理和修缮，并对外开放	刘镇华庄园为第七批全国重点文物保护单位
56	巩义市益家窝村	益家窝村位于芝田镇区北部，洛河南岸。唐代，有一益姓人家从山西逃荒来此，卜居于洛水之滨，五代时发展成为家资巨万的大户，益家窝因此得名。益家窝处于水陆交通要道，和偃师的石家庄一水之隔。民国时期，这里有船运户 40 多家，行船 100 多艘，渡船 5 艘，商铺商行 100 多家，加之农历每逢单日为集，益家窝作为洛河岸边的一个重要渡口和集镇，逐渐发展起来，商户也多沿主街修建宅院	启圣阁河南省第五批文物保护单位
57	上街区方顶村	方顶村历史悠久，早在新石器时代就有人类在此居住生活、繁衍生息，并在此遗留有面积达数十万平方米的古文化遗址。明洪武年间，一支方姓族人从山西迁到今天的方顶村筑寨定居下来，命名为方山寨，后因其地势较之周边村庄高，改为方顶村。村内现有村民仍以方姓为主	第六批河南省历史文化名村

续表 11

序号	村落名称	村落简史	备注
58	登封市大金店镇大金店老街村	大金店老街村早在远古时期为古负黍聚，是全国数量有限的古商邑之一。春秋时期，管仲在龙泉寺隐居读书著学时，常光临负黍聚，领略市井风情。《汉书》云："阳城有负黍聚，即负黍亭，孟子称夏。"据传东汉末年，许昌一战张飞被曹操打得溃不成军，退到古颍阳白庙街（今朱家坪东南），情况十分危急，为顺利脱身，放火烧了白庙街，趁着滚滚浓烟向南逃去。大火之后，白庙街的居民纷纷逃到负黍聚，后依照历史商业模式设店兴业。负黍聚在白庙街西，按方位属金，由此负黍聚始改称金店。北宋谢绛《游嵩山寄梅殿丞书》中有"申刻，出登封西门，趋颍阳，宿金店"的记载。宋时，金兀术入主中原，其两个儿子为帐下大将，兄奉父命驻军金店，时称大军点，弟驻军东金店，又称小军点，后演变称为大金殿，小金殿。汉字读法"殿""店"同音，金人沿袭大唐之制在金店前增加"大"字，意为"大金"，称大金店	第三批中国传统村落；南岳庙为第七批全国重点文物保护单位，另市级文物保护单位2处，县级文物保护单位4处
59	登封市徐庄镇柏石崖村	柏石崖村始建于清，具体年代不详。相传最早定居此处的是王姓人家，随后又有李姓等其他姓氏搬来。1944年9月，皮定均司令员率豫西抗日先遣支队来到登封，在马峪川（今徐庄镇）一带建立了箕山豫西抗日根据地。1945年初，在攻打大冶时，战争十分残酷，伤病员急需救治，由于柏石崖村地处密林沟谷之地，隐蔽性较好，就在此设立了后方医院。当地群众积极支持抗战，主动腾出院落、房屋、窑洞供伤员、医院工作人员和警卫战士使用	第三批中国传统村落；柏石崖豫西抗日先遣支队后方医院旧址为第七批河南省文物保护单位
60	登封市徐庄镇杨林村	传说元末统治者横征暴敛，民不聊生，中原一带群雄割据，战乱频繁，加之黄河决口，连年灾荒，造成"生民百遗一，千里无鸡鸣"的惨景。明初，山西的一部分居民迁移至现在的村落所在地定居。由于杨树成林，就命名为杨树林村，后改名为杨林村。1945年4月15日，豫西抗日军政干校分校在徐庄乡杨树林村王家祠堂正式成立。县委组织部长李先民任政委、贺雨农任校长。李先民在任教期间居住于此，并培养出了一批有知识、有作战技术的优秀战士	第五批中国传统村落
61	登封市君召乡君召村	君召为古镇，君召土寨始建于明，重修于清，毁于20世纪60年代。村中致福街为最早的村民住地，原名秦家楼，明末清初有军屯赵千总、分兵驻扎。清康熙年间，后核桃园和响水潭村30余户在此聚居于同治年间重修寨墙和寨门，直到中华人民共和国成立后寨墙被毁，周边村庄不断有人迁入村子，至70年代，形成千户规模	第一批河南省传统村落
62	登封市白坪乡寨东村小红寨	唐代名将程咬金起兵保唐前，曾带兵在小红寨安营扎寨，修筑天雄寨，高筑寨墙，养兵练兵，后程咬金士兵及后代皆留寨中。另有部分居民为明清时期从山西迁徙至此。村中姓氏张氏、程氏、智氏人口居多。村落位于伏牛山系小雄山山顶，海拔近千米，寨子四面皆悬崖峭壁，山势陡峭，高不可攀，前后建有寨门、四周建有寨墙，因而又得名——天雄寨	第五批中国传统村落

续表 12

序号	村落名称	村落简史	备注
63	登封市大冶镇垌头村	垌头村历史悠久，原名洞头，其得名有两种说法：一说是唐僧取经时，途经九九八十一洞，而此地是第一个洞，故名洞头，后改名垌头；一说是马鸣寺和尚挖有地洞，地洞出口在此地，故名洞头。据《大冶镇志》记载："因村旁有一大土洞而得名。"此洞据说和东部村庄庄头相连，以防匪患，目前遗迹尚存。明朝时期，天下大治，大部分土地都被地主霸占，致使一些穷人种粮无地，无法生存，所以钻进这深山老林，以三亩地租开荒造田，在垌头搭建草房居住渐形成村落	第一批河南省传统村落
64	荥阳市高山镇石洞沟村	石洞沟村处群山之中，西之山名老犍脊，山脊上有路，东北即是虎牢关口。这条道路是中国古代西进两京、东出齐鲁的通道，清末光绪回銮时仍在使用。村旁石磴道（台阶）可上山，而石洞沟则是石磴之沟的简称。自明初洪武四年（1371），石洞沟村先祖就在这里垦荒种田，繁衍生息	第四批中国传统村落
65	荥阳市高村乡油坊村	油坊村曾用名营房、油房、油房寨、西油房、油西。村名来历相传有二：一曰秦末楚汉相争时或唐初李（世民）窦（建德）作战，这里驻扎军队，故曰"营房"，后人讹为"油房"。二说宋代此地工商业发达，首开榨油作坊，故名"油坊"。民国时作"西油房"，20世纪50年代作"油房"，60年代作"油坊"。油坊村基本都姓秦，油坊的秦姓源于山东郓城，家谱记载，明朝洪武年间，山东举人秦景瑗到当时的河阴县（现荥阳境内）任教谕，落户到现在的油坊村逐渐繁衍生息。村晚清时筑寨，名"油房寨"。寨南门旁立有乾隆十九年（1754）秦鹤妻聂氏节孝石坊。中华人民共和国成立后寨、坊俱拆毁。1944年秋在天主教堂建中共油坊地下联络站，现为县级文物保护单位	第一批河南省传统村落；秦氏旧宅为第四批河南省文物保护单位
66	新密市刘寨镇吕楼村	明代吕氏从山西迁密开始聚居，已有500多年历史，是吕氏家族一脉的居住地，至今大部仍为吕姓后人居住	第四批中国传统村落

附录二

豫西古村落现存遗产调查表

序号	村落名称	现存物质遗产	现存公共建筑	传统民居形式	非物质文化遗产
1	孟津县小浪底镇乔庄村	村内乔家分东、西两个大院,村后的山坡顶上还保留着一座土寨。乔氏重修家庙碑两通:一通为道光二十三年(1843)刻、一通为民国6年(1917)刻。匾额两块:"家声丕振""节孝慈惠"	乔氏祠堂	靠山窑、木构建筑	靠山窑营造技艺
2	孟津县朝阳镇卫坡村	宅院16所,靠山窑洞28孔,地坑院8处。其中三进宅院11所,五进宅院5所,主要位于古街南北。墓地:卫氏墓地位于村之西北坡地。古碑刻:《魏复卫碑记》《云峰公俚言碑》《建祠记述碑》《增广生员雨三魏老夫子教思碑》等。魏尚卿住宅匾额:望众折动、敦亲睦族、辟雍俊杰、袭庆承休、疏附先声、懿德蘭珍、书传韬略、寿添东溟等 族谱:光绪三年所续家谱、民国10年(1921)所续家谱	南祠堂、北祠堂、私塾。	靠山窑、木构建筑、地坑院	卫坡社火;水席、排鼓、蒸灯盏、舞狮子、撑旱船。牡丹四大名品之一——魏紫牡丹的发祥地
3	孟津县常袋镇石碑凹村	古寨和寨上民居。古寨内10所宅院并排相连,为前院后窑的形式。有80余孔窑洞,木构民居100余间	私塾	靠山窑、木构建筑	
4	孟津县城关镇大阳河村	宅院临河东西排列,坐北向南,多为三进院落。每进院落均有上房和对列的厢房。上房为室内两层的砖券靠山窑。县级文物保护单位:大阳河遗址。义学旧舍:文昌阁。石匾:瀍阳书斋。石碑:《瀍阳义学记》《训家要略》等	文昌阁	木构建筑、靠山窑	
5	孟津县会盟镇扣马村	古寨墙及南寨门;古匾:"商夷齐扣马地";明代嘉靖八年(1529)河南巡按王洙等所立:《重修夷齐祠碑记》		木构建筑	
6	孟津县横水镇横水村	现存韩都子老宅等20多处古民居,大多建造于清乾隆——嘉庆年间;横水遗址(新石器)、昭觉寺遗址(唐)、横水东大桥(清);古碑刻:《集贸市场成立纪念碑》(清)		木构建筑、靠山窑	横水卤肉
7	汝阳县蔡店乡杜康村	民国时期传统民居13处。市级文物保护单位:杜康墓;县级文物保护单位:杜康祠、酒泉、古酒窖、刘伶池遗址、古酿坊、杜康酒厂老厂房	杜康庙	木构建筑	第一批河南省非物质文化遗产:杜康酒及酿造技艺,杜康庙会
8	汝阳县小店镇圣王台村	清—民国时期传统民居10余处	观音寺	木构建筑	第二批河南省文物保护单位观音寺

续表1

序号	村落名称	现存物质遗产	现存公共建筑	传统民居形式	非物质文化遗产
9	新安县石井镇寺坡村	民居分王家宅院、马家宅院、张家宅院三片区		民居为坡屋面，块石砌筑的墙体，室内木构梁架	
10	新安县石井镇东山底村	杨家大院、张家大院、王家大院等	黛眉行宫庙	木构民居	戏曲、木雕等
11	新安县北冶镇甘泉村	古村范围内现存古民居936间，古道老巷四通八达，保存完好的武家车院和车场，即客栈、车马店等。古窑遗址100多座，5座宋元时期窑址、105座明清时期窑址。其中宋代瓷窑遗址为市级文物保护单位	上庙、下庙、牛王庙	木构建筑	烧陶工艺
12	新安县仓头镇孙都村	王保红老宅、王都山民居、杨振通老宅、孙都烈士陵园、宋石磙老宅、索建华老宅、王朝重老宅、王春喜老宅、王怀豆老宅、王建涛老宅、王进老宅、王老峰老宅、王任生老宅、王少通老宅、王永安老宅、王占雷老宅等。其中，王建涛老宅、王进老宅、王老峰老宅为四进合院，王任生老宅前院后窑的宅院	关爷庙、奶奶庙遗址、泰山庙遗址	靠山窑、木构建筑	豫剧、河洛大鼓、传统秧歌、杂技、传统社火、唐三彩烧制技艺等
13	新安县铁门镇土古洞村	民居形式主要为块石、青砖、土坯砌筑墙体的木构建筑，前院后窑的院落。千年白超垒：土古洞东、西郁山上现存有20多道用石块砌成的残墙，高3~7米，厚1.5~2米，总长达1万多米。相传这就是史书上记载的白超垒防御工事的组成部分。屯兵洞，位于土古洞传统村落老宅院后窑洞内	藏兵洞	靠山窑、木构建筑	烧陶工艺
14	新安县铁门镇薛村	吕氏故居分为南、北两个部分。占地面积2250平方米，整组建筑坐北朝南，现存宅院4处，分别为南宅1所、北宅2所、东宅1所；匾额2块："忠孝簪缨""五世进士"	梦月岩祠堂	木构建筑	
15	洛宁县上戈镇上戈村	以乔家大院为主的10余个院落、70余座传统民居建筑	乔家待客厅	木构建筑、靠山窑	洛宁女红、面塑等
16	洛宁县河底镇城村	以张氏旧宅为主的46个传统民居院落。接官厅、马号院：由于古时城村有族人在朝廷中做官，经常会有官员到城村，城村就会在接官厅专门接待朝廷官员，并在马号院安置马匹、杂物等。接官厅有一个正门，两个侧门，接待官员时，官员从正门而入，接待人员都是从侧门进入。大书隆：相当于会计办公场所。城村的大书隆相对简单，只有一个正房和偏房	接官厅	木构建筑	洛宁蒸肉、龙灯舞等

续表2

序号	村落名称	现存物质遗产	现存公共建筑	传统民居形式	非物质文化遗产
17	洛宁县东宋镇丈庄村	程氏旧宅40余座	程氏祠堂	木构建筑	洛宁蒸肉、龙灯舞等
18	洛宁县底张乡草庙岭村	郭家大院始建于清康熙年间。郭氏后裔现多居住在村内，现存传统民居10余处	圣母庙、戏楼	木构建筑	垛子表演等
19	洛宁县下峪镇后上庄村	王家大院分东院、中院、西院以及花园等。典型民居建筑有绣楼、敦伦堂、五福堂等		木构建筑	崇阳垛子、竹编、手工豆腐制作技艺等
20	嵩县田湖镇程村	全祠总面积4592平方米，坐北朝南，整体布局为五进院落，有棂星门、诚敬门、致斋室、道学堂、礼门、启贤堂、著述楼、玩易所及配殿、厢房。明天顺六年（1462）敕建"两程故里"石坊1座，另有宋至民国碑碣51通		木构建筑	
21	嵩县阎庄村（万氏佳城及故居）	万氏故居共有60多间房屋，分为东西两个大院，之间有门道相通。东院由万选才一家居住，后面的上房为两层楼，当地人称为"司令楼"。万氏佳城（墓园）占地约50亩，大体划分为四个区域，周边筑有高墙。在墓园的中轴线上，依次分布着大门、八角亭、牌坊、二门、祭堂、墓冢等，两侧还设厢房、库房等，整个墓吴佩孚、阎锡山、冯玉祥、吉鸿昌等还亲自挥笔，为万选才题写了"名流千古""魂归中原"等匾额。这些建筑融中原传统与欧洲式样于一体，风格别致		木构建筑、墓园	
22	嵩县九店乡石场村	石场村现有石头民居72座，其中柴家大院为村落建筑质量较好的民居	保安楼	块石砌筑的墙体，室内木构梁架	石匠手艺
23	嵩县白河镇下寺村	姜伟同宅院、李德印宅院、姜福生宅院、胡平宅院、常石三宅院等。云岩寺主寺遗址及上、中、下塔林遗址、藏经阁遗址等。古银杏林，现存1000年以上的古银杏为67株，500年以上的古银杏为413株		木构建筑	
24	嵩县白河镇大青村	民国时期民居10余座		木构建筑	竹编工艺、藤编工艺、正月十五扭秧歌、撑旱船
25	嵩县白河镇白河街村	村落散布六处民国时期民居院落	白衣堂、龙王庙	木构建筑	古筝演奏、竹编工艺

续表3

序号	村落名称	现存物质遗产	现存公共建筑	传统民居形式	非物质文化遗产
26	嵩县白河镇火神庙村	村落散布五处民国时期民居院落	火神庙	木构建筑	扭秧歌、竹编工艺
27	嵩县九店乡王楼村洼口村	杜智宅院、杜战胜宅院、杜社会宅院、杜会宅院、杜庭芳宅院等，民居为红色块石砌墙，灰瓦顶		木构建筑	石匠手艺、手工粉条制作
28	栾川县潭头镇大王庙村	李家大院、孙家大院、孙家祠堂、大王庙、赵家大院等民居	大王庙	木构建筑	挠桩
29	栾川县三川镇火神庙村抱犊寨	抱犊寨建筑主要分为两大类：一种是民居商铺建筑，一种是防御设施建筑。民居商铺建筑现存有抱犊天街商铺，李宅、谢宅、雷宅及李氏宗祠等共计32座建筑。防御设施建筑现存有东、西、北寨门及外围各处哨塔碉堡等建筑。中华人民共和国成立前抱犊寨有大小房屋500余间，大街小巷十数条，将整个寨子连成一片，街旁有客栈、酒馆、药铺、茶馆、肉铺等各色铺子，还有怡春楼、绣楼、赌场、烟馆等娱乐场所，演武场有戏台子、打擂台和问斩台。寨主集军、政、管辖权于一身，制定山规，设置公堂、牢狱等一整套机关	抱犊县衙、李氏宗祠、豆腐坊、油坊、陶器坊、染坊、铁匠铺等	木构建筑、吊脚楼	靠山黄剧种、栾川豆腐
30	偃师市山化镇游殿村	游殿村西、村东进出处各建有总门，村西建有平安寨，村东有马嘴寨，两寨均为防匪防盗，兵荒马乱时为村民避难之所。游殿村窑院现存地坑院128座，靠崖院57座。碑刻：油店镇《重修牛王庙祀》碑。古匾："术宗陆宣""滑氏祠堂""先民高钜""惠及相邻""抚孤完贞"等	牛王庙、玉皇阁、滑氏祠堂、观音堂等	地坑院、靠山窑、木构建筑	豫剧
31	宜阳县张坞镇苏羊村	传统民居建筑中清代建筑42座，民国建筑11座。古寨墙、寨壕。河南省文物保护单位——苏羊遗址	奶奶庙、山神庙、火神庙、龙王庙	木构建筑	河南省非物质文化遗产：苏羊竹马
32	陕州区西张村镇庙上村	庙上村现存地坑院共73座，分别属于全国重点文物保护单位文物构成、历史建筑和传统建筑	山神庙、马神庙、关帝庙、岳飞庙、文昌阁等遗址	地坑院、靠山窑	地坑院营造技艺、特色婚俗、特色饮食（十碗席）。剪纸为河南省非物质文化遗产

续表4

序号	村落名称	现存物质遗产	现存公共建筑	传统民居形式	非物质文化遗产
33	陕州区西张村镇南沟村	现存地坑院84处，靠崖窑院15处。西劈祠堂、凤科碑楼以及戏楼等遗址	魁星庙、菩萨庙、马王庙、王母娘娘庙、龙王庙、关帝庙、火神庙	地坑院、靠山窑	
34	陕州区西张村镇丁管营村	丁管营村保留传统建筑67个，其中地坑院53个，靠崖院14个		地坑院、靠山窑	地坑院营造技艺，地坑院民俗、剪纸、蒲剧等
35	陕州区张汴乡刘寺村	村内现存地坑院230余处，其中清代地坑院62处，民国时期地坑院28处，中华人民共和国成立后所建的地坑院139处。另外，还有中华人民共和国成立后挖凿的靠崖院4处。火神庙以及山神庙遗址	魁星庙、女娲庙、关帝庙、岳王庙、马王庙、关爷庙、唐庙	地坑院、靠山窑	
36	陕州区张湾乡官寨头村	村落现存传统院落37处，包括靠崖式窑院26处，下沉式窑院9处，独立式窑院2处。古关帝庙遗址		地坑院、靠山窑、土坯箍窑	
37	陕州区张汴乡曲村	地坑院121处，其中300年以上的就有36处。含恨井	关帝庙、马王爷庙	地坑院	
38	陕州区原店镇新建村	清代民居12处。主要由四合院，由倒座、厢房、主房等建筑组成，主房有窑洞和木构建筑两种，窑洞外侧有前披檐。院落形式有一进院、二进院、三进院。院落依据当地土壤特点，挖窑取土、烧砖瓦建房，形成了前屋后窑的院落布局形式。现存寨墙遗址主要以北部和西部为主，存西寨门和南寨门		靠山窑、木构建筑	盘鼓表演、高跷、剪纸
39	陕州区西张村镇人马寨村	人马寨村历史悠久遗存丰富，从新石器时代的仰韶、龙山文化遗址，古陕州澄泥砚，汉墓，明清寨墙，到特色的地坑院民居等，多项豫西特色历史文化会聚于此	寨墙	地坑院、靠山窑	澄泥砚、剪纸、绣花和面塑的技艺
40	陕州区西陕县观音堂镇石壕村	石墙木构民居、石窑、石桥。崤函古道石壕段遗址	崤函古道	木构建筑	

续表 5

序号	村落名称	现存物质遗产	现存公共建筑	传统民居形式	非物质文化遗产
41	灵宝市朱阳镇朱阳村	朱阳村现共有12处文物保护单位，分别是朱阳旧石器遗址、朱阳仰韶文化遗址、朱阳古城遗址、东坡仰韶文化遗址、烟火崖龙山文化遗址、烟火崖烽火台、烟火崖红军会师宿营地旧址、烟火崖抗日战争碉堡和防御工事、烟火崖郭家大院、干沟曲家大院、吴家巷王家大院。各类文化遗产构成和支撑了朱阳村的空间框架，体现了朱阳村特有的风貌和文化底蕴。村内现存古民居多建于清代，代表性的民居有屈家大院、郭献忠旧宅、董新建旧宅等		木构建筑	虢州砚、蒲剧、眉户戏、朱阳社火、民间剪纸、面塑、锣鼓书、舞狮子
42	灵宝市尹庄镇杨公寨村	寨门三座，均系清代所建，北寨门倒塌于1958年。南寨门外古时用的是吊桥，后来被土桥代替。南面的第一道寨门约7米高，青砖结构。现有三处民居院落保存较为完整。北寨门外有一陡峭石坡，据说修建于明初，过去是通上寨子的唯一之路。北寨门外半坡古来建有关公庙一座	关公庙	靠山窑、木构建筑	
43	灵宝市朱阳镇王家村	张家大院、宁家湾私塾	玄帝祖师庙、三官庙	木构建筑	草编、藤编、石雕、中医药文化
44	灵宝市朱阳镇犁牛河村	现村落分布有清代民居10余处	烈士纪念亭	木构建筑	手工陶器、纸扎、土布织造等
45	卢氏县朱阳关镇杜店村	清末至民国时期传统风貌民居70余处	观音阁	木构建筑	提糖麻片、南糖点心、手工挂面、竹苇编织。民间艺术：抬垛、狮舞、旱船、高跷、竹马、二黄等
46	卢氏县文峪乡大桑沟村	张家大院、杨家老宅、李家大院、老门楼等	张家祠堂、杨家祠堂、李家祠堂	块石砌筑的墙体，室内木构梁架	社火、剪纸艺术等
47	渑池县段村乡赵沟村	建于清康熙至民国时期传统民居40余座	观音菩萨奶奶庙、赵氏祠堂、书山影剧院（原戏楼）	块石砌筑的墙体，室内木构梁架	蜂蜡制作、牛心柿饼制作、编织等

续表6

序号	村落名称	现存物质遗产	现存公共建筑	传统民居形式	非物质文化遗产
48	渑池县段村乡赵坡头村	赵坡头村保存比较好的传统民居院落20余处。代表性民居：赵飞轩宅	戏楼	木构建筑	牛心柿饼制作、编织技艺等
49	渑池县张村镇苏秦村	代表性民居：李转军旧宅、李京周旧宅、李帮伟旧宅、何银顺旧宅、李进红旧宅、张同年旧宅、张新锋旧宅、李各娃旧宅、李友克旧宅、进士官邸改造、潘家老宅、双角独院等。河南省文物保护单位：龙耳寺；县级文物保护单位：苏秦村阁楼、李氏宗祠、苏秦书院	龙耳寺、文武阁、关帝庙、贻毂台、魁星楼、禹王庙、牛王庙、九阳观	木构建筑	曲剧、社火、龙耳寺古会
50	义马市东区办事处石佛村	李家大院建于清咸丰九年（1859），分别坐落于石佛村街道南北两侧。其北侧建筑群为主宅，由五套四合院组成。村西洪庆寺石窟为全国重点文物保护单位	洪庆寺石窟	木构建筑	社火、庙会
51	义马市千秋村	前商后寝的合院民居，现多已经废弃。土地庙、山陕庙、关爷庙、五龙庙、贞观寺、静安寺、张氏祠堂等遗址		木构建筑	社火、庙会
52	巩义市大峪沟镇海上桥村	王氏家族按照宗族关系将所居住的院落分为"东院""南院""北院""当中院""里头院"共五院。村落现存春天民居院落20个，70多孔窑洞，80余间房屋	火神庙、王氏祠堂、关帝庙	靠山窑、木构建筑	剪纸、唢呐、手工编织技艺
53	巩义市康百万庄园	康百万庄园以邙岭山腰的主宅区为中心，总占地面积240余亩。建有用于经商的栈房区、造船厂、砖瓦场、木材厂等；以教育和举行内外活动为主的南大院；以举行祭祀及其他公共活动的祠堂区、观音堂、关帝庙、戏楼；用于防御及安全保卫的金谷寨；以接待各界官员、学士、宾客为主的集贤庄；有纪念意义的大碑楼、牌坊及位于张沟、寺沟内的明代楼院；还有以服务庄园生活为主的作坊院、果园等，可谓功能齐备	祠堂、观音堂、关帝庙、戏楼、南大院、集贤庄	靠山窑、木构建筑	
54	巩义市张祜庄园	张祜庄园占地面积约25亩，自南向北依次为柏茂园、柏茂仁、柏茂信、柏茂永、柏茂和、柏茂恒6个大宅院，共有13个院落和一个祠堂。现存窑洞建筑4200多平方米，共86孔，青砖瓦房建筑面积3700多平方米，共217间。其中五、六、七号院始建于明朝，至今已有400多年的历史	张氏祠堂	靠山窑、木构建筑	

续表 7

序号	村落名称	现存物质遗产	现存公共建筑	传统民居形式	非物质文化遗产
55	巩义市刘镇华庄园	刘镇华庄园分为五个院落，加上祠堂、马厩共七部分组成。寨上院分为前后院，建在神尾山半山腰。院内有砖砌窑洞16孔，楼房12间，瓦房3间。寨下院分为东西两院，东院有窑洞8孔，临街房5间；西院有窑洞3孔、楼房24间。楼房系中西结合，硬山式砖木结构。花园院在寨下院以南，中间隔一条胡同，院内建楼房一座，名曰"仿重庆大厦"，系砖木水泥结构，包括地下室，计72间，设有书房、卧室、客厅、舞厅、浴室等，墙壁为双层，冬天可生壁炉。花园院以南为刘氏祠堂，现存楼房52间。祠堂东为马厩，有房15间	刘氏祠堂	靠山窑、木构建筑、砖木水泥结构建筑	
56	巩义市益家窝村	从码头到村落的主街两侧存有10余个院落，建筑坍塌废弃较多	河大王庙	木构建筑	
57	上街区方顶村	现保存有100多座清至民国时期的民居建筑	关帝庙、火神庙、底沟庙、奶奶庙、方氏宗祠、戏台等	靠山窑、木构建筑	
58	登封市大金店镇大金店老街村	前商后宅，前店后坊，店宅合一，店坊合一的民居。代表性建筑为王家十几处宅院和郑家五处宅院。存有古寨墙多段	南岳庙、关帝庙、奶奶堂、文庙等	木构建筑	古集会、铁礼花、金颖大鼓、印子烧饼、鸡瓜子汤等
59	登封市徐庄镇柏石崖村	传统民居院落20余处		块石砌筑的墙体，室内木构梁架、石固窑	
60	登封市徐庄镇杨林村	传统民居20余处，代表性建筑：李先民故居	王家祠堂（豫西抗日军政大学旧址）、龙王庙和九龙圣母庙	木构建筑	杨林村泥塑、吹糖人、高跷、嵩山婚俗、跑旱船
61	登封市君召乡君召村	君召村主要有庙前街、成德街和政富街三条街以及街道两边的传统民居的60多处，原有土寨墙围绕周围。张家围院原为北京卫戌区司令员栗亚将军故居，成德街"万生堂"中药店建于清咸丰三年（1853），为两进合院建筑，房屋基本保留原商号建筑风貌	关帝庙	木构建筑	

续表 8

序号	村落名称	现存物质遗产	现存公共建筑	传统民居形式	非物质文化遗产
62	登封市白坪乡寨东村小红寨	村中居民主要位于小熊山山顶处，民居格局呈数排阶梯状，西高东低，现村有10个院落。寨门位于进山口处，守护村庄数百年。代表性建筑：张孟云宅院		青砖箍窑、木构建筑	传统农耕：牛耕、爬犁、人工播种等。旱船；传统美食有灶糖、蜜食等
63	登封市大冶镇垌头村	传统民居院落10余处，主要为三合院、一字房、"L"形院落及少量的四合院。古油坊遗址：在村域内知青纪念馆南部，现存在有100年前的油坊遗址。石淙会饮遗址和武则天行宫遗址就在垌头村域南部	知青纪念馆	木构建筑、靠山窑	传统榨油工艺
64	荥阳市高山镇石洞沟村	依傍贯穿村东部澄固川河岸建宅院，中为盆地，利用河中鹅卵红石建房，四周利用土山打窑洞，分为林门古民居群，南街古民居群，河东古民居群三处。80%古民居和窑洞保存完好，余亟待修缮。建筑材料为大块鹅卵红石、青砖、土坯，灰瓦顶。村内存有傅氏族谱	姜公庙、古庙院、商相祠	靠崖窑、木构建筑	版筑术、纺花、纺织、柿子等土特产加工等传统手工艺
65	荥阳市高村乡油坊村	秦氏旧宅、秦氏家庙	秦氏家庙	木构建筑	
66	新密市刘寨镇吕楼村	清一民国传统风貌民居10余处。藏宝洞、明代古戏台、龙王庙	龙王庙	木构建筑、靠山窑	豫剧、踩高跷、舞狮子，石磨豆腐

附录三　豫西古村落所属流域调查表

豫西位于黄河的南侧，处于我国地势第二级阶梯向第三级阶梯的过渡地带，地形千差万别，落差大，黄河及沿岸流域给人类文明带来了巨大的影响，是中华民族最主要的发源地，中国人称其为"母亲河"。洛河为黄河的一级支流，伊河和涧河等又为洛河的支流。洛河和伊河在偃师南交汇后为伊洛河，在巩义神北村汇入黄河；涧河在洛阳西工区汇入洛河；瀍河于洛阳市区瞿家屯流入洛河……豫西大部分村落位于黄河流域，仅有少部分位于长江流域和淮河流域。在这些大河的支流以及支流的支流附近自古就分布着众多人居聚落，各自上演着精彩纷呈的文明戏码。

洛河——黄河支流。洛河古称雒水，是流经古都洛阳的一条著名河流，也是中国文化史上的一条著名河流，相传洛河里生活着洛神。古都洛阳因位于洛河以北而得名。洛河发源于陕西省蓝田县境华山南麓，流经洛阳于郑州巩义流入黄河。洛河与黄河汇合的河洛核心地区是中华文明和中华民族的重要发源地。

伊河——黄河二级支流、洛河支流。发源于熊耳山南麓的栾川县陶湾镇，流经嵩县、伊川，蜿蜒于熊耳山南麓，伏牛山北麓，穿伊阙而入洛阳，东北至偃师注入洛河，与洛水汇合成伊洛河。全长264.88公里，流域面积6100多平方公里。伊河、洛河撑起了河洛文化的一翼厚重，"伊洛文明"被西方一些历史学家称赞为"东方的两河文明"。

涧河——黄河二级支流、洛河支流。发源于河南陕县观音堂，全长104公里，流域面积14300平方公里，于洛阳市区瞿家屯流入洛河。东周灵王时，曾引涧河水或灌农田，或灌苑囿，或济瀍水，或流入京都，与古都人民生活与环境美化关系极为密切。周灵王时，曾引涧河水入洛阳，作为洛阳地区的农业用水和生活用水。

瀍河——洛河支流。发源于孟津县横水镇东面的寒亮村，途经会瀍沟、马屯、班沟、九泉、寺河南，由牛步河入瀍沟。进入瀍沟以后，偎着山崖，穿过刘家寨、前李、后李，由洛阳瀍河区的下园汇入洛河。

豫西涧河："涧"在《古汉语常用字字典》之中解释说是"夹在两山间的水沟"。《韩非子·内储说上》："行石邑山中，涧深，峭如墙。"豫西一带的河流，多会用"涧河"命名。例如，洛阳有涧河（涧西区），渑池也有涧河，陕州区则有苍龙涧河、大石涧河，灵宝有宏农涧河。而青龙涧河则发源于陕州区，流经湖滨区、三门峡市开发区，后注入黄河。距今2500万年前，三门峡以西形成汾渭断陷湖盆。到了200万年前左右，这里地壳再次发生运动，在原来的汾渭断陷湖盆发育基础上，形成了隆起的崤山、中条山等，地势西南高、东北低。100万年以来，在黄土高原形成之际，三门峡小秦岭、崤山以北广大地区也广泛覆盖着深厚的风积和洪积形成的黄土层，厚20~70米，由南向北呈阶梯降落。黄土塬呈带状分布于黄河南岸，如灵宝的程村塬、焦村塬、苏村塬、阳店塬，陕州区的张汴塬、张村塬、东凡塬等。在三门峡隆起处，河流不断溯源侵蚀，即河道遂向源头侵蚀下切，结果小秦岭、崤山隆起成山时，所形成的山涧溪流，进一步发育成今天的宏农涧河、苍龙涧河和青龙涧河等。

下表为豫西古村落所属流域调查表，显示了豫西的河流水域同古村落之间的关系。

序号	村落名称	村落附近河流	所属流域
1	孟津县小浪底镇乔庄村	西距黄河小浪底水利枢纽工程约2公里，区域地下水丰富。"小浪底风景旅游区"主体在孟津县小浪底镇境内，水域广阔	黄河南2公里处
2	孟津县朝阳镇卫坡村	西侧2公里为瀍河，瀍河是洛河支流	瀍河—洛河—黄河
3	孟津县常袋镇石碑凹村	东侧4公里为瀍河，瀍河是洛河支流	瀍河—洛河—黄河
4	孟津县城关镇大阳河村	东北0.4公里为瀍河，瀍河是洛河支流	瀍河—洛河—黄河
5	孟津县会盟镇扣马村	北距黄河1.8公里，区域地下水丰富	黄河南1.8公里处
6	孟津县横水镇横水村	北距小浪底水库5公里，区域地下水丰富	黄河南5公里处
7	汝阳县蔡店乡杜康村	杜康河发源于葛寨乡黄兑行政村牛山怀自然村，汇于伊河。杜康河在杜康河境流淌，由酒祖杜康造酒于此而得名，旧志称"杜水"，《水经注》中称"康水"，后称杜康河	杜康河—伊河—洛河—黄河
8	汝阳县小店镇圣王台村	西北1.8公里为北汝河	北汝河—沙河—颍河—淮河
9	新安县石井镇寺坡村	村落西北1.5公里为龙潭河，青河在龙潭峡的入口处。青河是新安县境内黄河的重要支流，发源于青要山北麓，流经龙潭峡谷，在红孩儿山前与山窝河汇流，注入今天的黄河万山湖，也就是小浪底水库	龙潭河—青河—黄河

续表1

序号	村落名称	村落附近河流	所属流域
10	新安县石井镇东山底村	西侧2.5公里为畛河，畛河向南绕石井镇后汇入小浪底水库	畛河—黄河
11	新安县北冶镇甘泉村	北距小浪底水库支流1公里，南临畛河，区域地下水丰富，村中自古有泉眼	黄河南5公里处
12	新安县仓头镇孙都村	西距小浪底水库支流3公里，区域地下水丰富	黄河南6公里处
13	新安县铁门镇土古洞村	土古洞村西南部流淌着一条万年古河流——石默溪河。石默溪河处在仰韶时期文化和龙山时期文化遗址傍。郦道元《水经注》中记载："谷水又东，石默溪水出微山（现郁山）东麓，东北流，入于谷。"古县志曰："石默溪水即今土古洞水。"	石默溪河—涧河—洛河—黄河
14	新安县铁门镇薛村	村南有沟谷之水汇入涧河	涧河—洛河—黄河
15	洛宁县上戈镇上戈村	上戈西侧1.7公里为杜河，杜河是洛河的支流	杜河—洛河—黄河
16	洛宁县河底镇城村	城村东、南两面有沟，沟中溪流长年不断，流入连昌河	溪流—连昌河—洛河—黄河
17	洛宁县东宋镇丈庄村	村南0.5公里为渡洋河，渡洋河向南汇入洛河	渡洋河—洛河—黄河
18	洛宁县底张乡草庙岭村	村西0.3公里为涧河，涧河向北汇入洛河	涧河—洛河—黄河
19	洛宁县下峪镇后上庄村	涧溪在村落南部流过	涧溪—洛河—黄河
20	嵩县田湖镇程村	村东0.8公里为伊河	伊河—洛河—黄河
21	嵩县阎庄村（万氏佳城及故居）	村落南侧沟渠向东南流入伊河	伊河—洛河—黄河
22	嵩县九店乡石场村	村落南面是山谷，谷中有溪水，溪水汇聚向西南入老龙水库后汇入伊河	伊河—洛河—黄河
23	嵩县白河镇下寺村	村落被白河环绕。白河，古称淯水，发源于河南省嵩县攻离山，于两河口与唐河交汇后始名唐白河，向南至张家湾注入汉水	白河—唐白河—汉水—长江
24	嵩县白河镇大青村	大青沟溪水汇入白河	白河—唐白河—汉水—长江
25	嵩县白河镇白河街村	白河穿村而过	白河—唐白河—汉水—长江
26	嵩县白河镇火神庙村	村旁唐王寺沟溪水汇入小火焰沟后流入白河	沟谷溪水—白河—唐白河—汉水—长江
27	嵩县九店乡王楼村洼口村	村落有溪流向南汇入沟谷后流入伊河	沟谷溪水—伊河—洛河—黄河
28	栾川县潭头镇大王庙村	文曲河穿村而过，注入村落东侧潭峪河	文曲河—潭峪河—伊河—洛河—黄河

续表2

序号	村落名称	村落附近河流	所属流域
29	栾川县三川镇火神庙村抱犊寨	村落北侧2公里为干江河，干江河向西北汇入洛河	干江河—洛河—黄河
30	偃师山化镇游殿村	村落位于黄河和伊洛河之间，地下水丰富，村南沟谷之水向东流入伊洛河	伊洛河—黄河
31	宜阳县张坞镇苏羊村	北距洛河0.5公里	洛河—黄河
32	陕州区西张村镇庙上村	村南侧为桃花沟和回春河，沟谷之水向西汇入苍龙涧河。苍龙涧河向北汇入黄河	桃花沟—苍龙涧河—黄河
33	陕州区西张村镇南沟村	村落南部为槐花沟，沟为季节河，常年无水，雨季山洪可由此沟向北排入涧河，属黄河水系	槐花沟—苍龙涧河—黄河
34	陕州区西张村镇丁管营村	村落东侧3.7公里为青龙涧河，青龙涧河向北汇入黄河	青龙涧河—黄河
35	陕州区张汴乡刘寺村	村落东侧1.8公里为苍龙涧河，苍龙涧河向北汇入黄河	苍龙涧河—黄河
36	陕州区张湾乡官寨头村	村落西侧1.8公里为苍龙涧河，苍龙涧河向北汇入黄河	苍龙涧河—黄河
37	陕州区张汴乡曲村	村落东侧2.2公里为苍龙涧河，苍龙涧河向北汇入黄河	苍龙涧河—黄河
38	陕州区原店镇新建村	村落位于狼洞沟和庙沟之间，沟为季节河，常年无水，雨季山洪可由此沟向北排入苍龙涧河，属黄河水系	苍龙涧河—黄河
39	陕州区西张村镇人马寨村	村西2公里为苍龙涧河。苍龙涧河向北汇入黄河	苍龙涧河—黄河
40	陕州区西陕县观音堂镇石壕村	村东距涧河3公里	涧河—洛河—黄河
41	灵宝市朱阳镇朱阳村	村落紧邻西涧河，西涧河向东北汇入黄河	西涧河—黄河
42	灵宝市尹庄镇杨公寨村	村落东侧1.5公里为西涧河，西涧河向东北汇入黄河	西涧河—黄河
43	灵宝市朱阳镇王家村	村落东南4公里为西涧河，西涧河向东北汇入黄河	西涧河—黄河
44	灵宝市朱阳镇犁牛河村	村落紧邻犁牛河，犁牛河汇入西涧河，西涧河向东北汇入黄河	犁牛河—西涧河—黄河
45	卢氏县朱阳关镇杜店村	村落西南0.8公里为老灌河，老灌河向南同丹江交汇后汇入汉水，汉水汇入长江	老灌河—丹江—汉水—长江
46	卢氏县文峪乡大桑沟村	村落西南0.5公里为文浴河，文浴河向西北汇入洛河，洛河汇入黄河	文浴河—洛河—黄河
47	渑池县段村乡赵沟村	赵沟河紧邻村落东侧蜿蜒流过，赵沟河向西汇入涧口河，涧口河向北入黄河	赵沟河—涧口河—黄河

续表3

序号	村落名称	村落附近河流	所属流域
48	渑池县段村乡赵坡头村	村落西北1.3公里为涧口河，涧口河向北汇入黄河	涧口河—黄河
49	渑池县张村镇苏秦村	北河紧邻村落北部从东向西流淌，汇入涧河	涧河—洛河—黄河
50	义马市东区办事处石佛村	南距涧河0.1公里	涧河—洛河—黄河
51	义马市千秋村	南距涧河1公里	涧河—洛河—黄河
52	巩义市大峪沟镇海上桥村	村落位于伊洛河流域，北距伊洛河7公里，伊洛河汇入黄河。古时，村西河谷旁有一眼泉水	伊洛河—黄河
53	巩义市康百万庄园	庄园位于伊洛河畔，康家建有造船场，具备了船行六河的地理优势	伊洛河—黄河
54	巩义市张祜庄园	南距庙路河1.8公里	庙路河—汜水河—黄河
55	巩义市刘镇华庄园	庄园位于伊洛河同黄河交汇处	伊洛河—黄河
56	巩义市益家窝村	伊洛河东岸	伊洛河—黄河
57	上街区方顶村	西距汜水河0.8公里	汜水河—黄河
58	登封市大金店镇大金店老街村	村落周围被颍河环绕	颍河—淮河
59	登封市徐庄镇柏石崖村	村落处于沟谷之地，溪流贯穿整个村落。溪流向东南汇入潘家河	潘家河—颍河—淮河
60	登封市徐庄镇杨林村	马峪川和石板河自西向东穿越村庄	马峪川和石板河—颍河—淮河
61	登封市君召乡君召村	君召村东临狂河	狂河—颍河—淮河
62	登封市白坪乡寨东村小红寨	小红寨位于山顶，村落用水为打井取水。山脚南寨沟之水向北汇入颍河	沟谷溪水—颍河—淮河
63	登封市大冶镇垌头村	村南为垌头河，喝水向南汇入颍河	垌头河—颍河—淮河
64	荥阳市高山镇石洞沟村	村落周围有艮河	艮河—汜水河—黄河
65	荥阳市高村乡油坊村	村落北侧4公里为黄河，用水为打井取水。村西南沟谷之水向北汇入黄河	沟谷溪水—黄河
66	新密市刘寨镇吕楼村	村落东侧有小河，向南汇入双洎河后汇入淮河	小河—双洎河—淮河

据豫西66个古村落的调查数据显示，属于黄河流域的53个村落，占80%左右；属于长江流域的5个村落，占7.6%左右；属于淮河流域的8个村落，占12%左右。近六成的古村落周围有河流流淌，有92%以上的古村落与河流的距离小于4公里。

附录四　豫西部分典型民居宅院图

窑洞民居建筑 ｜ 靠山窑民居

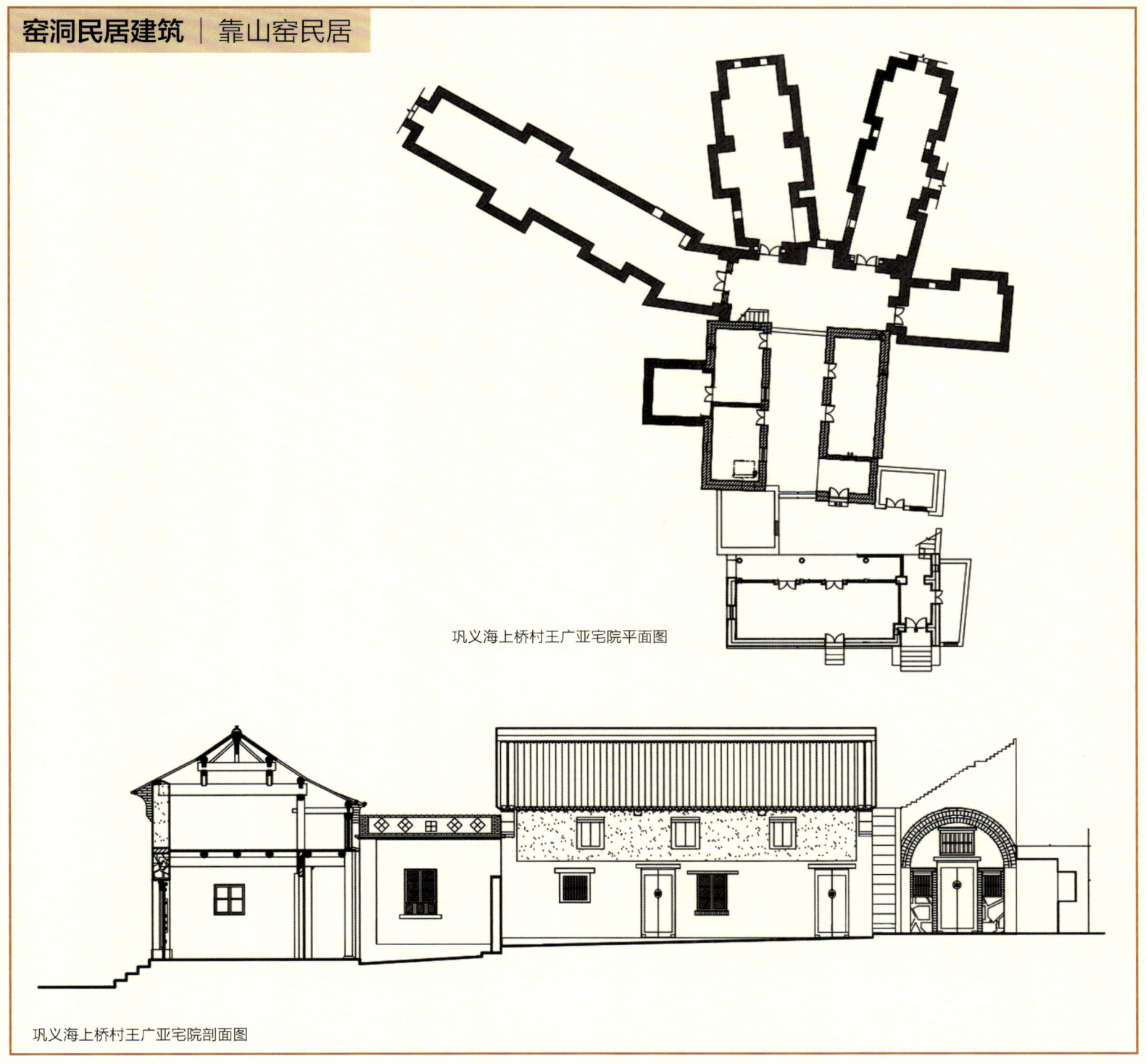

巩义海上桥村王广亚宅院平面图

巩义海上桥村王广亚宅院剖面图

窑洞民居建筑 | 靠山窑民居

巩义海上桥王荣卿宅院平面图

巩义海上桥王荣卿宅院剖面图

窑洞民居建筑 | 靠山窑民居

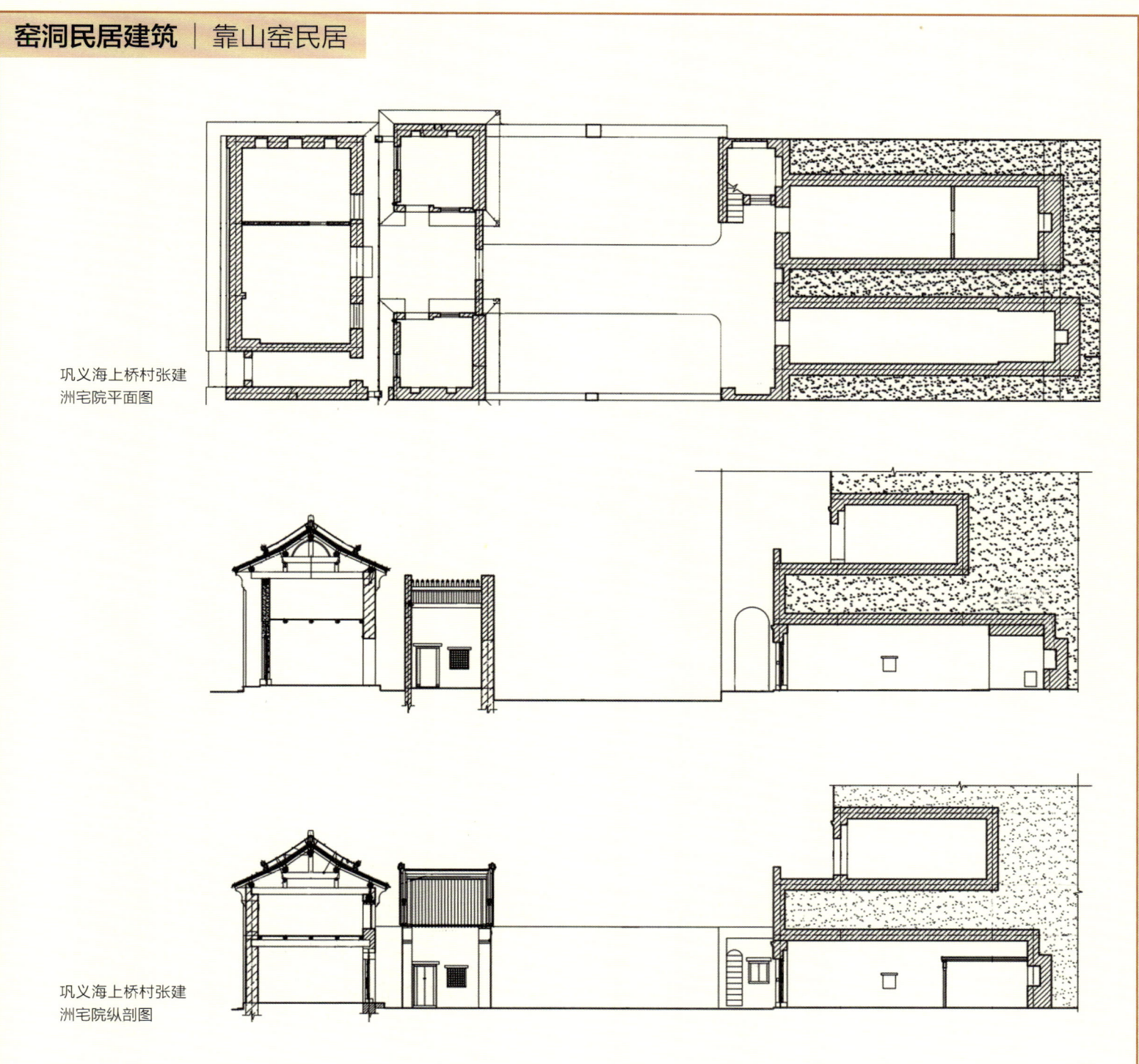

巩义海上桥村张建洲宅院平面图

巩义海上桥村张建洲宅院纵剖图

窑洞民居建筑 | 靠山窑民居

巩义海上桥村张建洲
宅院窑洞立面图

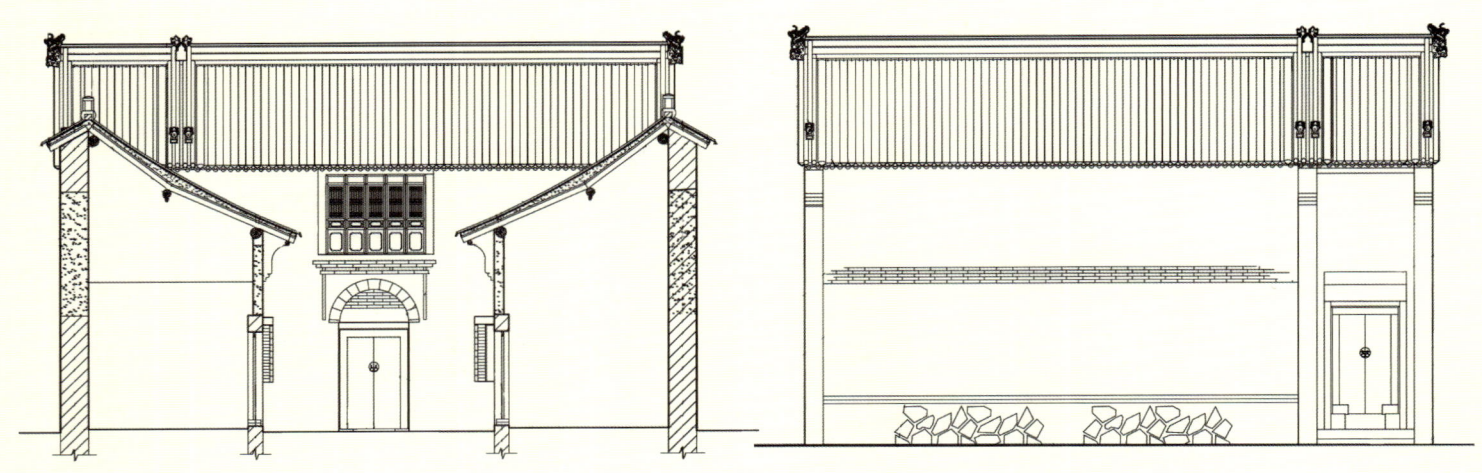

巩义海上桥村张建洲宅院横剖图　　　　巩义海上桥村张建洲宅院大门倒座立面图

窑洞民居建筑 ｜ 靠山窑民居

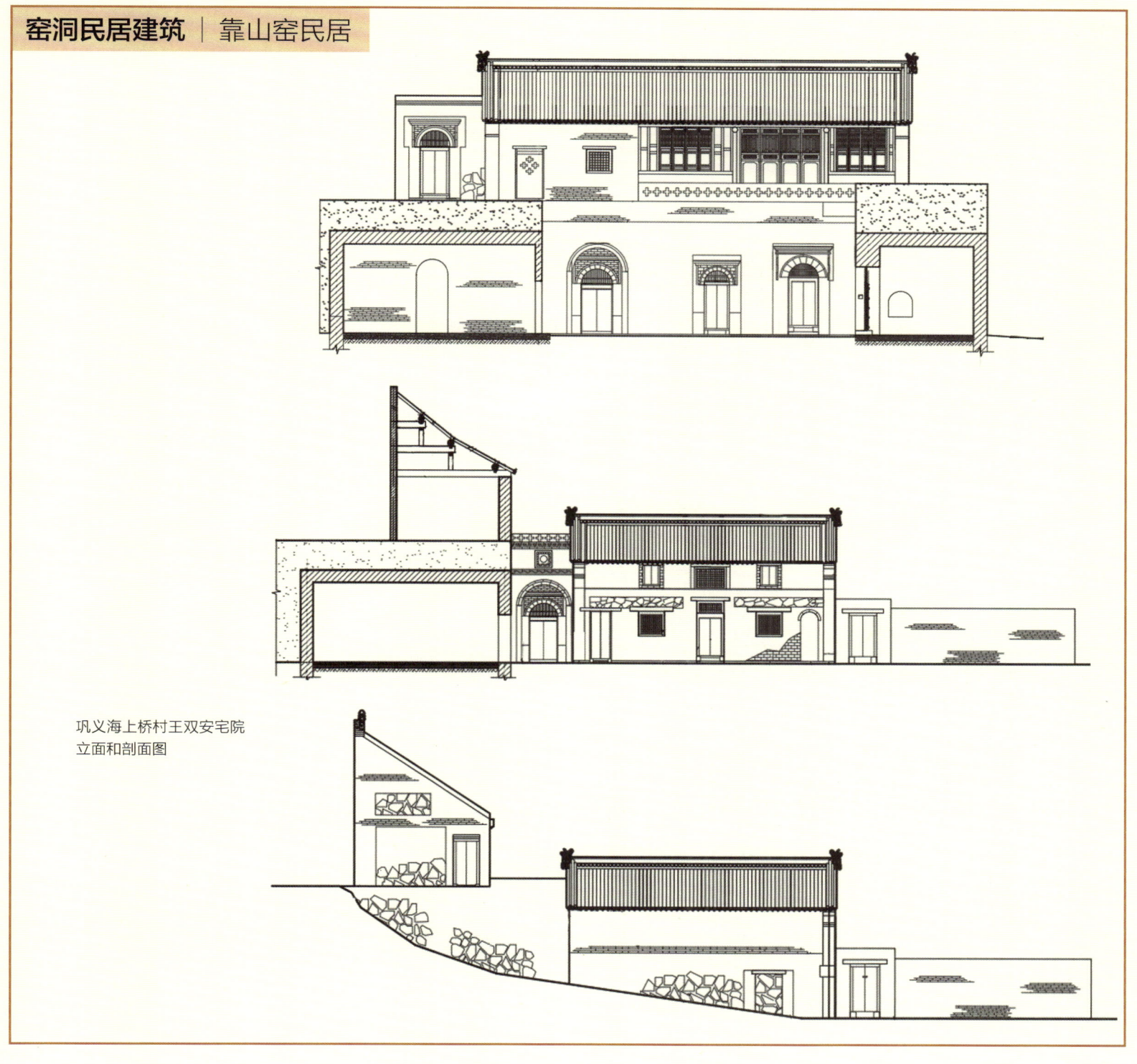

巩义海上桥村王双安宅院
立面和剖面图

窑洞民居建筑 | 靠山窑民居门窗大样

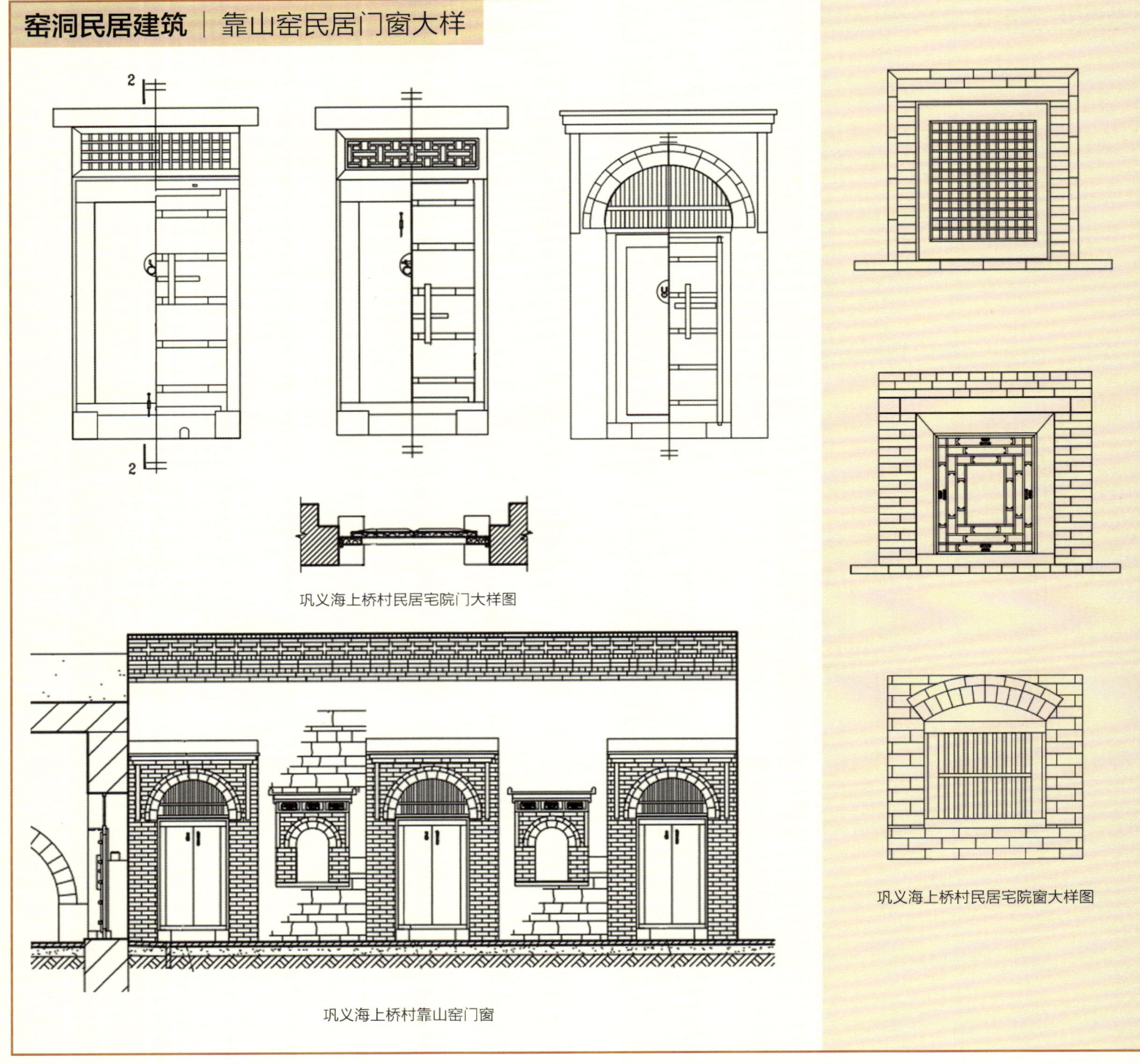

巩义海上桥村民居宅院门大样图

巩义海上桥村靠山窑门窗

巩义海上桥村民居宅院窗大样图

窑洞民居建筑 ｜ 地坑院民居

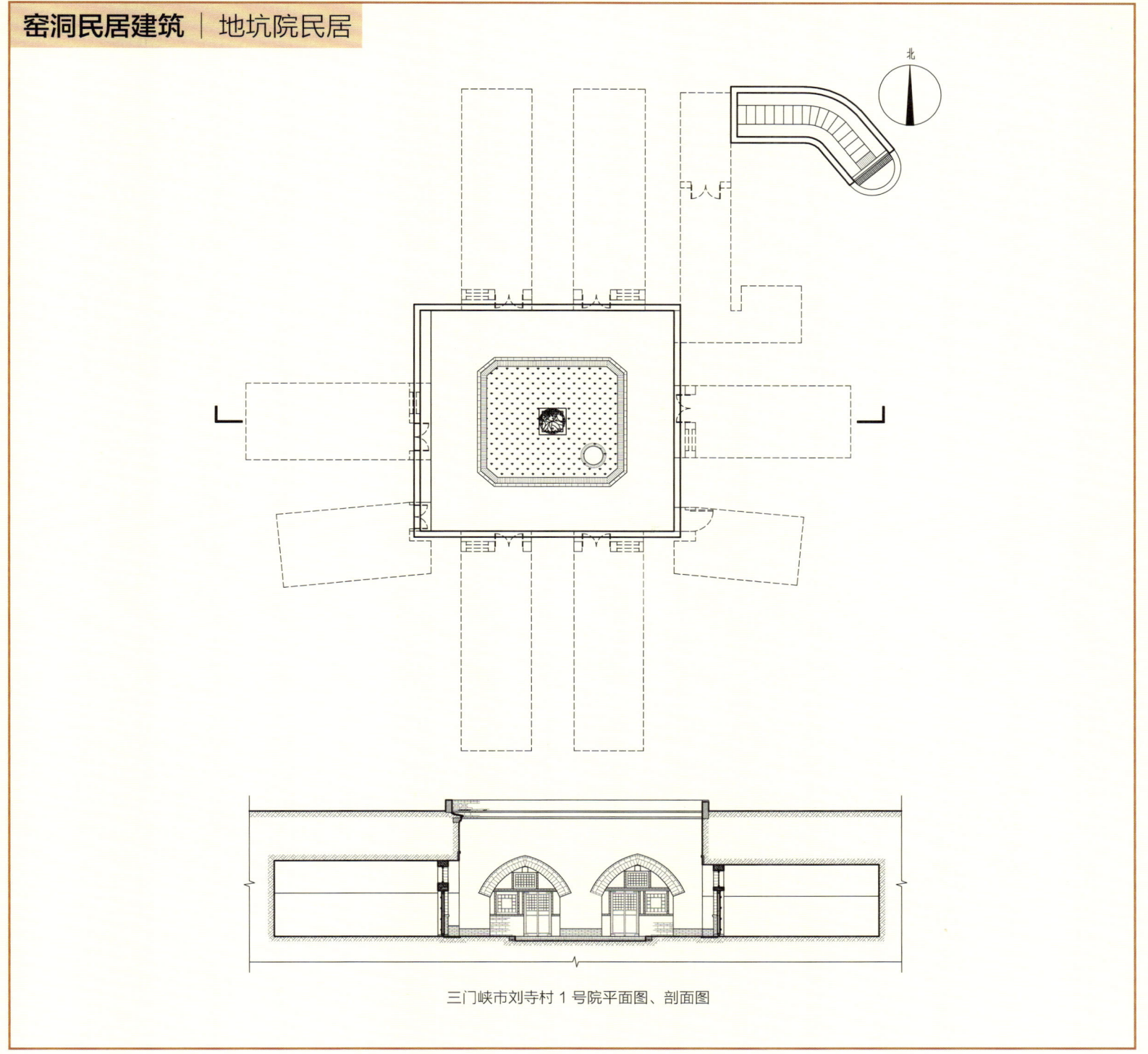

三门峡市刘寺村1号院平面图、剖面图

窑洞民居建筑 | 地坑院民居

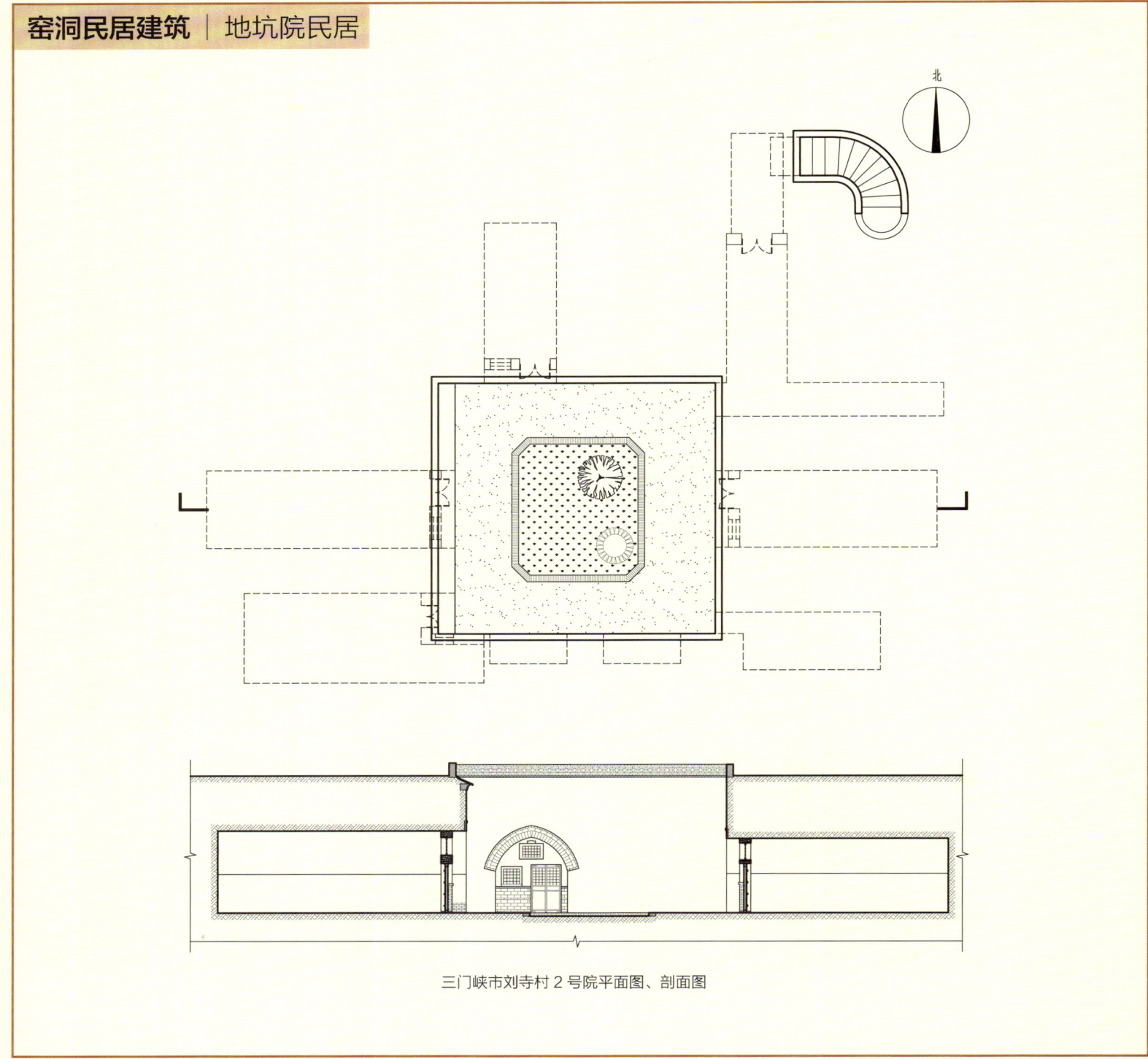

三门峡市刘寺村2号院平面图、剖面图

窑洞民居建筑 | 地坑院民居

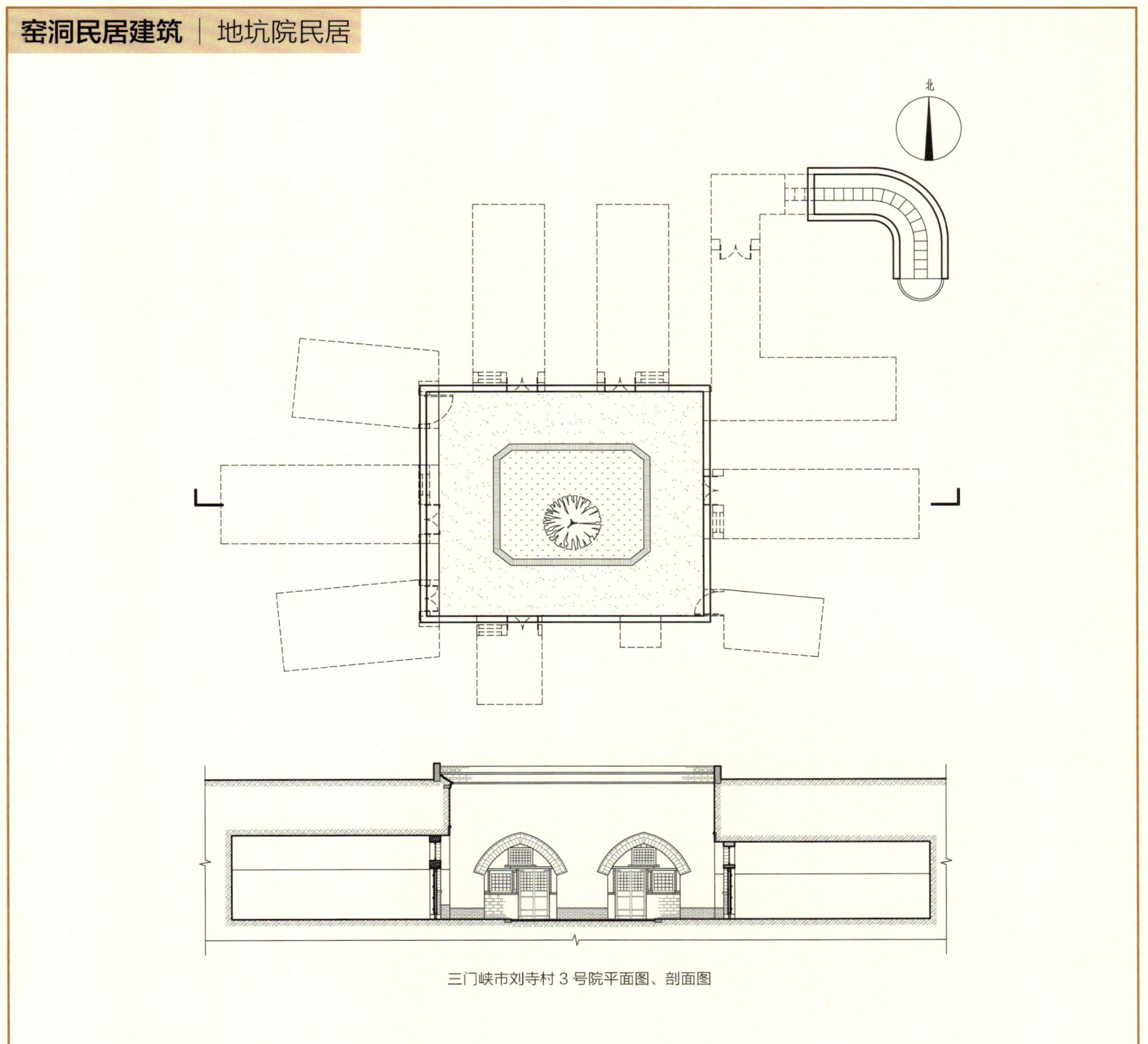

三门峡市刘寺村 3 号院平面图、剖面图

窑洞民居建筑 | 地坑院民居

三门峡市刘寺村 4 号院平面图、剖面图

窑洞民居建筑 | 箍窑民居

登封柏石崖村石箍窑立面和剖面图

木构民居建筑

北

洛阳洛宁上戈村主宅院平面图

木构民居建筑

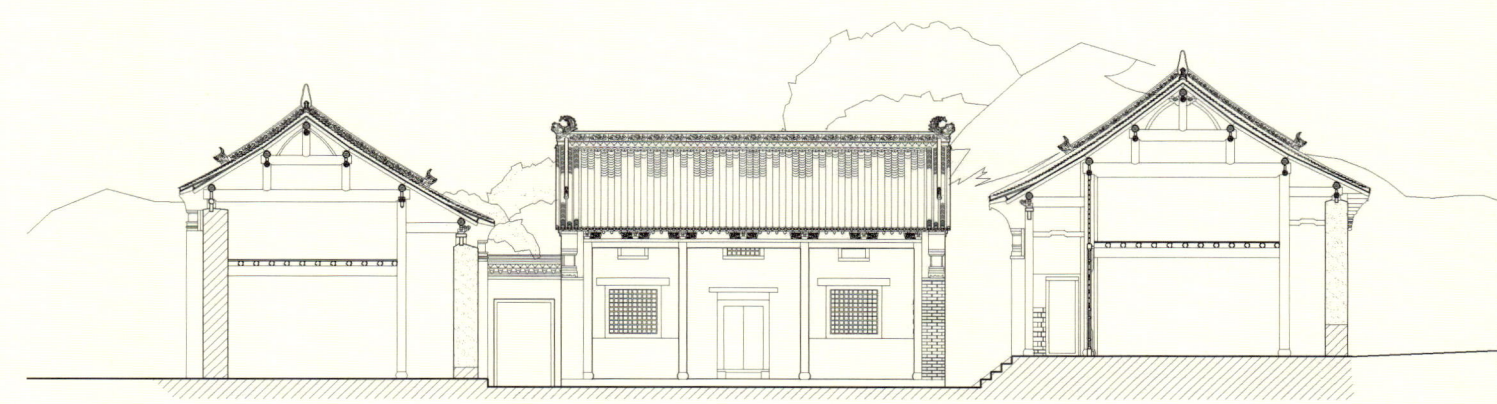

洛阳洛宁上戈村主宅院 1-1 剖面图

洛阳洛宁上戈村主宅院 2-2 剖面图

木构民居建筑

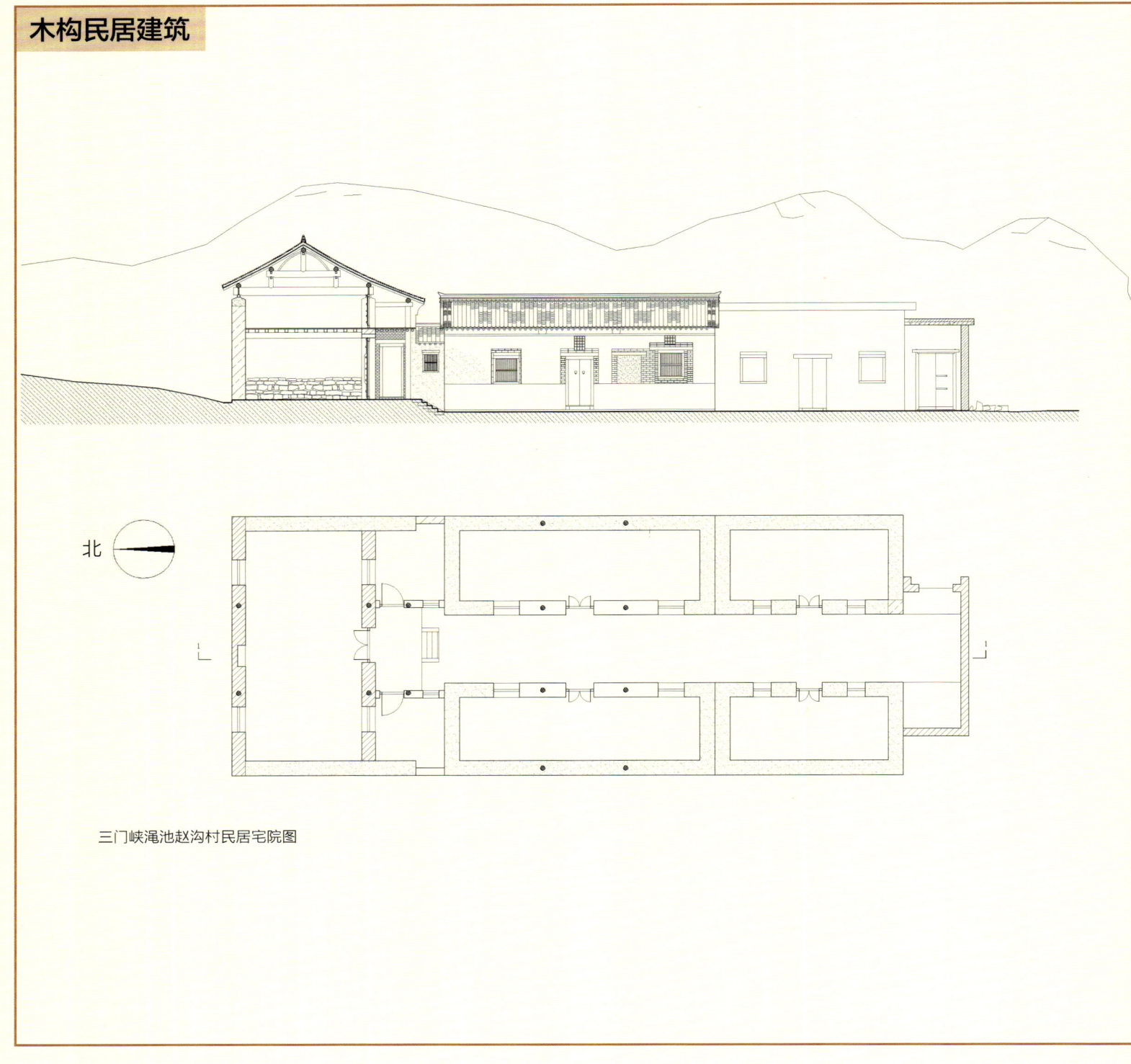

三门峡渑池赵沟村民居宅院图

后 记 | HOUJI

伴随 20 世纪 80 年代开始的城镇化建设和之后的新农村建设等，古村落地域特色的保护和古民居本体的保护面临着较大的挑战。在这种背景之下，对我省具有一定价值的古村落和乡土建筑资源进行调研，掌握第一手资料，以利展开科学的保护工作显得尤为迫切和重要。2011 年，国家文物局将古村落古民居保护工程列入《国家文物博物馆事业发展"十二五"规划》重大工程之一。随即，在河南省文物局的部署下，河南省文物建筑保护研究院首先启动了豫北传统民居的调查工作，按照研究性项目组织专项课题组实施，并确定由该院副研究员杨东昱同志担任课题负责人。

从 2011 年 10 月至今，课题组前后开展了豫北、豫西和豫南地区古村落、古民居的实地调查和相关研究工作。所调查的古村落大多分布在山区，最晚为清代建村，其内保存有大量有价值的乡土建筑。课题组经过数年持续的调研工作，收集了大量珍贵、翔实的基础资料，为开展保护和研究工作提供了保障。

河南古村落、古民居的调研工作一直被河南省文物建筑保护研究院历任领导所重视。2015 年 7 月至 2017 年 6 月，课题组进行并完成了豫西地区古村落、古民居的调查，先后参加豫西地区田野调查工作的有河南省文物建筑保护研究院的杨东昱、杨华南、李丹丹、程曦、付力、赵鹏、吴杰等同志。在院长杨振威同志的支持和鼓励下，把这些调查和相关研究分类整理，结集出版，以期让更多的人了解豫西地区古村落的价值，参与到宣传、保护及研究工作之中。在《豫西古村落》的编写中杨东昱同志承担了本书的主要编写工作，完成了《形态篇》中十七个村落和《研究篇》全部文字的编写、图片的拣选以及书稿的修改、校核工作，杨华南同志参与了《形态篇》中两个村落的编写并承担了书稿的初校工作，李丹丹同志参与了《形态篇》中四个村落的编写并负责图片的绘制和整理工作，程曦同志承担了调研资料的整理工作，付力同志承担了航片及部分照片的拍摄工作。另外，中原工学院建筑系系主任于莉博士和河南博物院许小丽同志参与了《形态篇》中部分内容初稿文字的编写工作。

感谢文物保护专家杨焕成先生为本书作序。杨先生虽已为杖朝之年，但平时仍承担着河南省众多文物保护项目的审核等工作。当本书初稿呈放在他的案头，杨先生牺牲了较多个人休息时间，不辞劳苦地认真审阅全书，并提出 10 余条可贵的建议，为书稿的深入修改提供了较多帮助。

感谢河南省文物局局长、研究员田凯同志在本书付梓之际，百忙之中为本书作序。田凯局长一直很重视河南古村落、古民居的调研工作，他的鼓励使我们在今后的调研工作中更有信心。

感谢河南省文物建筑保护研究院院领导班子对该项目的重视和支持，特别感谢院长杨振威同志在本书编写过程和出版过程给予的可贵建议、鼓励和支持。感谢副院长吕军辉同志多次的实地指导调研并给予较多的建议和支持。

感谢河南省村镇规划建设协会郑俊芸女士、曹磊先生为豫西古村落基础资料的收集提供的帮助。

感谢中州古籍出版社地方文献编辑部主任王小方先生和编辑谢晓敏女士，为本书的编辑、审校和版式策划提供的帮助。

借此机会，对给予河南古村落、古民居调研工作支持和帮助的各位领导和专家表示衷心感谢！对本书出版给予帮助和支持的同事、朋友表示衷心感谢！

由于时间较仓促，所掌握的资料有所疏漏，研究尚不够深入，本书存在问题和浅陋之处必会不少，希望广大同仁和读者不吝赐教，以促进我们相关研究的深入和提高。

作者
2019 年 8 月 26 日于郑州

图书在版编目（CIP）数据

豫西古村落 / 杨东昱主编 . —郑州：中州古籍出版社，2019.9
ISBN 978-7-5348-8834-2

Ⅰ.①豫… Ⅱ.①杨… Ⅲ.①村落—介绍—河南 Ⅳ.① K296.15

中国版本图书馆 CIP 数据核字（2019）第 201398 号

责任编辑：	王小方　谢晓敏
责任校对：	孙　波
出 版 社：	中州古籍出版社
	（地址：郑州市祥盛街 27 号 6 层　邮政编码：450016）
发行单位：	新华书店
承印单位：	郑州新海岸电脑彩色制印有限公司
开　　本：	787mm×1092 mm　　1/8
印　　张：	44
字　　数：	300 千字
印　　数：	1—1000
版　　次：	2019 年 9 月第 1 版
印　　次：	2019 年 9 月第 1 次印刷
定　　价：	260.00 元

本书如有印装质量问题，由承印厂负责调换。